文字烛照未来
TopBook

·幻想中国丛书·

全手绘

博物志

〔西晋〕张华 撰

曹胜高 主编
徐美琪 注译

TopBook
饕书客

陕西新华出版传媒集团
陕西人民出版社

图书在版编目（CIP）数据

全手绘《博物志》 / 徐美琪注译. --西安 : 陕西人民出版社，2022.8

（幻想中国 / 曹胜高主编）

ISBN 978-7-224-14418-5

Ⅰ. ①全… Ⅱ. ①徐… Ⅲ. ①笔记小说－小说集－中国－晋代 Ⅳ. ①I242.1

中国版本图书馆CIP数据核字(2022)第028677号

出 品 人：赵小峰

总 策 划：刘景巍

出版统筹：关　宁

策划编辑：韩　琳

责任编辑：张启阳

书籍设计：甙色西安·朱天瑞

插　　画：甙色西安·李双辰

微信扫一扫
关注饕书客

新浪微博 @ 饕书客topbook

全手绘《博物志》

作　　者　（西晋）张　华

注　　译　徐美琪

出版发行　陕西新华出版传媒集团　陕西人民出版社

（西安市北大街147号　邮编：710003）

印　　刷　陕西金和印务有限公司

开　　本　787mm × 1092mm　1/16

印　　张　23

字　　数　425千字

版　　次　2022年8月　第1版

印　　次　2022年8月　第1次印刷

书　　号　ISBN 978-7-224-14418-5

定　　价　89.90元

人类的发展由两个动力推动：一是面对现实生活的能力，通过改造自然、征服自然以及调整社会关系来实现自身的生存与发展；二是面对未来的能力，其中既包括在时间流程上对尚未到来时代的想象，也包括在空间方位对未知世界的理解。面对现实的能力让人类一步一个脚印地前行，而面向未来的能力则启发着人类的想象，让我们能够摆脱现实的拘束，去尽情地畅想遥远时空里的种种奇妙。

想象是人类发展的翅膀，没有想象，我们就缺少对未来的憧憬，也缺失了面对困境的信心。中华民族五千年历史中，并不缺少对未来进行想象的桃花源，更不缺失对未知世界的探索。在观看日落月出时形成的羲和、嫦娥的神话，在仰望星空时形成的四象二十八星宿的幻想，在远眺高山俯瞰江河时生发的山妖河怪的想象，追溯历史故事时联想到神仙神人的故事，都流淌着中华民族浪漫不羁的灵性与超凡脱俗的感知。

幻想，没有起点也不需要终点，可以凭空而来，也可以无根据而去，不能用常理去推测它们为何形成，因为到现在也搞不清为什么会有那样看似不靠谱，也不着调，更无法理喻的幻想。就像《博物志》《搜神记》《拾遗记》《神仙传》《异苑》中的远方与异物、诗情与画意、神奇与变化，为文学提供了浪漫恣肆的素材，为艺术滋养着无数的灵感，为精神寻找到一个徜徉的空间，成为中华民族超越现实、面向未知未来的精神生活方式。

科学技术的快速发展，使得我们更乐意去幻想更为遥远的时空里有着怎样的人和事，基于科技认知而形成的科幻文学，寄托着我们对未来的期待；基于神话传说而形成的玄幻文学，同样承载着我们对超现实能力的幻想；特别是在虚拟的游戏世界里，我们找到了复制远方异物、诗情画意、神奇变化的能力，使得中华民族曾经有过的幻想时空得以立体地呈现在可感知的空间里，成为我们释放想象、渴望穿越、寻求实现的一种途径。我们曾经有过的那些神话传说、地理图式、时空建构、神异变化，有着怎样的细节，有着如何的记录，有着何等的神奇，有着多少的玄幻，让我们一同打开“幻想中国丛书”，进入一个个既有玄幻，又有科幻，还有神异的幻想世界，脑补一下什么是想象的疯狂和穿越的快感。

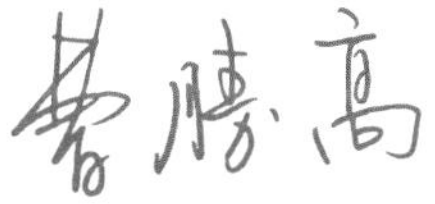

2022 年 4 月 15 日

西晋时代，名士辈出，如果说最悲情的才子是曹植，那么最励志的学霸一定是张华。

张华，字茂先，出身庶族，家境贫寒，又早年丧父，少年时代的他只能以放羊为生。但他天资聪颖，博学多识，先后得到卢钦、阮籍等人赏识，一路从太常博士、长史、黄门侍郎做到司空的高位，并加爵关内侯，一跃成为西晋政坛的头号人物。

据《晋书》记载，晋武帝曾经召问张华，上来就甩出一个难题：汉代宫室建制如何？建章宫具体形貌是什么样的？这可真是个难题。建章宫是汉武帝太初年间建造的宫殿，规模宏大，素有“千门万户”之称，现今考古出的一号宫遗址面积达到2420平方米，却还不及原宫殿的十分之一；今掘出的太液湖旁的石鱼雕塑，长约4.9米，最大直径达到1米，基本是一条成年白鲸的大小，可以想象原建章宫有多么宏伟壮丽，要完全掌握其建制形貌，绝非易事。而且建章宫毁于王莽末年之乱，魏晋时根本没人见过宫殿原貌，只有文献记载可管窥一二，难上加难。而张华却不假思索便开始作答，侃侃而谈，对答如流，讲到兴起处还手脚并用，就地画起示意图来，生怕众人不能很好地理解。周围的人听得入了迷，晋武帝也大感惊异。想来是不知道翻烂了多少卷书的成果。

张华确实嗜书如狂。他搬家之时，拉了整整三十车的书；他身死之后，家里剩的不是钱财，而是大堆大堆的文史书籍，桌上架上塞得满满当当，多得几乎要溢出来。可以说是“我爱学习，学习使我快乐”的典型了。

当然，张才子绝不是书呆子。他于饱读诗书之外，又能做到融会贯通，文笔亦精致温丽。少年时曾靠一篇《鹪鹩赋》名扬天下，先后担任太常博士、佐著作郎、长史、中书郎、黄门侍郎、中书令等重要文职。武帝时的诏诰圣旨多由他来执笔，《晋史》的编定以及西晋的礼仪规范、法律条文，也基本经过他的增减与修整。

不仅有浩浩文才，张华也有璨璨武功，政治才能十分出色。晋武帝意欲讨伐吴之事，张华是主战派之一。战前，他客串了一把财政会计（任度支尚书），为伐吴之战筹备粮草、分拨银钱、制定战略。战时，他秉持羊祜之遗策，在众人犹豫不进时力排众议，坚持克敌，一举克灭孙吴，可以说是灭吴事件中的关键人物。等到被晋武帝贬到幽州掌管军政，他又将此地治理得井井有条、年年丰收、兵马强盛，之前未归附中原的东夷诸国也纷纷前来朝贡。

史称张华“学业优博，辞藻温丽，朗赡多通，图纬方伎之书莫不详览”。除了广览文史经典，张华亦精通谶纬预言、方术道法、医卜星象之类的知识，是个不折不扣的全才。

这样神奇的学霸张华，编了一本学霸之书，叫《博物志》。传说张学霸呕心沥血、终日伏案、昼伏夜出、废寝忘食，完成了惊天巨制四百卷。书既已成，张华决定上呈晋武帝圣览。四百卷是什么概念？如果写在竹简上，书册要几十辆车才装得下。如果写在帛纸上，书卷堆在案头上能像小山一样高。

晋武帝看见堆得像小山一样的书卷，很忧郁，心想只怕看到猴年马月也看不完，于是他语重心长地对张华讲：“爱卿啊，朕知你学贯古今、博闻广知，是一等一的有才华，也就比伏羲、孔子这些圣人逊色那么一点点。可你这书里，没根没据、荒诞离奇的事情太多了，流传出去要教坏小孩子的。好书不怕删，像《诗》那样的经典，孔夫子不也只留下了三百多篇？不如你也删删吧，留下十卷就行。”巍峨书山就此铲平。

面对如此不尊重作家劳动成果的晋武帝，张华大概是崩溃的。崩溃归崩溃，该删还得删。所幸删成之后，晋武帝赐下大量珍贵的笔墨纸砚，还将《博物志》当作床头读物，时不时地拿出来翻一翻，读得津津有味，也算没白费张学霸一番心血。

当然，上面的故事只是故事而已，算不得史实。首先，魏晋时期，并未见过如此大部头的书。其次，晋武帝曾在泰始三年（267）下过一道禁令，要求禁绝星象谶纬之学。谶纬星象历来和国家兴衰密切相关，当时许多士子不满司马氏篡夺天下，便借谶纬之说宣扬反动言论，因此司马炎很讨厌谶纬星象之说。然而《博物志》却包含不少谶纬之语，如《卷一·山水总论》：“故地动臣叛，名山崩，王道讫，川竭神去，国随已亡。海投九仞之鱼，流水涸，国之大诫也。泽浮舟，川水溢，臣盛君衰，百川沸腾，山冢卒崩，高岸为谷，深谷为陵，小人握命，君子陵迟，白黑不别，大乱之征也。”想来历任武帝朝要职的张华，不会成心在老虎头上拔毛。

晋武帝删书四百卷的说法，最早出自王嘉《拾遗记》的序言。王嘉是东晋方士，长于谶纬预言之道，《拾遗记》作为一本志怪小说，记载的大多是神话、传说等幻想性文字。由此，历代学者并不觉得这说法可信，都是拿来当故事听一听，顺便当作反面材料驳一驳。

至于为什么会出现这种说法，理由如下。

第一，《博物志》有大量佚文。古人编书有个特点，喜欢把别人的书拿来增删窜改，删改标准是自己的三观与喜好，著名案例就是孔子编订五经。《博物志》也是如此，有晋武帝删四百卷为十卷的说法，有北朝文学家常景删为十卷的说法，还有宋人在常景基础上再次删减的说法。概言之，今天我们见到的十卷本，绝对不是张华最初编定的版本。其他典籍内有不少引用《博物志》的内容，其文字多是今十卷本未记载的，证明《博物志》在流传中有大量内容丢掉了。今人范宁《博物志校正》收正文323条，另录212条佚文。除此之外，又有学者王媛补充佚文110条。比照此数，再考虑到其他文献的散佚情况，《博物志》必然还有佚文。后人觉得该书不止十卷也就是理所当然的事了。

第二，人们十分崇拜张华，他博闻多识的事迹深入人心。《晋书·张华传》记有张华识龙肉、辨异兽、掘宝剑等几件传闻，并说这类事情简直数不胜数；这类传闻在《搜神记》等书中也有零星收录。在唐人的一些文章、墓志铭里，则一提博学就称说张华。可见在后人眼中，张华是神通广大、无所不知的形象，只有四百卷鸿篇巨制，才能配得上张华的高才与博学。

和张华本人一样，《博物志》涉猎学科极广。天文、地理、物理、化学、农学、本草学、医药、历史、文化、谶纬、方术等无所不包。其中有现实的科学知识，如物理中的流体沸腾、自燃，化学上的石灰石反应、甲状腺肿大的病因之类，也充斥着绮丽幻想，五方土地，海外异民，奇珍异兽等。以现代人的科学视角来看，《博物志》带有想象与现实的双重性；而以古人的视角来看，它呈现了张华眼中的真实世界，展现了六朝以前大多数古人的精神面貌，具有一定的思想价值，值得深入研讨。

鲁迅说它“取次故书，疏乏新意”，原创性的内容很少，实在不符合“博物”二字。但既然命名为博物，本来就包含了广征博引的意思，张华也在序里谈及编书意图：为补充《禹贡》《山海经》等古代地理志的不足。由此，《博物志》的意义也就在于集成前说、裨补阙漏，形成一本百科全书式的地理博物志了。

同时，从其他各类经典文献、民间传说中征集材料，不愿意过多臆想编造，也表明张华编书的态度非常严谨。事实上，张华的态度不仅严谨，还非常真诚。

传说把艾草放上三年再烧，能烧出锡铅液体，张华便花了三年自己试，然后记下：“已试，有验。”传说又说煎麻油的时候，等到水汽蒸发干净、锅里不再冒烟，可以把手放入油锅里搅一搅。这说法乍一听很荒诞，大有变成油炸蹄髈的危险，张华却写道：“此亦试之有验。”竟然真把手伸进油锅里试了试。（《卷四·物理》）在另一些怪谈异闻之后，张华也会认真地标注：“此事未试。”

还有些记载自相矛盾，却更见真诚。比如《卷十·杂说》第二记录种种胎教之道：孕妇妊娠期间不能看丑恶的事物、不能吃奇怪的食物，见了兔子孩子会生兔唇，吃了生姜胎儿会长多指，等等。随后马上列举舜和仲尼的例子质疑胎教，好像“感善则善，感恶则恶”的道理根本站不住脚，文末更是留下一个大问号，可见张华并非盲目迷信。

作为六朝地理博物类小说的代表之作，《博物志》结合地理志、方术谶纬、杂记小说等内容，成就了一个新的门类，成为后世传奇、小说、戏曲的材料库和灵感来源。

纪昀在《四库全书》总目提要里说，好的小说能“寓劝诫、广见闻、资考证”，《博物志》便是这样一本广博又有趣的书。有趣的书，需要有趣的解读，更值得有趣的读者仔细品味。

《博物志》版本繁杂，当代学者范宁曾对《博物志》各个版本进行了详尽的校对、整理与补录，编有《博物志校正》一书，这本学术研究著作为后人的研究与解读提供了极大便利。本书将以范本为底本，参考祝鸿杰《博物志新译》、唐久宠《博物志校释》以及相关研究成果，力图形成一部可靠、耐读又好玩的注解书，和读者一起畅游经典。

目录

卷壹 【地理】 VIII

卷贰 【外国】 054

卷叁 【异兽】 098

卷 【物 12

卷伍 【…士】 …72
卷陆 【考证】 210
卷柒 【异闻】 248
卷捌 【史补】 278
卷玖 【杂说上】 308
卷拾 【杂说下】 334

卷壹

地理

1.《河图括地象》曰：地南北三亿三万五千五百里。地部之位起形高大者有昆仑山，广万里，高万一千里，神物之所生，圣人仙人之所集也。出五色云气，五色流水，其泉南流入中国，名曰河也。其山中应①于天，最居中，八十城布②绕之，中国东南隅，居其一分，是好城也。

═ 注释 ═ ①应：对应。②布：散布。

<解说> 《河图括地象》是汉代的谶纬书之一，又叫《括地图》。它基本依据和仿照《山海经》而成，在今天读来更像是本志怪小说，反映了汉代一种典型的宇宙观：

天是一个圆形的大穹庐，地是一块辽阔的正方形地基，这就是“天圆地方”。在这块方形大地上，正中心是昆仑山，有千万里之广，它与上天对应，是圣人仙人居住的天堂，是神物灵物诞生的佳域。这里的云气、流水都有赤白黑黄青五色，分别代表五行，五行之气在此氤氲流转，代表一种无上的和谐，万物因此生生不息。

在五色流水之中，白水从东南方发源，流入“中国”之中，这就成了我们文明的发源河——黄河。《尔雅·释水》中也有记载：“河出昆仑虚，色白。”至于黄河为何叫白水，郭璞给了个物理学的视角：“发源处高激峻湊，故水色白也。”昆仑山那么高，河水从其上飞溅而下，激起的浪花全是雪白雪白的，所以才叫作白水。

昆仑山四周有八十座城环绕分布，这个“城”就是州，相当于我们现在所说的州县，或者一个国家、一处文明。“中国”这片大州就在昆仑山的东南边，因为四季分明、海陆相邻，又有白水滋养，所以是一处风水很好的乐土。这样加起来，天下一共有八十一州。

为什么是八十一？这说法来自战国时阴阳家邹衍。对于世界地理，他开了一个很大的脑洞：

《尚书·禹贡》上说，当年大禹治水之后，将天下划为冀州、兖州、青州、徐州、扬州、荆州、豫州、梁州、雍州九块，这和九宫显然是一一对应的。再读《山海经》，显然在中土九州之外环海，海外四面八方还有很多奇怪的州土。那我们再用九宫来对应一下：中土叫作赤县神州，赤县神州位于东南角，上面的九州我们叫它“小九州”；那么环海之外应该还有八个跟赤县神州一样大的州啊，这就是“中九州”；唔，这么一想，天下只有九个“中九州”，好像有点小，那中九州之外应该还有海，这海肯定更深更广，我们叫它作瀛海，瀛海之外还应该有八个“大九州”，天下合起来就是九个“大九州”。将一个“小九州”算作一城，九九八十一，全世界便共有八十一城。

邹衍这个脑洞，被后世的阴阳学家普遍接受。比如后人将“瀛寰”二字合称，用来表示全世界。《淮南子·地形训》中还补充说，与赤县神州相等的八个中九州，合称八殥，还分别给它们想了名字：次州、戎州、弇州、冀州、台州、济州、薄州、阳州。而海外的八个大九州，合称为八纮，具体名称未知，毕竟那么大老远的地方，谁知道叫什么名字！

2. 中国之城，左滨海，右通流沙，方①而言之，万五千里。东至蓬莱，西至陇右，后②跨京北，前③及衡岳，尧舜土万里，及汤时七千里。亦无常，随德劣优也。

═注释═ ①方：这里指国土边境周长。②后：指北方。古代的宫室多坐北朝南，天子临朝也是坐北朝南，北指代后方。③前：指南方。南指代前方。

<解说> 此条聚焦“小九州”中国之城。

这座东南好城的疆域有多大？大致估算一下，汉代一里约等于 415 米，州界周长有“万五千里”，相当于 6225 千米了。

东边通向大海，疆域绵延到东海与渤海之滨。东海之中的蓬莱、方丈之类的仙山，也全都属于中国。

西边连着大沙漠，疆域一直扩展到六盘山以西，黄河以东。汉武帝打败匈奴后，曾设置河西四郡（武威郡、张掖郡、酒泉郡、敦煌郡），大致包括今甘肃西部与内蒙古西部的阿拉善盟等地。

北边包含蓟北地区，疆域一直延伸到太行山、恒山一带。蓟县在东汉时属幽州，大致包含今北京市、河北北部、辽宁南部及朝鲜西北部。

南边的疆域一直延伸到衡山。衡山在今天的湖南中部偏东南一带，横亘于衡阳、湘潭两盆地。

至于说从尧舜时到殷商时的疆域变小，指的其实是行政区域。作者认为，君主德行的优劣与国土面积相呼应：尧舜时君主德行高尚，八方诸侯皆来归顺，因此国土万里；殷商时期，不少方国与民族不来朝商，因此国土缩减为七千里。

3. 尧别九州，舜为十二。

<解说> 《尚书·禹贡》里说："禹别九州，随山浚川，任土作贡。"大禹在治理好洪水之后，根据山川河流的走向，重新划定了九州，分别为：冀州、兖州、青州、徐州、扬州、荆州、豫州、梁州和雍州。

禹为何要重新划定九州？古人推想，肯定在尧的时代，就已经有了九州之别。洪水肆虐之后，大禹采用疏浚法来治理洪水，就是顺着黄河洪水的流向，一路挖排水河沟，让洪水能安安稳稳地流向大海。但这么一来，山川河流就改变了走向，人类的聚落也要随之重新建立，这才有了重别九州之举。

《尚书·尧典》又说"肇十有二州"，在大禹别为九州之后，舜帝又重新将天下进一步划分为十二州，这十二州分别为：冀州、幽州、并州、兖州、青州、营州、徐州、扬州、荆州、豫州、梁州和雍州。也就是说，从冀州中分出了幽州和并州，从青州中分出了营州。

4. 秦，前有蓝田之镇，后有胡苑①之塞②，左崤函②，右陇蜀，西通流沙，险阻之国也。

=注释=
①胡苑：胡人豢养牛羊的园地。②塞：边界险要之地。③崤函：崤山和函谷关。

<解说> 赵魏韩三家分晋，标志着战国时代正式来临。天下版图大致如下：

秦国，嬴姓，舜时名臣伯益之后。

秦国地势险阻，南边以峣关（今陕西蓝田县东南）为据，北边是胡人塞外之地，东边坐拥崤山与函谷关。崤函大概在陕西潼关与河南新安之间，这里地势险恶，山路险窄，因此成为古代战争的重要关塞之一。西边是陇山（今六盘山）和蜀地。疆域包括今天黄河以东的宁夏、甘肃、内蒙古、陕西及四川、重庆市一部分。

秦国不是周王朝分封的诸侯国，其祖秦非子因为养马养得好，被周孝王封在秦地（今甘肃天水），这个部族就开始了一边养马，一边替王室抵御西戎的生涯。周王室东迁后，秦国便逐渐占领了岐山以西（今陕西宝鸡）的领土。后来秦襄文公赶走了西戎，秦惠文王灭蜀，进一步扩大了秦国的版图，秦国因此崛起为战国七雄之一。

秦国因地处西戎，早年老被中原诸侯嫌弃，称作“戎翟”。中原诸侯嫌弃他们“父子无别，同室而居”，不讲究礼仪次序；嫌弃他们“刻薄寡恩”“尚武尚功”，太不通人情恩义；嫌弃他们音乐太土，李斯在《谏逐客书》里说秦国本土之乐是“夫击瓮叩缶，弹筝搏髀而歌呼呜呜快耳者”，就是敲着瓦盆陶罐，拍着大腿，呜哇哇地唱歌。

就是这个被诸侯群嘲的国家，在公元前221年，完成了一统六国的霸业，建立了烜赫一时的大秦帝国。

5. 蜀汉之土与秦同域，南跨邛笮①，北阻褒斜②，西即隈碍③，隔以剑阁④，穷险极峻，独守之国也。

＝注释＝ ①邛笮（qióng zé）：邛笮山，又叫邛崃山。在今四川雅安市南部。②褒斜：古栈道名。在今陕西秦岭山区内。③隈碍：隈，山水曲折之处；碍，险阻。④剑阁：古栈道名，连接大小剑山。在今四川剑阁县。

＜解说＞　蜀汉在先秦称巴蜀，不属于商周文化系统。它位处西南盆地之中，主要在今四川省境内。

这里的南边是邛笮山，通向外界必须走有“九折回车”之险的邛笮古道（大相岭古道）；北边的褒斜道是穿越秦岭的必行之路，在秦朝没修栈道之前，这里只有一条狭窄的小古道，所谓“猿猱相望”“蹄足莫之能越”，面对着这种高难度攀岩项目，猴子也只能面面相觑；北边还有大小剑阁（今陕甘川交界），更是“一夫当关，万夫莫开”，险窄系数更高。西边是连接青藏高原的横断山脉，其深险曲折自不必多说。总之，巴蜀的地势是要出去不容易，想进来更难，因此叫“独守之国”。

巴蜀之地东部是巴国，为西周分封的姬姓子爵国；西部是蜀国，传说由古帝蚕丛氏建立。巴蜀两国在春秋时国力强盛，可惜这两国内斗太厉害，还老是拉上邻居苴国三方互殴，于是进入战国之后，很快被秦惠文王吞并了。秦朝在此设蜀郡，西汉在此置益州，汉末黄巾起义后，益州牧刘焉、刘璋父子割据益州，后来又被刘备所灭，因为刘备刘皇叔打着“汉室后裔”的旗号，所以魏晋时人又称这里为“蜀汉”。

6.周在中枢，西阻崤谷，东望荆山①，南面少室，北有太岳，三河之分，雷风②所起，四险之国也。

注释

①荆山：我国有五座荆山，分别位于湖北南漳县西部，陕西阎良、三原、富平三地交界处，河南灵宝阌乡南，安徽怀远县西南和甘肃省灵台县。这里指的是安徽的荆山。②雷风：《太平御览》作『风雨』，指政权更迭。

<解说> 周文王即位后，迁都丰京（**陕西西安市西南**）；武王灭商之后，又建立镐京（**今陕西西安**）。丰镐二京成为周王朝的根据地和大本营，宗庙和王宫都建在这里。

丰镐是个好地方。这里东边有崤山和函谷关做屏障，能有效抵御西戎的骚扰，周王又在关外分封了一位秦老弟，替王室养马打仗。东边是荆山，《富平县志·山川志》说："北条荆山属富平之南，三原之东，临潼之北，蒲城之西，皆统一为荆山。"大概在今天的陕西省三原县到关山镇一带；荆山之东是郑国和卫国，全是老姬家的亲戚，王都有什么危难，烽火一点，亲戚可立即驰马来救。南边则以少室山（**今河南登封西北**）作为屏障，少室山是嵩山一角，险峻陡峭。北边则以太岳山作为屏障，山的北边是晋国，也是老姬家的亲戚。丰镐因此成了诸侯中枢之地，既可监临各诸侯，也受各诸侯拱卫。

所谓"三河"，指的是河东、河内和河南。这三处作为上古王兴之地，就好像鼎的三足，王都不建在这儿就建在那儿。《史记·货殖列传》中说："昔唐人都河东，殷人都河内，周人都河南。夫三河在天下之中，若鼎足，王者所更居也，建国各数百千岁。"尧舜禹时代，王城基本在河东（**黄河以东，太行山以西，今山西西南部**）一带；殷商虽然多次迁都，但都跑不出河内（**太行山以东，黄河以北，今河南北部**）之地；周王朝呢，觉得宗周离东方诸侯太远，万一有人想叛乱，我平叛大军在路上都得走个五天五夜，还打个什么仗？于是又在洛阳建了一个根据地，称为东都，又称洛邑或成周。洛阳就在黄河之南，今河南西北部。

7. 魏，前枕黄河，背漳水①，瞻王屋②，望梁山③，有蓝田之宝④，浮池之渊⑤。

== 注释 == ①漳水：古水名。在今湖北荆门京山县境内。②王屋：王屋山，是道教十大洞天之首。在今河南济源市内。③梁山：在今山东的泰安、济宁、菏泽和河南的濮阳四地市交界处。④蓝田之宝：指蓝田出产的美玉。⑤浮池之渊：古湖泊名。今地不详。

<解说> 魏国，姬姓，周文王之子毕公高之后。魏氏原本是晋国大夫，三家分晋之后被封为魏侯，成为战国七雄之一。

如果将春秋时的宗周称为“四险之国”，那战国时的魏国无疑是“四战之地”。它地处中央，南边跨过黄河，跟韩国、楚国接壤；北边越过漳河，又跟赵国接壤；西边是实力雄厚的秦国；东边又跨越淮水、颍水，跟宋国、齐国接壤。辖境大概包括今山西南部、河南北部和陕西、河北的部分地带。也就是说，如果哪个邻居看魏国不顺眼，很容易就能派兵进入魏国境内；如果邻居们群起而攻之，那魏国只有割地退守的份儿。

据《孟子·梁惠王章句》记载，魏惠王就曾委屈地问孟子：“晋国，天下莫强焉，叟之所知也。及寡人之身，东败于齐，长子死焉；西丧地于秦七百里；南辱于楚，寡人耻之。”想我当年大晋国称霸诸侯，多么风光；怎么到了我这儿，东边领土被齐国啃了一口，我大儿子因此壮烈牺牲；西边被秦国占了七百里的土地；南边又要给楚国赔钱赔地，真的好丢人啊，我该怎么办？

孟子拍拍惠王的肩膀，说：“仁者无敌。”

公元前225年，秦将王贲引水灌大梁城，城内死伤无数，魏王假投降，魏国亡。

8. 赵，东临九州①，西瞻恒岳②，有沃③瀑之流。飞壶、井陉之险④，至于颍阳、涿鹿之野⑤。

═注释═ ①九州：指九门。范宁《博物志校证》（后统一简称范《校证》）据《战国策》考证，赵有九门城，无九州城。九门城在今河北藁城。②恒岳：恒山。在今山西大同浑源县。③沃：浇灌，这里形容瀑布飞流直下。④飞壶：古险关，即飞狐峪，在今河北张家口蔚县。井陉：古险关，即井陉关，在今河北井陉县北井陉山上。⑤颍阳：古地名，在今河南许昌。涿鹿之野：指涿鹿山，在今河北涿鹿县。

<解说> 赵国，嬴姓，商朝名臣飞廉之后。赵氏原本也是晋国大夫，三家分晋之后被封为赵侯，成为战国七雄之一。

比起魏国，赵国的地理位置要有优势得多。东边是九门城（今河北藁城），与齐国接壤；西边依势恒山（今河北曲阳西北），有壶口瀑布之险；北边有飞狐峪、井陉关两道关口坐镇；南边领土直到颍阳和涿鹿之野，与魏国接壤。赵国极盛时期，版图大致包括山西、内蒙古、河北大部分地区和陕西西北、山东西部一带。

赵国是战国中后期的军事强国之一。赵武灵王曾实施“胡服骑射”改革，把士兵的战服从宽袍大袖改为窄腿窄袖，有效减少了士兵在战场上被自己绊倒，或踩掉队友衣裙等事件的发生，成功建立起中国第一支制式骑兵部队。此后，赵国军事实力激增，培养出赵奢、廉颇、李牧等一批战国名将，成为秦称霸六国最大的对手之一。

赵由盛转衰的节点是长平之战。倒霉孩子赵括顶着老爸赵奢的“战神”光环，顶替老将廉颇上阵，在长平来了场大型纸上谈兵，结果连累四十余万赵军被白起坑杀，赵国自此元气大伤。

公元前 222 年，秦将王贲攻破代城，逮住了末代赵王嘉，赵国亡。

9. 燕，却背[①]沙漠，进临易水[②]，西至君都[③]，东至于辽[④]，长蛇[⑤]带塞，险陆相乘[⑥]也。

=注释= ①却背：背靠。②易水：古水名，发源于今河北易县一带。③君都：指军邑，古地名。据《汉书·地理志》记载，燕国上谷郡内有军邑。《四库》本作"军邑"。④辽：辽河。发源于河北平泉县七老图山脉的光头山，流经河北、内蒙古、吉林、辽宁四省，注入渤海。⑤长蛇：指燕长城。南界长城在今河北易县一带，北界长城在今内蒙古赤峰、通辽一带。⑥乘：叠加。

<解说> 燕国，姬姓，武王之弟召公姬奭之后。

燕国地理偏僻，这里北境是戈壁大沙漠，和匈奴、东胡是邻居；南边是易水（**今河北北部**），易水之外就是齐国；西边以上谷郡（**今河北怀来东南**）为界，与赵国接壤，这位邻居光想着和秦国互殴，不仅无暇入侵燕国，还替它挡掉了秦国的威胁，因此苏秦说这里一度"安乐无事，不见覆军杀将之忧"（**《战国策·卷二十九》**）；东边一直延伸到辽河，与朝鲜接壤；还有多条长城像长蛇一样盘踞在边境各地，辖境大致包括今河北北部、北京和辽宁西部一带。

燕国因历史悠久，常自称八百年老诸侯。老诸侯年纪大了，行为却依然偏激。比如公元前 318 年，燕王哙一拍大腿，将王位"禅让"给了相国子之，并且撤除所有三百石以上的高官，将任命权全部交由子之。这一举动引发了旧贵族的强烈不满，燕国立刻发生内乱，老仇人齐国也趁火打劫了一把。再比如公元前 227 年，燕太子丹见赵国都城邯郸被破，决心孤注一掷，派荆轲刺杀秦王，可惜刺杀不成，反而成功点燃了始皇的怒火。

公元前 222 年，秦将王贲率军进攻辽东，俘虏了燕王喜，燕国亡。

10. 齐，南有长城、巨防[1]、阳关[2]之险；北有河、济，足以为固；越海而东，通于九夷[3]；西界岱岳[4]、配林之险，阪固之国也。

== 注释 == [1] 巨防：古险关，在今山东省平阴县一带。[2] 阳关：古险关，在今山东泰安南汶水一带。[3] 九夷：泛指东方部族。[4] 岱岳：泰山。在今山东泰安。

<解说> 齐国，姜姓，太公吕尚之后。

齐国地处沿海，南边除了巨防（**今山东平阴**）、阳关（**今山东泰安**）这两道险关，还有齐长城作为阻碍，战国时，邻居是卫国和楚国。北边是黄河和济水，虽然不算什么险峻之地，但好歹也是一层屏障，可抵挡赵国、燕国的入侵；东边就是渤海，和海外九夷外族之地相通；西边则是泰山和配林山，这两座高山可不容易翻，因此齐国也算险固之地。疆域大致包括今山东东部、河北东北部、天津一带。

齐国背靠大海，坐拥鱼盐之利，大家把海盐晒一晒、海鱼捞一捞，运到各诸侯国去卖，想不富都难。也因为商人辈出，齐人也被人诟病为“多诈而无实”“反覆之国”，黑心资本家太多。《管子·水地》说齐人“贪粗而好勇”，意思是齐人大多性子急躁不好惹，一言不合就动手。《史记·货殖列传》又说：“其俗宽缓阔达，而足智，好议论，地重，难动摇，怯于众斗，勇于执刺，故多劫人者，大国之风也。”齐人虽然喜欢动手，但不喜欢打群架，喜欢单挑，所以刺客勇士很多；而且齐人阔达大气，聪明，喜欢谈论学术，是文武兼备的国家。

齐国国力在齐桓公时达到鼎盛，随后日渐衰落。到了战国末年，齐康公被贵族大夫田和扔到了海岛上：喏，给你分块地，你就在这儿祭祀你家祖宗姜太公吧。从现在起，我就是齐国新的主人，请叫我齐太公。自此，齐国改姓为田，史称田齐。

公元前 221 年，秦将王贲兵临临淄城下，齐王建出城投降，齐国亡。

11. 鲁，前有淮水①，后有岱岳，蒙、羽之向②，洙、泗之流③。大野广土，曲阜尼丘④。

═注释═ ①淮水：古水名，今淮河。发源于河南桐柏山老鸦叉，东流经河南、安徽、江苏三省，下游分为三条水道，分别汇入长江、黄海和海州湾。②蒙：蒙山。在今山东临沂西北。羽：羽山。在今江苏连云港东海县与山东临沂临沭县交界。③洙：洙水，古水名。据《水经注》，洙水发源于今山东新泰东北，西流至泰安东南，折西南至泗水县北与泗水合流，西至曲阜城东北又与泗水分流，西经兖州至济宁合洸水，折南注入泗水。泗：泗水。发源于山东蒙山南麓，经泗水、曲阜及兖州注入南阳湖。④尼丘：尼丘山。在今山东曲阜城东南。

<解说> 鲁国，姬姓，周公旦长子伯禽之后。

鲁国紧挨着齐国，国内有很多宽广的平原，曲阜的尼丘山就在鲁国的正中央。这里北边是泰山，泰山之后是老亲家齐国；南边是淮水，还有蒙山、羽山等山脉，洙水、泗水从这里穿流而过。战国时，鲁国东边与楚国、齐国为邻，西边以赵国、卫国为邻，疆域大致包括今山东济宁、泰安、菏泽、临沂一带。

鲁国虽然疆域小，但地位却一点也不低。首先，周武王当初分封时，考虑到齐鲁之地离宗周太远，不好管理，这里又全是殷商遗民，因此便让周公和太公两尊大神镇在这儿，省得总有刁民想叛乱。其次，叔叔周公尽心尽力辅佐周室，立下了汗马功劳，因此周成王特许鲁国立庙祭祀文王，并行天子之礼。《礼记·明堂位》记载："凡四代之器、服、官，鲁兼用之。是故，鲁，王礼也，天下传之久矣。"也就是说，鲁公吃饭时跟天子一样，能坐着五层厚席，吃二十六道菜；其他公爵比如齐公、卫公之流，只能坐着三层薄垫，吃十六道菜。（《礼记·礼器》）要嫌冷想加一道席子，挑食想加一道菜行不？不行，因为公侯不能"执天子礼"，如果加了那叫僭越，周王和其他诸侯马上就驾着战车、扛着斧钺，过来找你聊天了。

鲁国以礼乐立国，有拘古守礼的风气，因此礼乐崩坏之后，只有鲁国依然还保存着较完整的周礼制度。圣人孔子出身鲁国，有恢复周礼的伟大理想。各国史书之中，也只有鲁史《春秋》流传到了今天。鲁国可以说是两周与春秋时的精神代表。

公元前256年，楚考烈王伐鲁，鲁国亡。

12. 宋，北有泗水，南迄睢涡①，有孟诸②之泽、砀山③之塞也。

═注释═ ①睢涡（suī guō）：睢水和涡水，古水名。据《水经注》，睢水、涡水二河故道皆发源于今河南开封陈留镇浪荡渠，故道东流汇入淮河。②孟诸：古大泽名，在今河南商丘东北。③砀（dàng）山：在今河南永城东北。

<解说> 宋国，子姓，公爵。商纣王之兄微子启之后。

宋国北边有泗水，与齐、鲁、卫三国接壤；南边直到睢水、涡水一带，有砀山作为屏障，与楚国接壤；东边是魏国，西边还是楚国。孟诸大泽在宋国之中。疆域大概在今河南东部、江苏西北和山东西南一带。

宋国作为殷商遗民，也是可以“执天子礼”的国家。据孔颖达考证，西周立国之时，曾将夏、商二王的后人封于杞、宋二地，将黄帝、尧、舜的后人封于蓟、祝、陈三地，称为“三恪”，让他们继续祭祀自家祖先。上古不兴“斩草除根”那一套，反而秉持“兴灭继绝”的礼制。《论语·尧曰》说：“兴灭国，继绝世，举逸民，天下之民归心焉。”虽然推翻你家政权，但不断你家香火；如果看到哪个国家快要灭亡，子孙即将断代，还会出手帮忙复兴国祚、保存血脉，非常有人道主义精神。春秋诸侯基本都遵循这一原则，因此像蔡、滕、郲、许、莒等衰弱之国，也能延续数百年之久。

公元前 286 年，齐、楚、魏三国联手灭宋国，瓜分宋国领土，宋国亡。

13. 楚，后背方城①，前及衡岳②，左则彭蠡③，右则九疑④，有江汉⑤之流，实险阻之国也。

═注释═ ①方城：方城山。在今河南叶县。楚国的北境长城穿过此山。②衡岳：衡山。在今湖南衡阳南岳区。③彭蠡：古泽名，一说鄱阳湖古称。在今江西省北部。④九疑：九嶷山，又名苍梧山。在今湖南永州宁远县。⑤江汉：长江和汉江。汉江又称汉水，汉江，是长江最大的支流，发源于陕西宁强秦岭南麓一带，流经陕西、湖北两省，在武汉市汇入长江。

<解说> 楚国，芈姓，始祖为熊绎，传说是颛顼之子季连之后。

楚国北面靠着方城山（**今河南叶县**），又在此处修建了楚长城，可以抵挡北方诸侯的侵袭；南边一直到达衡山，与南越为邻；东边是彭蠡湖（**今江西鄱阳湖**），春秋时与徐国、吴国、越国为邻；西边是九嶷山，境内有汉水和长江穿流而过，形成一道天然屏障，对于北方那些骑马驾车的家伙来说，这里无疑是险恶之地。在鼎盛之时，楚国的疆域包含今湖北全境，湖南、安徽、江西、江苏、浙江、福建大部分区域和河南、重庆、贵州、四川、陕西部分区域，是战国七雄中国土面积最大的一国。

楚国最初仅被封为子男爵位，也是中原诸侯嫌弃的对象，被叫作“南蛮”。被人嫌弃不要紧，位卑处低也没关系，大熊小熊们不在意这个，只是闷着头开荒扩土，谋求发展，楚国国力就这么逐渐强盛起来。王位传到熊通手上时，他请求周王加其封号：咱们如今也算南方一霸了，封号却还是个子爵，每年开朝会，人家都是“鲁公”“曹伯”，我就是“楚子”“楚男”，这也太难听了吧？我觉得“楚公”不错，您觉得呢？周王：“我拒绝。你一个异姓南蛮，不要老是幻想公爵之位，我老姬家的滕侯、顿子还在后面排着队呢。”熊通很生气，于是自立为王，人称楚武王。自此之后，楚君都以王自称了。

公元前 223 年，秦军大败楚军，俘虏楚君负，楚国亡。

14. 南越之国，与楚为邻。五岭[1]已前，至于南海，负海之邦。交趾[2]之土，谓之南裔。

== 注释 == ① 五岭：指越城岭（在今江苏南京秦淮区）、都庞岭（今湖南与广西交界）、盟渚岭（今湖南与广西交界）、骑田岭（今湖南与广东交界）、大庾岭（今江西与广东交界）五座山岭。② 交趾：古地名，先秦时期为百越支下骆越的分部，在今越南北部红河流域一带。

<解说> 先秦时期，生活在东南沿海一带的部落常被称为“百越”，南越是百越之一，主要聚集在今广东一带。

南越部族北边与楚国接壤，以越城岭、都庞岭、盟渚岭、骑田岭、大庾岭五座山岭为屏障。南边直达南海之滨，是靠海之地；东边是闽越、瓯越等部族；西边是西瓯、骆越等部族，疆域大致包含今广东全境，广西、贵州、江西、福建等部分地区。当然，在北方人眼里，楚国以南交趾以西的这些“越”们，都是“断发文身”的异族，总是分不清楚，干脆统称南方人吧。

南越也是个国家名。秦始皇称帝后，曾平定百越之地，把这里变成了桂林郡、象郡和南海郡，后来秦末天下大乱，南海郡尉赵佗趁机兼并桂林郡、象郡，在这儿当起了土皇帝，自号“南越武王”，南越国因此建立。这时候的南越国疆域包含今广东、广西、海南、福建、香港、澳门大部分地区，和越南部分地带，成为南方一霸。

公元前 112 年，汉武帝刘彻出兵伐南越，南越国亡。

15. 吴，左洞庭①，右彭蠡，后滨长江，南至豫章②，水戒③险阻之国也。

＝注释＝ ①洞庭：洞庭湖，古称云梦。在今湖南北部，长江中游荆江河段以南。②豫章：郡名。在今江西北部南昌一带。③戒：范《校证》疑为『界』字之误。

<解说> 吴国，姬姓，传说为周文王之兄太伯之后。

吴国占据东南一角，西边是洞庭湖，跟楚国接壤；东边是彭蠡泽，疆域一直延绵到黄海之滨；南边直到豫章郡（**今江西南昌**），与越国接壤；北边有长江作为屏障，疆域包括今江苏南部、浙江北部，主要在太湖流域一带。因为境内水网密布，内陆国家若想入侵吴国，通常讨不到什么便宜。

据《史记·吴太伯世家》记载，吴国始祖是周文王的老大哥太伯，太伯原本是王位第一继承人，但父亲周太王喜欢小儿子季历，更喜欢小孙子姬昌。老父亲为此每天发愁：要把王位传给季历吧，好像显得太伯有多不好似的，顺便把二儿子仲雍也抹黑了。要把王位传给太伯吧，又舍不得可爱的小孙子姬昌。

太伯、仲雍孝顺，俩人相约着“奔荆蛮，文身断发，示不可用”，把长发一剪，纹个大花臂：老爹你别为难，这王位，我们俩说啥都不要了，从此在吴地自立为王，国号“勾吴”。春秋中后期，吴国在吴王阖闾、夫差时达到鼎盛。

公元前473年，越王勾践吞并吴国，吴国亡。

16. 东越通海，处南北尾闾[1]之间。三江流入南海，通东治[2]，山高海深，险绝之国也。

== 注释 == ① 尾闾：出海口。《庄子·秋水》：『天下之水莫大于海，万川归之，不知何时止而不盈；尾闾泄之，不知何时已而不虚。』② 东治：祝鸿杰《博物志新译》（后统一简称祝《新译》。）校为『东冶』，是东越都城，今福建福州。《四库》本作『东瓯』，也是东越都城，在今浙江温州。

<解说> 东越也是“百越”之一，春秋战国时称越国，姒姓，传说为夏君少康之后。

越国地处东南，地势比吴国更为险峻。东边是浩瀚无垠的东海，西边与楚国为邻，南边是浩瀚无垠的南海，北边与吴国相邻。浙江、岷江、松江三条江水从越国境内穿过，注入南海。越国地处南北入海口之间，灭吴之前，疆域大致包括今浙江与江苏南部、广东东部一带。

公元前 222 年，越君降秦，越国亡。

17. 卫，南跨于河，北得淇水①，南过汉上，左通鲁泽②，右指黎山③。

〓注释〓 ①淇水：古水名。黄河支流，发源于山西陵川，南流至卫辉市汇入黄河。今为卫河支流，在河南北部林州市一带。②鲁泽：范《校证》疑为阿泽之误。阿泽：古泽名。在今山东聊城阳谷县东。③黎山：又称黎阳山、大伾山。在今河南浚县东南。

<解说> 卫国，姬姓，周文王之子康叔之后。

卫国南边有黄河、濮水越境，春秋时与郑国、宋国为邻。北边是淇水，邻居是晋国；东边直通阿泽（今山东阳谷东），与齐鲁为邻；西边依恃黎山。疆域大致包括今河南北部、河北西南，山东西南一带。

虽然卫国出身周王室嫡系，却老是出些荒唐国君，导致它跟“大国”“霸主”等词没什么缘分。比如卫庄公宠爱庶子州吁，导致州吁杀了老哥桓公，引发了一场大内乱；再如卫宣公，本来要给儿子娶妻，结果看见儿媳妇宣姜漂亮，就自己当了新郎；还有卫懿公，这位爱鹤成痴，给鹤发的钱比给人发的还多，领不到钱的官员纷纷罢工，于是懿公成了光杆司令，死于翟人之手。

公元前 254 年，魏国出兵占领卫地，但依然保留着卫君封号。公元前 209 年，卫君姬角被秦二世废为庶人，卫国彻底灭亡。

至此，卫国一共存续九百余年，传 44 代君主，成功踢走燕国，登上最老诸侯的宝座。

赞曰：地理广大，四海八方。遐①远别域，略以难详。侯王设险，守国②保疆。远遮川塞，近备城堭③。司察奸非，禁御不良。勿恃危阨④，恣其淫荒。无德则败，有德则昌。安屋⑤犹惧，乃可不亡。进用忠良，社稷永康。教民以孝，舜化以彰。

＝注释＝ ①遐：远方。②国：原作『固』，祝《新译》据《百三家名集》改。③城：城墙。堭：通『隍』，城壕。古城墙外沟壕有水的叫池，无水的叫隍。④阨：困厄，窘境。⑤屋：范《校证》疑为『居』。

<解说> “赞”是古代的一种文体。它和“颂”一样，主要用途都是歌功颂德。

南朝梁的文学理论家刘勰在《文心雕龙·颂赞》中对赞有详细论述。说起赞的来源，刘勰称：“赞者，明也，助也。昔虞舜之祀，乐正重赞，盖唱发之辞也。”古代祭祀时唱的颂歌辞藻典雅，又没有实时字幕，众人万一听得云里雾里，完全不懂颂歌的含义怎么办？于是祭祀官想了个办法，在唱颂歌前先加一段解释词来说明主旨，这一段解释词就是赞。谈及赞的特点，刘勰称：“然本其为义，事生奖叹，所以古来篇体，促而不广，必结言于四字之句，盘桓乎数韵之辞。”因为赞是解释颂词而产生的，所以它出厂自带几个特征：篇幅短小，四言一句，在一二十句韵语之内能简明扼要地讲清内容。

赞虽是因嘉奖赞美而生，但随着时代发展和应用增多，它也和颂一样发展为一种褒贬皆有的文体，且通常附于文章末尾，起总结作用。《史记》《汉书》中人物传记后附的赞辞与郭璞《尔雅图赞》中对动植物的赞辞就是典型的例子。

《博物志》中这段赞文前半段是对国土广阔、国防制度的赞美，后半段则增加了很多劝诫之言，更接近用于规劝警戒的文体“箴铭”。可理解如下：

世间地界宽又广，别以四海与八方。
边远方外与异域，简略叙述难说详。
分封王侯设险关，稳固国土保边疆。
城外戍守靠川塞，城内防备有城隍。
有司广设察奸佞，禁军常备除不良。
切勿仗势欺弱小，不可乘危谋私粮。
作威作福背民心，骄奢淫逸断民肠。
丧失德行必颓败，惟有修德保隆昌。
居安思危少亡乱，未雨绸缪止国殇。
取纳明言吏治清，社稷方可永安康。
教化民众孝为先，舜帝仁德长显彰。

18. 天地初不足，故女娲氏练五色石以补其阙①，断鳌②足以立四极。其后共工氏与颛顼争帝③，而怒触不周之山，折天柱，绝地维④。故天后倾西北，日月星辰就⑤焉；地不满东南，故百川水注焉。

＝注释＝ ①阙：缺口。②鳌：传说中海里的大龟或大鳖。③共工氏：古神话中的水神，一说为黄帝时代的部落名。颛顼：古部落首领，黄帝之孙，号高阳氏。④地维：系着大地四角的绳。⑤就：靠近。

＜解说＞ 传说在远古时代，天下曾被滔天洪水淹没。《孟子·滕文公》里说：“当尧之时，天下犹未平。洪水横流，泛滥于天下。”“水逆行，泛滥于中国。”大洪水来势汹汹，不仅是河流决堤泛滥那么简单，还有海水倒灌，弄得天下变成一片汪洋。

古人不懂什么是星球间的潮汐引力，也搞不清海平面上升是什么道理，他们只好用想象来解释这场洪水。

《淮南子·览冥训》中说：“往古之时，四极废，九州裂，天不兼覆，地不周载，火爁炎而不灭，水浩洋而不息。”三皇时代，天地就像是用久的金属罩，出现了好多窟窿和裂纹，天下因此水火失调，到处都是洪水与山火，女娲只好先用五色石将窟窿堵上，再用四只大鳌足将天地撑住，这里的五色石代表五行，四鳌足代表四极、四方。天地修补好之后，自此“背方州，抱圆天”，形成了天圆地方的模样。

但是，乌龟腿通常是一样长的啊，为什么西北方地势高，东南方地势低？为什么在西北高原上看到的星辰多，东南方就少？难道这乌龟残疾？不合理。想象继续：到了五帝时代，共工和颛顼两人打架争王位，共工一怒之下撞倒了不周山，不周山就是位于西北的天柱，这一撞可好，漫天的星辰都倾斜到西北方，而地上的江河全部流向东南方去了。天下地理从此定型。

神话作者很满意：看，洪水源头找到了，地理成因也有了，完美。

19. 昆仑山北，地转下三千六百里，有八玄幽都，方二十万里。地下有四柱，四柱广十万里。地有三千六百轴，犬牙相举①。

〓注释〓 ①犬牙相举：像犬牙一样上下牵制。

＜解说＞　幽都最初是一种阴阳五行说法。北方代表阴，代表水，代表黑，是至暗之地。都，是聚集的意思，幽都就指阴气聚集之处。八玄是形容词，指八方，意思是这里一片幽暗，不见阳光。《山海经·海内经》中说北海之内有“幽都之山”，这里的鸟、豹、蛇乃至人，都是清一色黑乎乎的。《楚辞·招魂》说：“魂兮归来！君无上天些……魂兮归来！君无下此幽都些。”将“下幽都”和“上天”对应起来，后人就认为幽都是一个地下深坑，在昆仑山西北，有二十万里那么大。

后半段说到地柱和地轴。古人认为，既然有四根极柱支撑着天，防止天塌，那么也应有四根柱子支撑着地，避免地陷，这四根就叫地柱。地下除了地柱，还有三千六百条地轴，它们像齿轮一样相互牵制、相互作用，带着天地一起转动，这就是早期人们对于地球自转现象的解释。

20. 泰山一曰天孙，言为天帝孙也。主招人魂魄。东方万物始成，知人生命之长短。

<解说> 泰山神，别名东岳大帝，是山川神灵中最具重量级的一位，主管人的寿数与万物生长。

关于他的身份来历，后人有几种说法：

汉代纬书《孝经援神契》说：“泰山，一曰天孙，言天帝之孙也。”认为泰山神身份尊贵，是天帝的嫡孙。也因为这样，历代帝王都把封禅祭天之地选在这里：先把自己的功勋讲给孙子听，由孙子去告诉爷爷，肯定比外人要有说服力嘛。

汉代志怪《神异经》说：“昔盘古氏五世之苗裔曰赫天氏，赫天氏子曰胥勃氏，胥勃氏子曰玄英氏，玄英氏子曰金轮王。金轮王弟曰少海氏，少海氏妻曰弥轮仙女也。弥轮仙女夜梦吞二日，觉而有娠，生二子，长曰金蝉氏，次曰金虹氏。金虹氏者，即东岳帝也。”这谱系看着有点复杂，其实就是讲泰山神是盘古的后代，叫金虹氏。

南朝志怪《述异记》说：“昔盘古氏之死也，头为四岳，目为日月，……秦汉间俗说：盘古头为东岳，腹为中岳，左臂为南岳，右臂为北岳，足为西岳。”这里又根据秦汉时的民间传说，说泰山是盘古的头化成的，其他四岳都是胳膊腿，所以泰山才叫五岳之首。

当然，最靠谱的说法，还是来自上古太极图。传说上古的太极图，并不是今传的乾上坤下的左旋图，而是坤上乾下的右旋图。明代赵仲全《道学正宗》里讲：“古太极图，阳生于东而盛于南，阴生于西而盛于北，阳中有阴，阴中有阳，而两仪，而四象，而八卦，皆自然而自者。”在图中，东方是阳气初生、阴气消歇的地方，主春、主生发，因此泰山作为东岳山神，也就有了主管生死、寿数之类的职能。

21.《考灵耀》①曰：地有四游，冬至地上北而西三万里，夏至地下南而东三万里，春秋二分其中矣。地常动不止，譬如人在舟而坐，舟行而人不觉。七戎六蛮，九夷八狄，经总而言之，谓之四海。言皆近海，海之言晦昏无所睹也。

注释 ①《考灵耀》：又写作《考灵曜》，全名《尚书考灵曜》，汉代纬书。

＜解说＞ 除了地轴说，古人对地球自转还有个解释——地游说。

地游说建立在“浑天说”之上。浑天说的代表学者为张衡。《浑仪注》里讲：“浑天如鸡子。天体圆如弹丸，地如鸡子中黄，孤居于天内，天大而地小。天表里有水，天之包地，犹壳之裹黄。天地各乘气而立，载水而浮。”也就是古人认为，宇宙就像个巨型鸡蛋，天是薄蛋壳，蛋壳里上半部分是气，下半部分是水；地是厚蛋黄，在水中漂浮；日月星辰则在水、气之间周转浮游，晚上泡澡，白天出浴，这造就了日出月落、星辰变幻等现象。

好了，宇宙模型有了，现在要解决下一个问题：据古人观测，一年四季星星的位置、亮度、距离地面的远近都不一样，它们的运动轨迹到底是什么样？

根据浑天仪等天文仪器的观测数据，古代天文学家开启了另一个脑洞：“地有升降，星辰有四游”（见邢昺疏引郑玄注《考灵曜》）就是说，到了春分的时候，星星游移到天表的西边，接近蛋壳西壁，大地处在正中的高度，这时昼夜长度相等；春分之后星星开始向东游，大地渐渐下沉，到春末回到原点；立夏之后星星开始北游，夏至时到达蛋壳北壁，大地这时大部分沉在水下，所以昼长夜短；夏至之后星星开始南游，夏末回到原点。以此类推，日月星辰每年要右旋走完一个菱形，大地则是浮浮沉沉一个来回。这其实已经接近现代天文学了。

有人秉持着“天动地静”的易学观点，质疑道：“大地升来降去的，人怎么可能没感觉？”天文学家们又补充解释说：“这和坐船一个道理，明明是船和你一起动，你却觉得是两岸的风景在倒退，那你和大地一起做升降运动，可不就是天动地没动吗？”至于四海，古人常拿它来泛指，比如说“四海之内皆兄弟”，是指东西南北四方的民族和地界，并不是特定的东西南北四片海。作者还说，“海”这个名字最初也与外方民族有关，通“晦”，既指大海黑漆漆的啥也看不清楚，也指这些外族人没受过文明开化，像野蛮人一样昏昏晦晦的。

22. 地以名山为之辅佐，石为之骨，川为之脉，草木为之毛，土为之肉。三尺以上为粪①，三尺以下为地，重阴之性也。

═注释═ ①粪：范《校证》疑为『气』字之误。

<解说>　古人常用类比思维来认识自然，认为天道、地道、人道三者是一一对应的。

《周易·系辞》里讲：“天生神物，圣人则之。天地变化，圣人效之。天垂象，见吉凶，圣人象之。河出图，洛出书，圣人则之。”上古圣人正是通过观察天地自然的规律，才发现了人类活动的规律，才推演出八卦，从而创造出种种人类文明的。《咸卦》里又讲：“圣人感人心，而天下和平；观其所感，而天地万物之情可见矣。”而圣人通过对自身的认识和对万物的感知，又反推出天地自然运行的规律，加深了对整个世界的理解。这就是《道德经》上讲的“人法地，地法天，天法道，道法自然”。

所以这句就很好理解了：如果把大地类比作人，那名山大川就是他的大臣、助理、秘书，有独立人格，不可或缺；石头坚硬，又埋在土壤之下，所以是他的骨头；河川流动不息，对应人的血管；草木柔软茂密，对应人的毛发；土壤肥沃松软，对应人的皮肉。盘古化生万物的神话，显然就是这种思维的产物。

最后一句是对地层的认识。《太平经》里讲：“凡凿地动土，入地不过三尺为法：一尺者阳所照，气属天也；二尺者物所生，气属中和也；三尺者及地身，气属阴。过此而下，伤地形，皆为凶也。”古人认为，挖地最多往下挖三尺：地下一尺是阳气，地下二尺是中和之气，地下三尺是阴气，再往下挖阴气太重，对人的伤害就很大了。

23. 五岳：华、岱、恒、衡、嵩。

<解说> 五岳是山中的龙头老大，分别坐镇于东、西、南、北、中五方。

五岳的说法和古代哲学密切相关。商周以前盛行四方神之说，所以《尚书》只称“四岳”，《尧典》《舜典》里多次出现“咨四岳”的记载，也就是大事小事只问四方山神，没中岳什么事儿。后来进入春秋战国，阴阳五行观念日渐兴盛，这才有五岳的说法，《周礼·春官》中有言：“以血祭祭社稷、五祀、五岳。”

但这五岳是哪五岳呢？先秦经书没说，能确定的只有东岳泰山。因为历朝定都位置不同，所以后代关于五岳的说法也不一样，有说南岳是霍山的，有说西岳是吴山（**今岳山**）的，还有说西岳是湘山的，清代邵晋涵的《尔雅·正义》里罗列了很多说法。

这条所说的五岳，是《史记·封禅书》里的版本：东岳为泰山，西岳为华山，南岳为衡山，北岳为恒山，中岳为嵩山。这也是我们今天公认的五岳了。

24. 按太行山而北去，不知山所限极处。亦如东海不知所穷尽也。

<解说> 太行山，在《列子》中叫“大形”。“太”意为大，比如古称泰山为“太山”，意思是极高的大山；“行”与形同音，意为山形绵长，代表这是一座极长的山脉。

作为黄土高原与华北平原的分界线，太行山纵跨北京、河北、山西、河南四省市，整条山脉绵延 400 余公里之长，因此太行山在作者眼里，和东海是一个难度系数，根本搞不清终点在哪儿。

东晋郭缘生《述征记》中说：“太行山首始河内，北至幽州，凡百岭。”唐代地理书《括地志》中说 ：“太行连亘河北诸州数千里，始于怀而终于幽，为天下之脊。”可见至少在唐代，人们已经清楚：太行山南端在怀州一带（今河南沁阳），北端在幽州一带（今北京市西），全长数千里，远没东海那么辽远神秘。

25. 石者，金之根甲①。石流精以生水，水生木，木含火。

注释 ①根甲：本源和外壳。

<解说> 这是五行相生的说法：

金属矿石总是埋藏在土中，所以土生金。而金属在未被提纯之前，通常是矿石的形态，所以古人说石头既是金属形成的根源，又是金属的保护壳。

金属遇冷会凝结水汽，所以金生水。金属是石中精华，所以“石流精以生水”。

水能滋养草木，所以水生木。

草木能点燃火焰，所以木生火。古人最早的取火方式是“钻木取火”，在煤炭、天然气之类可燃物没被开掘之前，木材一直是主要生火材料，所以古人认为木头里包藏着火苗。

万物燃烧殆尽，化为灰烬灰土，所以火生土。

至此，五行形成了完整的相生闭环。

26. 汉北广远，中国人鲜有至北海者。汉使骠骑将军霍去病北伐单于，至瀚海①而还，有北海明矣。【周日用曰：余闻北海，言苏武牧羊之所去，年德甚迩②，柢③一池，号北海。苏武牧羊，常在于是耳。此地见有苏武湖，非北溟之海。】

══注释══ ①瀚海：北方的大湖，汉时指北海。②年德：年龄德行。迩：近，与「遐」反义。③柢（dǐ）：树木之根。

<解说> 霍去病讨伐匈奴之时，曾到过一片瀚海大泽；《汉书·苏武传》里提到，苏武曾被匈奴单于放逐到北海处牧羊；《汉书·西域列传》也说，古国奄蔡国（今西伯利亚西南部）西北边“临大泽，无崖，盖北海云”。

《庄子·逍遥游》中有经典之句：“北冥有鱼，其名为鲲。鲲之大，不知其几千里也。”这引发了后人对北海的想象：能养得下鲲鱼这么大的家伙，北海应该是片漫漫无垠的大洋，起码不输南海。

这里说的北海，实际上是贝加尔湖，位于今天俄罗斯东西伯利亚南部，也就是汉代匈奴聚集的一带。

27. 汉使张骞渡西海，至大秦①。西海之滨，有小昆仑②，高万仞，方八百里。东海广漫，未闻有渡者。

== 注释 ==

①大秦：指罗马帝国及近东地区。②小昆仑：西域山名。

<解说> 张骞出使西域时，曾越过西海到达大秦。西海指的是今波斯湾、阿拉伯海和印度洋一带，大秦则指古罗马帝国，《后汉书·西域传》中又称为犁鞬，或海西国。“其人民皆长大平正，有类中国”，这里的人虽然比我们高一些，但也五官端正，跟中国人长得很像，所以称此地为“大秦”。

张骞本人到过罗马帝国吗？据《史记》记载，张骞两次出使西域，最远到达的地方是大夏蓝氏城，也就是今阿富汗的巴尔赫一带，远远没出中亚的范围，所以答案显然是没有。

那这一说法是怎么来的？《史记·大宛列传》又说：“然骞凿空，诸后使往者皆称博望侯，以为质于外国，外国由是信之。”张骞分身乏术，能亲自去到的国家终究有限，但他声名已噪，于是随后出使西域的使者们都自称博望侯（张骞封号），这样自己说起来有面子，外国人也更信服。大概后人在西域的新发现与新成就也因此归入张骞名下了。

28. 南海短狄①，未及西南夷以穷断。今渡南海至交趾者，不绝也。

==注释== ①短狄：范《校证》疑为『短狭』之误。

＜解说＞ 南海是一片短而狭窄的海。

要是光看这句，一定会满脸问号：虽然南海比起太平洋，海域面积确实小了点儿，但怎么也比渤海、东海要大吧，怎么就短窄狭小了？

别急，下面还说：云贵地区的西南夷族是看不到海的，南海只到南越边境；如今已经有很多人渡过南海，到达了交趾。交趾在今天的越南河内一带，所以本条“南海”可能指海南岛与越南之间的北部湾，说这里短窄易渡，显然没毛病了。

29.《史记·封禅书》云：威宣、燕昭遣人乘舟入海，有蓬莱、方丈、瀛州[1]三神山，神人所集。欲采仙药，盖言先有至之者。其鸟兽皆白，金银为宫阙，悉[2]在渤海中，去人不远。

＝注释＝ ①瀛州：即瀛洲。②悉：都。

<解说> 蓬莱、方丈、瀛洲是传说中的三神山。

《史记·封禅书》中说，神山上不仅住着神仙，而且山上的宫室全由黄金白银打造，鸟兽物产也都带着仙气，是清一色的雪白。人们是如何得知神山面貌的？传说齐威王、齐宣王、燕昭王曾先后派人出海寻神山，出海人采仙药而归，这才带回了神山的消息。

而汉武帝是个求仙狂魔。在一统天下、赶跑匈奴之后，他的目标就变成了登天成神，因此大批大批的方士被请进皇宫，讲述各种求仙奇事。对于武帝的这种行为，司马迁很不满，毕竟武帝的常年征战已掏空了大半国库，又因为求仙之事大造宫室，今天一个柏梁台，明天一个仙人像，又把剩下的国库钱挥霍得七七八八，因此民生凋敝，好多百姓连饭都吃不上一口。

于是他在《封禅书》里委婉地讽刺："未至，望之如云；及到，三神山反居水下。临之，风辄引去，终莫能至云。"这三神山就像海市蜃楼，还没到的时候，看着就像天边的浮云，缥缈朦胧，难以接近；眼看着快要接近了，它们又好像跑到了水下，不可触碰；真的到了神山脚下，又会有一阵迷风吹来，将船引向他处——总之，凡人就是上不去。

司马迁潜台词：陛下，与其追逐这种镜花水月，您还不如好好想想，怎么才能让百姓吃上饱饭吧。

30. 四渎河出昆仑墟①，江出岷山②，济出王屋，淮出桐柏③。八流亦出名山：渭④出鸟鼠，汉出嶓冢⑤，洛出熊耳⑥，泾出少室⑦，汝出燕泉⑧，泗出涪尾⑨，沔出月台⑩，沂出太山⑪。水有五色，有浊有清，河、淮浊，江、济清。南阳有清冷之水、丹水、泉水⑫，汝南⑬有黄水，华山南有黑水⑭。天下之水皆类五色，今载⑮其名也。泞水⑯不流。渊或生明珠而岸不枯，山泽通气，以兴雷云，气触石，肤寸⑰而合，不崇朝⑱以雨。

＝注释＝ ① 昆仑墟：又名昆仑丘、昆仑山，古神山名。② 岷山：自甘肃延伸至四川省。③ 桐柏：桐柏山。在今河南、湖北交界处。④ 渭：古水名，今渭河。⑤ 嶓冢（bō zhǒng）：嶓冢山，又名汉王山，在今陕西汉中宁强县境内。⑥ 熊耳：熊耳山。在今河南宜阳。洛：古洛水，今洛河。⑦ 泾（jīng）：古泾水，今泾河。少室：少室山，又名季室山，在今河南登封。⑧ 汝：古汝水，今汝河。燕泉：燕泉山，又名高陵山，猛山。在今河南南阳市鲁阳县。⑨ 泗：泗水。是位于山东的一条河流，又名淇水。涪尾：涪尾山，今名蒙山。在今山东临沂西北。⑩ 沔（miǎn）出月台：范《校证》据《淮南子》《左传》疑为“淄出胡台”。淄：古淄水，今淄河。胡台：狐台山，又名狐骀山，在山东滕州南沙河镇。⑪ 沂：古沂水，今沂河。太山：泰山。⑫ 清冷：祝《新译》疑为“清泠”，古水名。在今河南南阳。丹水：今丹河。泉水：祝《新译》疑为“白水”，白水即今白河。⑬ 汝南：汝南郡，在今河南上蔡县。黄水：古水名。⑭ 黑水：古黑水，今黑河。⑮ 载：开始，这里指河水得名缘由。⑯ 泞水：泥泞的河水。⑰ 肤寸：古代长度单位。一指宽为寸，四指宽为肤。⑱ 崇朝：从天亮到吃早饭的一段时间。比喻时间短促。

<解说> 四渎是黄河、长江、济水、淮水的并称。作者说，黄河发源于西北处的昆仑神山，就是上文提到的白水；长江发源于岷山；济水发源于王屋山；淮水发源于桐柏山。前两条在今天看来并不准确，黄河其实发源于今青藏高原的巴颜喀拉山，长江发源于今青藏高原的唐古拉山脉。而后两条没什么问题，我们可以做个补充：济水发源于河南省济源市王屋山上的太乙池，淮河干流发源于桐柏山主峰太白顶北麓山谷。

八流是渭水、汉水、洛水、泾水、汝水、泗水、淄水、沂水的并称。渭河发源于鸟鼠山脉，汉江发源自嶓冢山，汝水发源于燕泉山，泗水发源于陪尾山，淄水发源于狐台山，沂水发源于泰山山脉。这些没什么问题，唯有下面三条在今天看来不太准确。

洛水发源于陕西渭南箭峪附近，而熊耳山在今天河南宜阳一带，二者虽然都是秦岭支脉，但位置上还是有一定差异的。泾河发源于宁夏六盘山，而少室山位于今天的河南登封西北，地处嵩山南麓，也不是一个地方。沂河发源于山东沂源县西部一带，有南北两个源头，北支源于鲁山南麓（今山东淄博）；南支源于南岱崮西麓（今山东临沂蒙阴县），二者离泰山也有一段距离。讲完河流发源地，下面讲水文特点。古人是以阴阳五行观念来描述它的：比如水有清浊之分，黄河、淮河之水泥沙量大，所以污浊；长江、济水泥沙量小，所以清澈，二者是一对阴阳概念。再如水有五色之辨，南阳的清冷之水是青色，丹水是赤色，白水是白色，汝南的黄水是黄色，陕西的黑水是黑色，又正好与五行对应，天下的川泽河流都可以按照这五色来分类。

“渊或生珠而崖不枯”出自《荀子·劝学》，原文是“玉在山而草木润，渊生珠而崖不枯”，它强调了环境的重要性。如果结合上文提到的“石流精以生水”，可以得到一条风水知识：玉是山中生出的金石精华，珠是深渊之水孕育的精华，能孕育出珠玉的山川，必定有生气流动，因此能生珠玉；而珠玉属金石之物，又能生水，所以山崖上的草木也能跟着莹润起来。“山泽通气，以兴雷云，气触石，肤寸而合，不崇朝以雨”出自《春秋公羊传·僖公三十一年》。原文是：“山川有能润于百里者，天子秩而祭之。触石而出，肤寸而合，不崇朝而遍雨于天下者，唯泰山尔。”这句其实是讲为什么要祭祀名山大川。古人发现降雨与地形有很大关系：山泽之间有气相互流通，这些气在半空中形成雷云，云气接触到冰冷的石壁化为水，这就形成了降雨。而山越高，形成的积雨云就越大，降雨覆盖的面积就越大，在泰山上形成的积雨云，用不了一早上，就能把雨下到全国各地去，这就是“山川有能润于百里者”。既然泰山是最会下雨的那位，那必须由人间最高领导——天子来祭祀，还得好好祭祀，不然泰山神一不高兴，天下就离旱灾不远了。

31. 江河水赤，占①曰泣血。道路涉骸，于何以处也。

注释 ① 占：原本作『名』，范《校证》据《后汉书》改。指占卜。

<解说> “江河水赤”是典型的灾异表现。

《后汉书·五行志》说：“六年，河东池水变色，皆赤如血。是时邓太后犹专政。”东汉安帝元初六年（前 112），当时的太后邓绥已把持朝政大权将近七年，而且没有撒手的意思。之前老臣杜根联合众多大臣上书，要太后归政天子，太后就立即命人“扑杀”杜根。于是李贤在注中说：“占曰：‘水化为血者，好任残贼，杀戮不辜，延及亲戚，水当为血。’”池水都变为赤红色，这是天地在泣血啊，说明当政者滥杀无辜、识人不明，实在太不像话了。

他在注中也引用了此条，不过断句是这样的：“江河水赤。占曰：‘泣血道路，涉苏（**指草莽丛生**）于何以处。’”这话在流传时大概有缺漏，不好判定哪个版本正确，也不好具体翻译，反正大意都是：瞧瞧这世道，是人待的地方吗，我都没处下脚了。

32. 五岳视三公，四渎视诸侯，诸侯赏封内名山者，通灵助化，位相亚①也。故地动臣叛；名山崩，王道讫②；川竭神去③，国随已亡。海投④九仞之鱼，流水涸，国之大诫也。泽浮舟，川水溢，臣盛君衰；百川沸腾，山冢卒崩⑤，高岸为谷，深谷为陵，小人握命⑥，君子陵迟⑦，白黑不别，大乱之征也。

〓注释〓 ①相亚：相当。②讫（qì）：绝止。③川竭神去：川流干涸，河神离去。④投：指跳出。⑤卒崩：指山体崩塌。⑥握命：掌握国家命脉。⑦陵迟：缓平的斜坡，这里指衰颓。

<解说> 天人感应，是儒家对于天人关系的看法，即社会现象和自然现象一一对应。比如《左传》里讲："天反时为灾，地反物为妖，民反德为乱，乱则妖灾生。"就是说，人民的失德会直接影响到天地之间灾祸、妖异的发生。儒家学者拿这些理论来规劝君主，《上博楚简》里有一段孔子的话："邦大旱，毋乃失诸刑与德乎？"这天降大旱灾，哎呀，肯定是最近颁布的刑法政令有问题，国君你得赶紧反省下自己了啊。《中庸》也说："国家将兴，必有祯祥；国家将亡，必有妖孽。"想知道一个国家有没有前途，看看是出祥瑞还是出妖孽就行了。到了汉代，董仲舒写了一本《春秋繁露》，把灾异祥瑞和国家兴衰的种种表征做了个大总结。至此，"天人感应"就变成了一套系统的学说。

这条就是典型的"天人感应"之说。

第一句出自《礼记·王制》："五岳视三公，四渎视诸侯，诸侯祭名山大川之在其地者。"原本讲的是祭祀等级。"五岳视三公，四渎视诸侯"是说祭祀五岳时，祭品、礼仪之类的要按三公的等级置办；祭祀四渎时，要按诸侯的等级置办；那祭祀五岳四渎之外的名山、名川，就得再往下降级，按照五卿、大夫之类的等级了。"诸侯祭名山大川之在其地者"是说，诸侯在祭祀时，只能祭自己领土内的土地和名山、名川，至于祭祀天地、四方神、五岳四渎之类的主神，那是天子的特权。"通灵助化，位相亚也"是说，诸侯境内的山川比起五岳四渎来，它的神圣性和对人的助佑都是次一等的。这种把山川等级和大臣等级对应起来的理念，就是一种天人感应。

后半段是举例说明：比如有地震发生，代表大臣要叛乱；有名山崩塌，代表仁政即将终结；有川泽干涸，代表神灵离去，国家面临灭亡；海里蹦出了巨大的鱼，或者有河流干涸，这就是给国家敲响警钟，得赶紧谋求改变；有大泽大川不断涨水，连小沼泽都能轻易地划船了，那代表大臣势力强盛，而君主势力衰微；如果天下的河流沸腾不止，高山丘陵相继崩塌，导致原本的高山变为深谷，深谷反而变为丘陵，这就代表小人爬上了高位，君子反而屈居下流，国君显然是个黑白不分、是非不辨的糊涂鬼，天下大乱马上就要到来了。

33.《援神契》①曰：五岳之神雄圣，四渎之精仁明②，河者水之伯③，上应天汉④。太山，天帝孙也，主召人魂。东方万物始成，故主人生命之长短。

＝注释＝ ①《援神契》：全名《孝经援神契》，汉代纬书。②「五岳」两句：原作「五岳之神圣，四渎之精仁」，范《校证》据《文选》引文补。③伯：古代统领一方的首长。诸侯分封的最高等级。④天汉：银河。

<解说>《援神契》上说，五岳山神和四渎水神的性格不同：山神的性格雄壮且通达，大约是个虎背熊腰、满脸威严的老头子；水神的性格仁慈，大约是个慈眉善目、智慧坦荡的老太太。这是因为山属阳，水属阴，大家气质各不相同。

《援神契》上还说，黄河是地上一众河流的老大，银河是天上一众河流的老大，这俩是互相照应的，这就是老子说的“人法地，天法地，天法自然”。

34. 东方少阳，日月所出，山谷清朗，其人佼好①。西方少阴，日月所入，其土窈冥②，其人高鼻、深目、多毛。南方太阳，土下水浅，其人大口决眦③。北方太阴，土平广深，其人广面缩颈。中央四战，风雨交，山谷峻，其人端正。

注释

①佼：美好。②窈冥：深远渺茫貌。也作"杳冥"。③决眦：指瞪裂眼角，形容人眼睛张得大。这里指南方人多双眼皮、开眼角。

<解说> 一方水土养一方人。

东方是少阳之地，主春，属木，代表阴气渐衰，阳气渐长，也是日月升起的地方。这里的山谷清秀，人也长得漂亮。

西方是少阴之地，主秋，属金。代表阳气渐衰，阴气渐长，所以日月在这里落山，这里的土地幽暗，人的五官也深邃，高鼻梁，深眼窝，毛发多。

南方是太阳之地，主夏，五行属火。代表阳气旺盛，这里土地低平，河流也浅，人往往长着大嘴巴，眼珠子也比较突出。

北方是太阴之地，主冬，五行属水。代表阴气聚集，这里土地平坦厚重，广阔无垠，北方人脸大，脖子短。

中央则是四季分明、阴阳调和的地方，所以这里山川起伏有致，人长得也比较端正。

有北方人看完很不开心：我脖子长着呢！有南方人看完也不开心：我嘴巴小着呢！有东方人看完，则产生了深深的自我怀疑：我这么丑，难道是个抱错的娃？

其实，这个说法只是按照五行来取象、归类，抓取早期五方人民的典型特征而已，经过几千年来的民族融合、迁徙，如今想在一个地方集齐东西南北中五型人，那是再容易不过了。

35. 南越巢居，北朔穴居，避寒暑也。

<解说> 南方人喜欢“巢居”。巢居是指住在鸟巢状的树屋，或者干栏式房屋里：房屋下层架空，用来放养动物或堆放杂物，上层用来住人。

《韩非子·五蠹》说：“上古之世，人民少而禽兽众，人民不胜禽兽虫蛇，有圣人作，构木为巢，以避群害。”

南方气候湿热多雨、不仅地气潮湿，蛇虫鼠蚁也多，巢居可以有效地避暑、避虫、防震，所以上古南方的百越部落基本都这么住，今天的广西、云南、贵州等地还保留着这种建筑风格。

北方人喜欢“穴居”。

《周易·系辞》说：“上古穴居而野处，后世圣人易之以宫室。”北方天气干爽，天然洞穴冬暖夏凉、避风防寒，是早期人类的宜居地，远古时的北京周口店人、山顶洞人都住在天然洞穴里。但天然洞穴并不好找，即使找到了，也可能存在漏风、漏水等问题，于是古人干脆自己开山挖洞。

黄河流域的土壤以黄土为主，土质均匀且富含石灰质，挖开的洞壁不容易坍塌，大小、高矮、深浅还能灵活掌控，是资源匮乏时代的经济适用房。穴居的成熟形态是窑洞，可见于今天的新疆、甘肃、宁夏、陕西等地区。

36. 东南之人食水产，西北之人食陆畜。食水产者，龟蛤螺蚌①以为珍味，不觉其腥臊也；食陆畜者，狸兔鼠雀以为珍味，不觉其膻也。

注释

①龟蛤螺蚌：泛指海鲜。蛤：蛤蜊。螺：田螺、海螺、螺蛳一类。蚌：河蚌。

<解说> 靠山吃山，靠海吃海。

西北深居内陆，所以人主要吃陆畜。《周礼·天官·庖人》记载："庖人掌共六畜、六兽、六禽，辨其名物。"据郑玄解释，六畜就是马、牛、羊、猪、狗、鸡等家养动物，六兽就是麋、鹿、熊、麕、野猪、兔等野味，六禽就是雁、鹑、鷃、雉、鸠、鸽等禽鸟。作为西北的典型代表，周人的主要食材就是陆畜禽鸟。

东南紧靠大海，所以人爱吃水产。三国吴沈莹《临海水土志》中说，东南临海的夷州人"以鱼肉腥臊安中"，他们习惯吃鱼肉虾蟹，还觉得盐腌生鱼片最好吃："取生鱼肉杂贮大瓦器中，以盐卤之，历月余日乃啖食之，以为上肴。"

如果在上古之时，让西北人和东南人交流美食心得，可能会出现如下场景：东南人：大哥，羊肉串是人吃的东西吗？那膻味，都从你西北老家飘到南海上了。西北人：老弟，你这盘鱼片还没下锅吧？什么，直接吃？呕……

37. 有山者采，有水者渔。山气多男，泽气多女。平衍[1]气仁，高凌气犯[2]，丛林气躄[3]，故择其所居。居在高中之平，下中之高，则产好人。

注释 ①衍：地平之地。②犯：指人鲁莽冲动、脾气急躁。③躄（bì）：腿瘸。

<解说> 古人认为，天地万物都由气构成。《周易·系辞》讲：“天地氤氲，万物化醇，男女构精，万物化生。”不管是山川湖泊，还是黄瓜萝卜，全都是阴阳之气交会融合的产物，差别只在于气的强弱、清浊、五行等要素而已。

天有天气，天气变化形成雨雪风霜；地有地气，地气流转造就山脉溪河；人也有人气，人的先天之气是爹妈定的，一出生就没法再改，但后天之气却是环境造就的，在山清水秀的地方多住几年，人会变得聪明健康。因此，古人开始埋头研究天地之气，以便给活人选宅子，让人多活几年、富贵双全；顺便给死人选墓穴，让人死后安稳、庇荫子孙。这门学问就叫风水学，又称堪舆术。

上述几条就是一些风水理论，出自《淮南子》。意思是：住在山边的人以打猎采集为生，所以住在水边的人以打鱼钓鱼为生，靠山吃山靠水吃水。山气属阳，所以住在山边的人总生男孩；水气属阴，住在水泽边的人多生女孩。地平之处气流平缓，所以生活在这儿的人多仁义；高险之处气流动荡，所以生活在这儿的人多暴脾气，《淮南子》中说“陵气多贪”，是人多贪婪。暴躁也好，贪婪也罢，反正都是仁义的反义词。还有，住在丛林里容易得瘟疫，而“水气多伛”，住在水边则容易得佝偻病。《淮南子》中还有好多：“岸下气多肿，石气多力，险阻气多瘿，暑气多夭，寒气多寿，谷气多痹，丘气多狂……”

这么一讲，好像住哪都不对。于是作者给出挑选秘诀：选住处，精髓就在于“中和”。比如选在高原上的平坦之地，或者平原上的高地，这样不就气流和顺了？

再比如选择山的南边、水的北边，这样就阴阳平衡了嘛。

38. 居无近绝溪①，群冢狐虫之所近，此则死气阴匿②之处也。

注释

①绝溪：溪水断流的地方。②阴匿：隐藏。

<解说> 这是一条风水禁忌。

风水学认为引动地气的是活水，水的流向就是地中生气所向。因此，溪水断流代表生气被截断，也就意味着阴气、死气的聚集，这地方很快就会变为狐狸、蛇虫的乐园。

死人把墓地选在这没问题，活人要是把宅子选在这，那么恭喜，你将收获一处绝佳的鬼片拍摄地。

39. 山居之民多瘿肿①疾，由于饮泉之不流者。今荆南诸山郡东多此疾。瘇②，由践土之无卤③者，今江外诸山县④偏多此病也。【卢氏曰：不然也。在山南人有之，北人及吴楚无此病，盖南出黑水，水土然也。如是不流泉井界，尤无此病也。】

== 注释 == ①瘿（yǐng）肿：俗称瘿袋。指脖子上的囊肿，即甲状腺肿大。②瘇（zhǒng）：脚肿大。③土之无卤：指缺乏盐碱的土地。④江外诸山县：江南山区附近的县邑。

<解说> 这条讲水土与疾病的关系。

作者认为，住在山边的人爱得甲状腺囊肿病，是因为总是爱喝不流动的死水，比如当时荆山南边一些临山的郡就这样。而住在长江南边山区一带的人老得脚肿病，是因为当地的土盐碱含量太低。卢氏补充说，我看第一条不太对。荆州（今湖北）山区南边是多有这种病，但山的北边就没有啊，吴地楚地也没有，那些总是喝不流动的山泉水、井水的地区，更没见得囊肿病的了。这可能是荆州南边的黑水有问题，跟活水、死水没关系。

其实这两种说法都有道理。据今天环境医学的研究：一些水土中含有过量或缺乏某些化学元素，就容易引发某类疾病。比如当地水中缺碘元素，人就容易得甲状腺囊肿，这跟卢氏的"黑水说"相照应，荆山南边的黑水可能就是条严重缺碘的河流。再比如当地土壤中含硒量过高，容易使牲畜脚肿、掉毛，甚至中毒死亡，所以作者说的"江外诸山县"，可能就是个土壤含硒量过高的地方。

40. 地性含水土山泉者，引地气也。山有沙者生金，有谷者生玉。名山生神芝，不死之草。上芝为车马，中芝为人形，下芝为六畜①。土山多云，铁山多石。五土所宜，黄白宜种禾②，黑坟宜麦黍③，苍赤宜菽芋④，下泉宜稻，得其宜，则利百倍。

注释 ①六畜：泛指动物。②禾：古代粟米的别称，粟米即小米。③黍：禾属植物，又称稷、糜子，煮熟后有黏性，今黄米。④菽（shū）豆类的总称。芋：芋头。

<解说> 地气不同，造就的水土也不同；而水土不同，孕育的物产也不同，这就是荀子《劝学》里说的“物各从其类”。

不同的山表特征，反映出不同的山中矿藏。比如有沙土的大山，大多藏着金属矿；有谷物生长的大山，山中容易藏玉石矿。土山上多云气，石山上多产铁矿，《管子》《地镜图》里有很多类似的记载。

下面则进入了仙话部分：昆仑山、蓬莱山等名山因风水好、能通灵，所以出产神芝、不死草等神物。这神芝还有讲究，看见是猪狗鸡马牛等形状，那是年头短的下等芝；看见长成人形的灵芝，也再等等，这只能算中等；看见长成车马形的灵芝，别犹豫，抓紧采摘。《太平御览·仙人采芝图》里有说：“车马芝生于名山之中，此尧时七车马化为之。能得食之，乘云而行，上有云气覆之。”传说这种神芝是尧的马车所化，吃下之后能立地成仙。

不同质地的土，适宜种不同的作物。黄白色的土壤适合种小米，黑坟土适合种麦、黍之类的作物，红土适合种豆类和芋头类，河流下游的湿土适合种水稻。如果家门口就一片黄土地，非种点芋头吃，那当然可以，只是产量远没有红土地种出来的多，味道可能也没人家好。

41. 和气相感则生朱草①。山出象车②，泽出神马③，陵出黑丹④，阜⑤出土怪。江出大贝，海出明珠，仁主寿昌，民延寿命，天下太平。

注释 ①朱草：红色瑞草。②象车：传说中的祥瑞之木，天生圆曲，可以直接拿来制车。③神马：神异的马。④黑丹：黑色的丹砂。⑤阜：土山。

<解说> 这是天人相感的祥瑞版。

所谓和气，是天地阴阳二气交融的产物。《道德经》说："万物负阴而抱阳，冲气以为和。""和"指阴阳之气的中和，是一种最理想的和谐状态。

如果天下太平，和气昌盛，那就会生出朱草、象车、神马、黑丹砂、土精怪、大贝壳、大明珠等一系列祥瑞物。所以在两汉时期，如果臣子想讨好皇帝，歌颂祥瑞是最便捷的方法：陛下，如今天降祥瑞，证明君主（您）仁义英明，文武百官（我）贤德能干，老百姓也过得很幸福，这就叫太平盛世啊。

42. 名山大川，孔穴相内[1]，和气所出，则生石脂、玉膏，食之不死，神龙灵龟行于穴中矣。

═注释═ ①内：原作『通』，范校据《北堂书钞》与《天问补注》引文改。指洞穴相联通。

<解说> 名山大川之所以成为名山大川，正是因为和气聚集。和气通过山川里的孔穴周转流通，生出石脂、玉膏之类的神物，神龙、灵龟等神兽也喜欢在其中爬来爬去，接受和气的洗礼。

石脂是一种黏性石类。古人一般拿来涂锅炉，还拿来入药。石脂有五色，分别和五脏对应，药性甘、酸、平、无毒，主治黄疸、泄痢、疮疥之类的病。《神农本草经》上说它“久服补髓益气，肥健不饥，轻身延年”，所以方士们又用来服食、炼丹，认为吃了石脂就能成仙不死。

玉膏和石脂类似。《山海经·西山经》说峚（mì）山的丹水中“多白玉。是有玉膏，其原沸沸汤汤，黄帝是食是飨”。峚山玉膏像泉水一样，咕嘟咕嘟地从丹水中涌出，黄帝曾在这大快朵颐。郭璞注解中引《河图玉版》说：“少室山，其上有白玉膏，一服即仙矣。”就是把黄帝成仙和吃玉膏联系起来，认为玉膏也是种仙药了。

43. 神宫在高石沼中，有神人，多麒麟，其芝神草有英[1]泉，饮之，服三百岁乃觉[2]，不死。去琅玡[3]四万五千里。三珠树生赤水之上。

注释 ①英：祝《新译》疑为『美』，据《括地图》：『神宫有美泉，饮之，眠三百岁乃觉，不死。』②觉：睡醒。③琅玡：古地名，又作琅琊。在今山东临沂、青岛、诸城、日照一带。

<解说> 传说距离琅琊山四万五千里的地方，有一片高石沼，沼泽里有座神宫，宫内住着神仙，有好多麒麟跑来跑去。这里除了数不清的灵芝、神草，还有一口神泉，人喝下一口神泉水，一觉能睡上三百年，醒来之后就成了不死之身。

这个神宫在哪儿？文中没说。有可能在东海之中，是三神山上的一个小宫殿；也有可能在昆仑山之上，因为后面提到了三珠树。

《山海经·海外南经》说："三株树在厌火北，生赤水上，其为树如柏，叶皆为珠。"这种长珠子的树生在赤水之上，而赤水在昆仑山的南边。《庄子·天地》讲过一个神话，说黄帝在赤水北边游玩，从昆仑山爬下来之后，把"玄珠"落在了赤水之北，后人猜想这颗玄珠在此生根发芽，长成了三珠树。

44. 员丘山上有不死树，食之乃寿。有赤泉，饮之不老。多大蛇，为人害，不得居也。

<解说> 这句话是郭璞对《山海经》的注释。

《山海经》里边有很多“不死”的记载。有不死山，《海内经》说在流沙之东；有不死树，《海内西经》说不死树在开明兽的北边，开明兽是镇守昆仑山的神兽；有不死国，《大荒南经》说他们姓阿，爱吃甘木；还有不死民，《海外南经》说他们“其为人黑色，寿，不死”，全身黑漆漆的，能长生不死，和交胫国、穿胸国是好邻居。

郭璞想了想，觉得他们说的都是一回事，所以把这些全部串起来：不死山叫作员丘山，就在昆仑山附近。员丘山上长着一种不死树，又叫甘木，还有一口赤泉。有一群姓阿的人住在山上，他们因吃甘木、饮赤泉而不老不死，所以人称不死民，他们组成的国家就叫作不死国。

但作者不这么想。他认为不死树、不老泉既然都是神物，那么神山之上一定有大蛇镇守，人类难以接近，想要住在上面食木饮泉，肯定是不可能的了。

卷贰

外国

1. 夷海[1]内西北有轩辕国，在穷山之际，其不寿者八百岁。渚沃之野，鸾[2]自野，民食凤卵，饮甘露。

=注释= ①夷海：《四库》本作『西海』。②鸾：凤凰一类的鸟，又叫青鸟、鸡趣。

<解说> 轩辕是黄帝的名号，传说轩辕国民都是黄帝后代，他们极其长寿，就是最短命的国民，也能活满八百岁。轩辕民长寿的秘诀是什么？

有人说是血统高贵。轩辕民跟我们普通人根本不是一个种族。《山海经·海外西经》中记：“轩辕国在此穷山之际，其不寿者八百岁。在女子国北。人面蛇身，尾交首上。”轩辕国民长着人的面容、蛇的身子，日常状态是像蛇一样盘成麻绳状，只露个大脑袋在尾巴上。在神话里，传世神伏羲和女娲都是人面蛇身的形象，比如东晋郭璞注《山海经》时说女娲是“古神女而帝者，人面蛇身，一日中七十变”。可见他们不仅是黄帝子民，还有着天神血统。

有人说是风水好。据《山海经》，轩辕国的西北边是轩辕之丘，那可是黄帝的居所；而这附近又多是肥沃的土地，《海外西经》记载：“此诸天之野，鸾鸟自歌，凤鸟自舞。凤皇卵，民食之。甘露，民饮之，所欲自从也。百兽相与群居。”生活在这片土地上的人，都是吃凤凰蛋、喝甘露水长大，而且喝了甘露水，想要什么就有什么，非常逍遥自在。

还有人说，分明是人家会养生。《大荒西经》记载：“有轩辕国。江山之南栖为吉，不寿者乃八百岁。”一种理解是，他们喜欢待在江河和山坡的南边，山南水北为阳，也就是阳光充足之处；山北水南为阴，也就是阳光不到、常年阴凉之处。人家住的地方依山傍水，能充分晒到太阳，又能享受水边的阴凉，阴阳调和，当然健康长寿了。

2. 白民国，有乘黄，状如狐，背上有角，乘之寿三千岁。

<解说> 在《山海经》里，有两个白民国。一个是皆“白身被发”，住在西北海之外。国人皮肤特别白，爱披头散发。一个是帝鸿的后代，住在东海之外名为大泽长山的地方，国民“销姓，黍食，使四鸟：虎、豹、熊、罴”，姓销，跟我们一样吃五谷杂粮，还有一手御兽绝技。

皮肤白、爱披头的白民国里，出一种神兽，叫乘黄。传说乘黄长得像狐狸，背上长着角，可能还是两只角，《逸周书·王会解》就说：“白民乘黄，乘黄者似狐，其背有两角。”只要骑上乘黄，就可以获得两千岁的寿命。因此《管子·小匡》说：“河出图，洛出书，地出乘黄。”把乘黄与河图洛书相比肩，视为极大的祥瑞。唐人尹知章一看乘黄是能骑的，就解释说：“乘黄，神马也。”把它当作一种拥有神力的马，祥瑞而骏健。因此杜甫在夸人画马传神时写道：“国初已来画鞍马，神妙独数江都王。将军得名三十载，人间又见真乘黄。”（《韦讽录事宅观曹将军画马图》）后人如果只看到《山海经》中“状如狐”的描写，大概会非常疑惑：这马到底画得是像还是不像啊？

3. 君子国，人衣冠带剑，使两虎，民衣野丝，好礼让，不争。土千里，多薰华①之草。民多疾风气②，故人不番息③，好让，故为君子国。

注释 ①薰华：薰，通『蕣』。蕣华即木槿，花朝开暮萎。②风气：中风病。③番息：番通『蕃』，蕃息即繁衍。

<解说> 君子是个美好的词语。《周易·乾》说：“天行健，君子以自强不息。”《论语·宪问》说：“君子之道者三，我无能焉：仁者不忧，知者不惑，勇者不惧。”什么样的人才能被称为君子？要仁义、乐观、智慧、通达、勇敢、上进、好礼、谦让……

因此，君子国是个理想国。这里的人衣冠整洁、宝剑随身，穿着野蚕丝织成的衣服（**表示这里蚕类繁多，不用费心养殖**），性情都很好，懂礼貌、不争抢、爱谦让，老虎这类凶兽都心甘情愿被他们役使。李汝珍的《镜花缘》里，就有这样一个理想的君子国。

但是理想很遥远。据《山海经·海外东经》记载，君子国在遥远的东海之外，大荒之中，难以寻觅。理想也很骨感。君子国虽然有千里沃土，但这里生长着活不过一天的薰华草；君子国民总是得中风病，因此难以繁衍，也许很快就灭绝了。

言外之意似乎是：难怪如今这世道，君子如此稀少了。

4. 三苗国，昔唐尧以天下让于虞舜，三苗之民非[1]之。帝杀之[2]，有苗[3]之民叛，浮入南海，为三苗国。

═注释═ ①非：反对。②帝杀之：《四库》本作『帝征之』。③有苗：即三苗，泛指苗族。

<解说> 这段话是郭璞在《山海经》注中对“苗民”的解释。

苗民指南疆苗族，古人又称为南蛮。尧曾经打败苗民，应该是真实的历史。除了正史记载，《六韬》里也说“尧与有苗战于丹水之浦”，《吕氏春秋》里也说“尧战于丹水之浦以服南蛮”，反正就是尧和苗民打了一架。

一种说法是，南蛮是丹朱的封地，丹朱是尧的长子，尧要把天下让给舜，丹朱当然不乐意，于是和老爸打了起来。结局是爸爸获胜，虞舜继位，因此《庄子》有“尧不慈”“尧杀长子”之类的记载。

还有一种说法。《大荒北经》：“颛顼生驩头，驩头生苗民，苗民厘姓。”所以苗民是颛顼的后代；尧是帝喾的儿子，颛顼是帝喾的叔父，他们都是一家人。而舜呢，传说是颛顼的六世孙，血缘关系比较远了，尧要把天下让给舜，苗民当然不乐意，认为自己有一争天下的实力，所以“非之”，但不幸失败，只好逃到南海，建立了三苗国。

另一种说法是，三苗是炎帝的后代，是九黎遗裔，《史记·匈奴列传》说羌族就是“三苗姜姓之别”，这就回到炎黄之战去了。

由于三苗是众多苗族的合称，丹朱、驩头国、姜姓苗民都曾在南疆之地活动，且都有理由反抗尧的统治，所以以上说法其实并不矛盾。

5. 驩兜国，其民尽似仙人。帝尧司徒①。驩兜民②常捕鱼海岛中，人面鸟喙③，去南国万六千里，尽似仙人也。

注释 ①司徒：管理土地和百姓的长官。②驩兜（huān dōu）民：《四库》本作『驩兜之后』。③喙：指鸟嘴。

< 解说 > 驩兜，又称驩头、驩朱、鹇吺，根据谐音和字源关系，有人说驩兜其实就是丹朱，丹朱曾做过帝尧的司徒，司徒就是管理民众和土地的官，也挺符合官二代的形象。驩兜国也就是尧长子丹朱的部族，今天广东番禺一带发现了驩兜国遗迹，也符合丹朱处南蛮的传说。

驩兜人呢，个个“人面鸟口”，显然不怎么好看，后人却说他们跟神仙一样。大概是因为《山海经·海外南经》说：“驩头国在其南，其为人人面，有翼，鸟喙，方捕鱼。”驩兜人都是长着翅膀的小可爱。有了翅膀就可以“乘云气，御飞龙”，在秦汉以后的神仙家眼里，这当然是标准的仙人模样。但《神异经》中又说驩兜人“有翼不足以飞”，虽然长着翅膀，但飞不起来，而且这翅膀还挺累赘，平时得“手足扶翼而行”，扛着一对老沉的翅膀走路，难怪打不赢老爸尧的部落。

还有一种说法，郭璞在《山海经》注说：“驩兜尧臣，有罪，自投南海而死，帝怜之，使其子居南海而祠之。画亦似仙人也。”驩兜曾是尧的臣子，不知犯了什么罪，畏罪自杀，尧心想我还没想好怎么惩罚你呢，你咋这么想不开？于是就把驩兜的后代封在南海一带，找人画了驩兜的遗像，这画工技术很好，画得如同仙人一样，于是后人才说驩兜民“尽似仙人”了。

6. 大人国，其人孕三十六年，生儿白头，长大，能乘云而不能走，盖龙类。去会稽①四万六千里。

=注释= ①会稽：会稽山。在今浙江绍兴北部。

<解说> 大人国就是古代的长人种，也就是巨人族。

真的有巨人存在吗？现代人类学发现，人类史上是真的存在长人种的。比如在爪哇、非洲东部和南部、蒙古、中国南部和印度等地方，发现了直立猿人和大型猿人的骨头；再比如 1911 年在美国内华达州的垂发洞附近，发现了一具巨型木乃伊，这位约 2.2 米高红发木乃伊，可能还是他们族里的矮子，因为从随后在垂发洞里发现的大型人类骸骨来看，这些人能长到 3 米那么高。而中国上古时代，能看到不少长人种的备案。《国语·鲁语》里，孔子做了如下科普：古代确实有巨人族。在禹夏商的时代，这群人叫汪芒氏，住在封山和禺山一带（三国时在武康县，今在浙江省德清县附近），老大叫防风氏，姓漆（或说姓厘、僖，古代厘、僖二字通用）。到了周代，这群人被称为“长狄”。而今天呢，我们就统一叫他们“大人”了。这些长人种怀孕周期很长，三十六年才能生一个孩子，是繁殖困难户；他们生下来就是白头发、大长胳膊大长腿，《山海经》里的长股国、长脚国、长胫国和长臂国之类，说的应该就是他们。古代“疾趋曰走”，这类长人种还跑不快。

至于“能乘云”“盖龙类”等描述，显然是神话成分更多。它代表古人的肺腑之叹：这群家伙长得这这这这这么长，一定是大龙变的吧？

7. 厌火国民，火出口中，画似猿猴，黑色。

<解说> 厌火国是驩兜国的邻居，也是南方的异族。《山海经·海外南经》说：“厌火国在其（驩头国）南，兽身黑色，生火出其口中。”这里的人长得像大黑猴，而且会吐火。

为什么说“画似猿猴”？厌火国人喜欢把自己画得像大黑猴一样？恐怕不是的。传说《山海经》原本是一本图册，今天我们读到的经文，其实是描述图中文字，后来图佚失了，只有作为文字的《山海经》流传了下来，陶渊明就曾写道：“泛览周王传，流观山海图。”[《读山海经（其一）》]

传说厌火国还有种食火兽，叫祸斗。《庶物冥名疏·兽部》记载：“祸斗，形如犬而食火，粪后属火，能烧人屋。”祸斗长得一副萌犬样，却不吃狗粮，要以火为食；吃火也就罢了，还要“粪火”，按狗狗随地大小便的特性，无疑是移动的“高危火源”。恐怕只有吐火的厌火人，才能豢养这样的“萌宠”了。

8. 结胸国，有灭蒙鸟。奇肱民善为机巧①，以杀百禽，能为飞车，从风远行。汤时西风至，吹其车至豫州②。汤破其车，不以视③民，十年东风至，乃复作车遣返，而其国去玉门关四万里。

＝注释＝ ①为：制作。机巧：灵巧的机械。②豫州：古九州之一，在荆山与黄河之间。③视：通『示』，展示。

<解说> 西边有个结胸国。关于结胸，郭璞解释说：“臆前胅出，如人结喉也。”臆，指胸；胅，是骨头错位，就是说这群人胸骨突出，在今天叫鸡胸病。据《史记·秦始皇本纪》记载，秦始皇为人“挚鸟膺”，可能就是个鸡胸患者。李汝珍在《镜花缘》中的想象更有意思，他说结胸国人是因为好吃懒做，才导致胸前堆积起一大块“积痞”，必须得抽懒筋、去馋虫才能治好。

结胸国里有灭蒙鸟。《海内西经》说它是“青，赤尾”“文赤、黄、青”，青色羽毛，红色尾巴，有红黄青三色花纹，可见该鸟颜值很高，走的是炫彩路线。

奇肱国更加神奇。这里的人虽然“一臂三目”，比我们少一只手，但技艺却很出众，擅长制造各类工具，把它们用在打猎上，那天下没有搞不定的野兽。他们凭借机巧驯服了神兽“吉量”，没事就爱骑着出门。《海内北经》中描写道：“有文马，缟身朱鬣，目若黄金，名曰吉量，乘之寿千岁。”吉量浑身雪白，鬃毛朱红，一双金黄色大眼炯炯有神，而且它和乘黄一样，还能增寿千岁，非常拉风。

可吉量再拉风，骑久了难免厌倦。聪明的奇肱民们又造出一种“飞车”，大概类似热气球，于是他们振臂一呼：走，去新世界探险吧！当时正值西风，“飞车”就把他们送到了遥远的东方豫州（今河南）——商王成汤的地盘。成汤一看，这天上飞来飞去的是群什么鬼？谁来打我江山的主意？便赶紧吩咐手下，将飞车纷纷射落。可怜的奇肱民们流落异国他乡，足足等了十年才等来东风，于是欢欢喜喜地飞回家去了。

9. 羽民国，民有翼，飞不远，多鸾鸟，民食其卵。去九疑①四万三千里。

注释

①九疑：《四库》本作『九嶷』。

<解说> 跟讙兜国比起来，羽民国是正宗的“鸟人”。

《山海经》里说，羽民国人浑身生羽毛，有像鸟一样的长头长脸，卵生，以凤凰蛋为食。郭璞补充道：虽然飞不远，但人家是真的能飞，所以“似仙人也”。你看，在神仙家眼里，长翅膀的都像仙人。这是因为，得道成仙的典型表现就是“羽化”，所以修仙者做梦都想有双翅膀，能飞的那种。南朝殷芸的《小说》里就记了这么一条：“汉王瑗遇鬼物，言蔡邕作仙人，飞去飞来，甚快乐也。”大文学家蔡邕成仙之后，就在天上飞来飞去的，再逍遥快活不过了。

10. 穿胸国，昔禹平天下，会诸侯会稽之野，防风氏后到，杀之。夏德之盛，二龙降庭。禹使范成光御之，行域外。既周①而还至南海，经房风②，房风氏之二臣以涂山之戮，见禹便怒而射之，迅风雷雨，二龙升去。二臣恐，以刃自贯其心而死。禹哀之，乃拔其刃疗以不死之草，是为穿胸民。

＝注释＝ ①周：周游。这里指遍巡境内。②房风：即『防风』。

<解说> 穿胸国是《山海经·海外南经》中位处东南的异族。

传说这里的人“胸前穿孔达背”，胸口处有个漏风的大洞。人们百思不得其解，后来想起了巨人防风氏的故事，终于给穿胸国找了个祖先。史传大禹治水成功、平定天下之后，曾在会稽山大会诸侯。这可不是什么随便的公司聚餐，而是大禹封王定土、祭祀上天的登基仪式。仪式上大禹要向上天报告自己的功绩，封赏各方诸侯，慰问偏远部落，接受众人朝拜，完成一统天下的大业。而你防风氏竟敢迟到？是对我有多不满意？不承认我的地位？我大禹不要面子的吗？杀。于是防风氏卒于会稽山。后来大禹骑着龙美滋滋地巡游世界时，来到了老冤家防风氏的地盘——南海。防风氏的大臣一看大禹来了，恨得牙痒痒：不知道我们长人种跑不快吗？我们老大赶路赶了几天几夜，不过迟到了那么一会儿，你竟然就把人杀了，亏我们还费心费力帮你治水！今天必要你血债血偿。大臣越想越气，搭箭朝着大禹一通乱射，无奈准头太差，箭矢全射龙身上了。霎时狂风大作，雷雨轰鸣，两条龙愤而回巢，找天帝老爸去告状了。

龙是夏朝德行的象征，代表着天命所归和无上祥瑞，当时的人可以不服夏禹，却不能不对上天保持敬意。防风氏二臣一看大仇未报，反而得罪了神龙，便绝望自尽。大禹一看象征着夏德的神龙逝去，防风二臣也畏罪自尽，于是开始反思自己：杀防风氏是为了立威，目的达到了；汪罔氏一族全是巨人，得罪了不好，后患无穷；而且二臣忠心耿耿，岂不是天下众臣表率？他便拿出神药不死草，救活了防风二臣。无奈这两位巨人力气大，下手狠，用刀在胸前戳出两个大窟窿，性命虽然捡回来了，窟窿却是无论如何填不上了，他们的后代继承了这一特征，就变成了穿胸民。后人对防风氏多是持怜悯态度的，屈原在《楚辞·招魂》里说：“魂兮归来，东方不可以托些。长人千仞，惟魂是索些。”《述异记》里描述了吴越两地祭祀防风氏的习俗，《世说新语》也提到会稽防风鬼的传说，这鬼不害人，一听到晋代横阳令贺韬义在庭中鼓琴，就跟着韵律在贺家中庭里跳舞，是一只很可爱的音乐鬼。

11. 交趾民，其为人交足，在穿胸东。

<解说> 交趾民住在穿胸国的旁边，也就是《山海经·海外南经南朝梁》提到的“交胫国”。对于“交趾”的理解，古人开始了大胆假设。

郭璞说，交趾民是“脚胫曲戾相交”，就是内八字一类的畸形。胫指小腿。

晋代刘欣期《交州记》认为：“交趾之人，出南定县，足骨无节，身有毛，卧者更扶始得起。”这群交趾民脚骨没有骨节，不会弯曲发力，一旦躺下，还得别人扶着才能起来。照这样说，交趾民要么得学会站着睡觉，要么得有人晚上守夜，要么得雇个外族人当保姆，不然第二天大家都起不来床了。

南朝梁顾野王《舆地志》则说，你们说得都不靠谱。要我看，这交趾人都是大脚，脚指头长，而且大拇指外翻，两脚并立的时候，大拇脚指头自然交叉，所以才叫“交趾”。

12. 孟舒国民，人首鸟身。其先主为霻①氏，训②百禽，夏后之世，始食卵。孟舒去之，凤皇随焉。

＝注释＝ ①霻：古姓氏。②训：通『驯』，驯养。

<解说> 孟舒，又称孟戏，传说是秦的老祖宗。

据《史记·秦本纪》，孟戏是颛顼之后，颛顼有个孙女叫女脩，女脩一向视殷商始祖简狄为偶像，因此看见玄鸟下了个蛋，赶紧捡起来把蛋吃了，果然生下一个儿子，自此和鸟族结下不解之缘。女脩的儿子大业不出名，孙子大费却是跟大禹治水的功臣，论功行赏之时，舜对大费很满意，就把自己姚家的女儿嫁给了他。自此，大费开始帮舜帝“训鸟兽”，因为业务水平出众，又得舜赐姓为嬴，这位嬴大费，就是后来大名鼎鼎的、险些登上王位的伯益。

伯益的大儿子叫大廉，大廉是孟戏的高祖，就是孟戏的爷爷的爷爷。传说孟戏“人首鸟身”“鸟身人言”，是位会说人话的鸟人。他的驯禽技巧比祖先伯益还要出众，在夏朝末年，孟戏成功实现了饲养禽鸟、人工取蛋的技术普及，人民自此吃上了各类鸟蛋。

后来，因为夏末君主昏庸，孟戏带着他的凤凰伙伴离开了夏，开启了隐居深山的神仙生活。汉代地理书《括地图》里有记载：“孟亏去之，凤凰随与止于此。山多竹，长千仞，凤凰食竹实，孟亏食木食。去九疑万八千里。”这个孟亏就是孟戏。

13.《河图玉板》[1]云：龙伯国人长三十丈，生万八千岁而死。大秦国人长十丈，中秦国人长一丈，临洮[2]人长三丈五尺。

＝注释＝ ①《河图玉板》：汉代纬书。②临洮：古地名，在今甘肃定西临洮县。

＜解说＞ 龙伯国是远古巨人族。

传说其国民原本长三十丈，有一百米那么高，寿命有一万八千岁那么长。但是后来渐渐退化，一代不如一代，慢慢矮成尧舜禹时代的汪罔氏、春秋时的长狄、战国时的大人，还有秦时的临洮人的高度。为什么呢？

因为龙伯国出了个捣蛋鬼。

《列子·汤问》讲了一个神话：在浩瀚无边的东海里，有片无底之谷，叫归墟，归墟中有五座神山，分别是岱舆、员峤、方壶、瀛洲与蓬莱。五座神山是神仙的居所，但因为它们在海上漂流不定，神仙们总感觉自己像流浪汉。于是天帝命禺彊选了十五只巨鳌，分成三组，轮流在海底托举神山，六万年一交班。龙伯国有个捣蛋鬼，有一天太无聊了，就跑到海上垂钓，巨鳌估计加班久了实在太饿，竟一连被钓走了六只。

龙伯国捣蛋鬼满载而归，开开心心背着鳌跑了，鳌肉下肚，还拿鳌甲来占卜：我下次出海能钓几只鳌啊？

失了托举，岱舆、员峤二山漂到了北极，沉入大海。可怜籍贯为岱舆、员峤的神仙全部无家可归，造成“仙圣之播迁者巨亿计”，大家还得排队办理迁户手续，往其他三座神山上挤。天帝气得发疯，削减了龙伯国土还不消气，怎么办？便“侵小龙伯之民使短”，改造了龙伯国人的基因。

天帝：叫你皮，等到统统变成矮子，看谁还能兴风作浪？

14. 禹致群臣于会稽，防风氏后至，杀而戮之①，其骨专车②。长狄乔如，身横九亩，长五丈四尺，或长十丈。

═ 注释 ═ ①杀而戮之：原作『戮而杀之』，祝《新译》据《国语》改。戮：陈尸示众。②专车：装满一车。

<解说>　长狄是春秋时代的长人种，又叫长翟。

鄋瞒是长狄的一支，他们活跃于今山西至山东一带的山谷间，仗着自己身形高大，总是打中原诸侯的主意；但就因为体型高大、不够灵活，他们在群战中并不占优势。据《左传》记载，宋武公年间，长狄派缘斯去攻打宋国，结果失败，缘斯卒。鲁文公十年（前617），长狄派侨如去攻打鲁国，结果失败，侨如卒。周定王十三年（前594），晋国攻打潞国，长狄派侨如的老弟焚如去帮潞国，结果失败，焚如卒。齐襄公二年（前696），长狄派焚如的老弟荣如去帮忙，结果失败，荣如卒。再后来，长狄派荣如的老弟简如去伐卫，结果失败，简如卒。长人种本就繁衍不易，还偏要四处挑起战火，弄得仇上加仇，鄋瞒这一支长人种只好以亡国收场了。

据《春秋穀梁传》的描述，侨如被杀死之后，众人“断其首而载之，眉见于轼”，把他的头装在车里，他的眉毛都能耷拉到车前的横木上。从考古挖掘出的商周战车来看，一般车厢宽在130～160厘米，进深在80～100厘米；1980年，陕西临潼秦始皇陵西侧出土了两辆大型彩绘铜车，车舆就是横长方形，宽126厘米，进深70厘米。由此可见，侨如的脑袋是多么巨大了。

15. 秦始皇二十六年，有大人十二见[1]于临洮，长五丈，足迹六尺。东海之外，大荒之中，有大人国僬侥氏，长三丈。《诗含神雾》[2]曰：『东北极有人，长九丈。』

═注释═ ①见：通『现』，出现。②《诗含神雾》：《诗经》纬书中的一种，大约成书于汉代。

<解说> 传说秦始皇二十六年（前221），临洮出现了十二个巨人，他们是长人种的余裔。据《汉书》记载，春秋时看见巨人，人们都觉得晦气，因为这些巨人老来骚扰百姓；而秦始皇听说有巨人出现，却高兴得不行，于是他立即“销天下兵器，作金人十二以象之”，以 1:1 的比例铸造了 12 个等身铜人像。班固说，秦始皇把巨人现身看作“一统江山”的祥瑞之兆，所以才铸像纪念；苏秦则说，哪有那么天真，秦始皇销熔天下兵器造铜像，分明是为了加强中央集权，“以弱天下之民”，老百姓手里的铜铁连打个菜刀、锄头都不够用，谁还有条件铸兵器？谁还有本事去造反？

而说僬侥氏是大人国，肯定是记反了。《列子·汤问》里说：“从中州以东四十万里得僬侥国，人长一尺五寸。”僬侥国其实就是小人国，僬侥谐音“侏儒”，这里的人身高连半米都不到。疑为晋代编撰的《外国图》里描述得更形象，说这些小人儿“迎风则偃，背风则伏，眉目具足”，风只要稍微大一点，这些小人儿就被吹得东歪西倒，偃就是被吹得向后倒，几乎要躺平；伏就是被风吹得向前倾，基本要趴下；当然，别看他们小，眉目五官都是很清晰的，长得就像迷你娃娃一样，也是很可爱了。

16. 东方有蟭螂，沃焦。防风氏长三丈。短人长九寸。远夷之名[1]雕题、黑齿、穿胸、檐耳[2]、大竺[3]、岐首。

=注释= ①名：《四库》本作『民』。②檐耳：即儋耳。③大竺：《四库》本作『大足』。

<解说> 这条罗列了不少远方异族。

东方有蟭螂国、沃焦国，这些人有什么特点没说。还有我们的老熟人防风氏。“身九寸”就是上面提到的小萌人儿僬侥氏。

南方的雕题、黑齿、穿胸、儋耳、大足、岐首这些国家，都属于古越人族，《汉书》《路史》等史书称之为“百越”，大概活动在今天江浙、广东、广西、海南，还有越南一代。

雕题国：爱文身，爱绣面，我们是人见人爱的江海小花龙。

《酉阳杂俎》中曾提到南越人的文身习：“越人习水，必镂身以避蛟龙之患，今南中绣面獠子，盖雕题之遗俗也。”这群叫獠的民族，就爱在脸上、身上文一些鱼鳞龙斑之类的，他们认为，水中蛟龙一看见这些文身，会觉得：诶，这不是我家花龙小亲戚吗？于是便不会伤害他们，他们就可以尽情地捕鱼弄潮了。

黑齿国：关爱健康，远离白牙。

《海外东经》说黑齿国“为人黑”或“为人黑首”，他们全身黑皮或者脸色乌黑，但这样应该叫黑人国，和牙齿没什么关系。今天哀牢山一带傣族有黑齿的情况，《徐霞客游记》里说这里才是“黑齿国”。民俗学者调查发现，因为哀牢山地处热带，人们下地劳作时有嚼槟榔习惯，他们认为这样既能消暑又能不长蛀牙；还有人认为这是一种结婚风俗，姑娘出嫁时都要花三分钟染上一口黑牙。总而言之，在黑齿国人心里，黑齿是又漂亮又健康的象征，大白牙什么的，我们才不稀罕。

穿胸国：胸中有风景，胸中有沟壑。

东汉杨孚《异物志》里说：“穿胸人，其衣则缝布二尺，幅合二头，开中央，以头贯穿，胸不突穿。”杨乎认为穿胸人才不是胸口有个大洞，只是人家的衣服都是“贯头衣”的样式，也就是我们今天的套头衫，而前人只是看到穿胸人的套头衫，才以为人家胸口有个大窟窿罢了。

儋耳国：谁的耳朵大，认谁当老大。

《后汉书·西夷列传》里说：“哀牢人皆穿鼻儋耳。其渠帅自谓王者，耳皆下肩三寸，庶人则至肩而已。”区分儋耳国的等级很容易，看谁的耳朵最长，谁就是他们这儿的王。为什么呢？我们可以做个合理的推测：哀牢一带的人喜欢戴巨大的耳环，耳环太沉，会将耳垂坠得越来越松弛，久而久之，耳朵就耷拉到肩膀上了。今天我国钦族、印度尼西亚的达雅族还可见到这一遗俗。

交趾国：只有我，脚最大；脚指头在交叉。

交趾国前面已解释过了，这里不再啰唆。

岐首国：我可以自己和自己聊天，你能吗？

岐是分歧的意思，就是说这国家的人脖子上开了叉，长了两个头。从现代医学来看，这描述的大概是连体畸形。

17. 子利国，人一手二足，拳反曲①。

注释 ①反曲：弯曲。这里指肘关节反方向弯曲。

<解说> 子利国首见于《山海经》，又叫牛黎国、柔利国、留利国，反正都是谐音。《大荒北经》说他们是儋耳国的后代；《海外北经》说他们只有“一手一足”，不管是一只脚也好两只脚也好，确定的是，他们也是畸形状态：反曲是指膝盖窝朝向身子正面，也就是腿脚整个做了180度大旋转，人们不知道为什么会这样，只好解释为“有人无骨”（《大荒北经》）。

大概是这里的人……都没长骨头？

18. 无启民，居穴食土，无男女。死埋之，其心不朽，百年还化为人。镠民，其肺不朽，百年复生。细民，其肝不朽，百年而化为人。皆穴居处，二国同类也。

<解说> 无启民，大概是一群蚯蚓精。

郭璞在《山海经》注中说无启民“穴居，食土，无男女，死即埋之，其心不朽，死百廿岁乃复更生”。

他们住在洞穴里，以土为食。古人认为蚯蚓就是“食土者”，爱吃土，爱在土里打洞。他们没有男女性别之分，蚯蚓也是雌雄同体。他们死亡后埋在土里，心脏却不会腐朽，百年之后又是一条无启好汉；蚯蚓也是这样呀，一条蚯蚓身上大概有三到五个环血管状的心脏，所以假如把一条活蹦乱跳的蚯蚓切成三段，我们大概率会得到三条活蹦乱跳的蚯蚓（当然不同的品种再生力、成活率不同）。

无启民的记载最初见于《山海经》，又叫无继民，高诱认为这些人其实就是不孕不育，是北方一个没有后代的国家。郭璞一看高诱的说法，大概觉得断子绝孙太惨了，于是就衍生出了一段蚯蚓精的故事。至于“肝不朽”的细民，“肺不朽”的镠民之类，显然是后代高仿品。《酉阳杂俎》还有个“膝不朽”的录民，也是“埋之百二十年化为人”，那就是仿品中的仿品了。

上古原装蚯蚓精，请认准《山海经》牌无启民。

19. 蒙双民，昔高阳氏有同产①而为夫妇，帝放之北野，相抱而死，神鸟以不死草覆之，七年男女皆活，同颈二头、四手，是蒙双民。

＝注释＝ ①同产：同母所生。

<解说> 传说颛顼有一对同胞儿女谈起了恋爱，立志成为“伏羲女娲一样伟大的夫妻”，不顾颛顼老爸的反对结了婚。颛顼老爸特生气，就把这对乱伦的小情人放逐到北方的荒芜之地，小情人又冷又饿，最终相抱而死。这段比梁祝还感人的爱情感动了上天，神鸟便用不死草盖在小情人的尸身上，七年之后，一对小情人复活，还成了连体模样，完美实现了“夫妻同心”“永不分离”的誓言，他们的后代就叫作蒙双民。

这则神话在今天看来，无疑是基于畸形人想象的产物。但我们从中可知，在这则神话产生的年代，血亲乱伦已经是被严厉禁止的行为了。

20. 有一国亦在海中，纯女无男。又说得一布衣，从海中浮出，其身如中国人衣[1]，两袖长二丈。又得一破船，随波流出在海岸边，有一人项中复有面，生得之，与语不相通，不食而死。其地皆在沃沮[2]东大海中。

═ 注释 ═ ① 其身如中国人衣：祝《新译》言《后汉书·东夷传》作『其形如中人衣』，指衣服的腰身与中等身材人的衣服相同。② 沃沮：古国名，公元前2世纪至公元5世纪，位于朝鲜半岛北部的部落，在今朝鲜咸镜道和图们江流域一带。

<解说> 东海之中奇事多。

沃沮是汉魏时期朝鲜半岛东边的一个部落，大概在今天图们江流域，它的东边就是无边无际的太平洋。古人由于造船技术不发达，又安土重迁，因此很少出海探索，无边无际的东海（太平洋）就成了神秘之地。

传说海中有女儿国，大概就是《西游记》中女儿国的原型；海中有长臂国，人们曾见过海上飘来的衣服，袖子有将近七米；海中还有个双面国，有人曾见过一个两面人，脖子上还有一张脸，可惜语言不通，也没法问他老家在哪里。

21. 南海外有鲛人，水居如鱼，不废织绩，其眼①能泣珠。

注释　①眼：原作眠，周心如据《太平御览》改。

<解说>　传说南海住着鲛人一族，水陆两栖。

郭璞说，鲛人就是雕题国民嘛，他们“黔涅其面，画体为鳞采”，总把自己文成鳞光闪闪的小花龙，所以被误认为鲛人。

袁珂说，不对，鲛人就是《山海经》里提到的陵鱼。《海内北经》说陵鱼“人面，手足，鱼身，在海中”，其实就是今天的鲵鱼，俗称娃娃鱼。《水经注》说：“鲵鱼声如小儿啼，有四足，形如鲮鳢。”东晋徐广也说：“人鱼似鲇而四足，即鲵鱼也。”因为娃娃鱼长了四只脚，叫声又像小孩儿啼哭，所以才被称作人鱼。

其实，从习性来看，这俩人说得都不对。

南海鲛人有人的本领。他们平日能织绩，织出一种叫鲛绡的薄纱。任昉《述异记》就说：“南海出鲛绡纱，泉室潜织，一名龙纱。其价百余金，以为服，入水不濡。”鲛绡价值百金，是制作游泳衣的好材料。

南海鲛人绝非人类。他们的眼泪落下来，就会变成一颗颗珍珠，是名副其实的“泪珠”了。在《古今事文类聚》等书的记载中，这段的文字要更加丰富：“鲛人水底居也，俗传从水中出，曾寄寓人家，积日卖绡，绡者竹孚俞也。鲛人临去，从主人索器，泣而出珠，满盘以与主人。”鲛人曾跑到别人家借住，每天织点鲛绡卖钱交房租，临走的时候还专门哭了一满盘珍珠，留给房东当纪念品。

22. 呕丝之野，有女子方跪，据①树而呕丝，北海外也。

== 注释 ==

① 据：凭依，依仗。

<解说> 传说极北之地，北海之外，住着一位女子，每天跪在树前吐丝。不知这位是蜘蛛精还是蚕精。

据《中山经》记载，宣山上长着一棵帝女之桑，“大五十尺，其枝四衢，其叶大尺余，赤理、黄华、青叶”，在桑树下吐丝的，自然是蚕女了。而且以中华民族悠久的养蚕史来看，人们当然相信她是一位蚕女，这样的蚕丝还能拿来织衣服做袜子。

人们幻想过蚕女的由来，《搜神记》中记了这么一个故事：

太古之时，有位姑娘，姑娘的老爹从军远征去了，家里只剩下一人一马，日子久了，公马对姑娘生了情。姑娘大概是太无聊了，开始调戏可怜的单恋马：好想我爹啊，你要是能把我爹接回来，我就嫁给你。公马本来没抱希望，结果一听激动了，第二天就去把老爹接回了家。

没想到，姑娘翻脸不认账。老爹听说这事，也说：你是头畜生啊伙计，人兽殊途，干吗自讨苦吃？为绝后患，老爹就把马杀了，并将马皮剥下来放庭院里暴晒。成了冤魂的马悲愤不已：人心太险恶了朋友们，你家姑娘先来招惹我，怎么最后全成了我的错？于是马皮发飙了，卷起姑娘飞出了庭院，化为一棵大桑树，这就是“帝女之桑”“呕丝之野”。

23. 江陵[1]有貙[2]人，能化为虎，俗又曰虎化为人，好着紫葛衣，足无踵[3]。

＝注释＝ ①江陵：古地名，今湖北荆州。②貙（chū）：古时散居于长江、汉水一带的部族。③踵（zhǒng）：后脚跟。

<解说> 古时在长江、汉水一带，有个叫貙的部族。貙是一种虎属生物，《尔雅·释兽》说它“大如狗，文如狸”，貙族大概是崇拜貙的一支民族。《搜神记》中也说：“江汉之域有貙人，其先廪君之苗裔也。能化为虎。长沙所属蛮县东高居。”

传说貙族人能在人虎形态间自由转换，是高危人种。万一哪天跟人吵架，对方一生气，突然变成一头貙虎，那可就不太美好了。所以看到穿着紫葛衣、没有脚后跟的人类，还是小心为妙。

《太平广记·妖怪》中还记过这样一个故事：东汉末位皇帝李势有位宠妃，叫郑美人，看见李势宠爱别的女人，马上变成一头雌虎，将宠姬一口吞掉。这可是真母老虎了。

24. 日南[1]有野女，群行见丈夫，其状皛[2]且白，裸袒无衣襦[3]。

＝注释＝ ①日南：汉郡名，汉武帝时设立，在今越南中部。②皛（xiǎo）：洁净明亮。③襦：短衣、短袄。

<解说> 日南也是“百越”南蛮之一。

汉武帝在元鼎六年（前 111）灭南越国，在百越地区设立了南海、苍梧、郁林、合浦、交趾、九真、日南、珠崖、儋耳九郡，日南就在今越南中部一带。

传说日南的姑娘不喜欢穿衣服，还总是成群结队地出门觅夫。南宋周密的《齐东野语》里也有类似记载，说南丹诸蛮间有野婆：“黄发椎髻，跣足裸形”“其群皆雌，无匹偶，每遇男子，必负去求合”。这描述的大概是母系氏族的走婚习俗，女子看见心仪的对象就去求爱，做一对露水夫妻，生下来的孩子也是只知其母不知其父，今云南、四川一带的摩梭人还保留着这样的风俗。

25. 越之东有辄休之国，其长子生，则解而食之，谓之宜弟。父死①，则负其母而弃之，言鬼妻不可与同居。【周日用曰：既其母为鬼妻，则其为鬼子，亦合弃之矣。是以而蛮夷于禽兽犬豕一等矣，禽兽犬豕之徒犹应不然也。】

═注释═ ①父死：祝《新译》言《列子·汤问》中『父』『母』上皆有『大』字，大父、大母指祖父母。

<解说> 辄休国的习俗很可怕，他们吃人。该国妇女生下的头胎会被活生生杀掉，吃下一块血淋淋的长子肉，后面生的孩子就会越来越多、越来越好，这叫“宜弟”。如果谁家觉得自家长子肉特别香，还会留给国君一份，这叫“味旨则遗其君”，国君老大吃开心了，会给献肉的老爸好多赏赐：不错，你家儿子挺好吃。这叫“君喜而赏其父”。此事最早见于《墨子·节葬》，说起此事鲁阳文君还愤愤骂道：“岂不恶俗哉？”这都叫什么事儿啊？《后汉书·南蛮西南夷列传》说，交趾郡西部的啖人国、现在的乌浒人也这样。

这习俗看似荒唐，其实背后有个强大的伦理逻辑：早期先民普遍没什么贞操观念，男子娶回妻子，却不能确定妻子生的头胎是不是自己的骨血，再加上食人恶俗，这才有了杀食长子之举。《汉书·元后传》里，大臣王章素上谏时说“羌胡尚杀首子以荡肠正世”，颜师古在下面批注：“荡，洗涤也。言妇初来所生之子或它姓。”羌胡人也有杀长子的习俗，这都是为了保持血统纯正。

骇沐国还有更过分的习俗，他们弃母。如果一家之中父亲死了，孩子们会抛弃掉母亲，说：老爸变鬼了，你也就变成鬼的妻子，太不吉利，我们不要你了。算是给不赡养孤寡老人找了个名正言顺的借口。

对此，周日用感到很生气：你娘变成鬼妻，你不就是鬼子鬼女？你儿子不就是鬼孙鬼娃？你怎么不连自己也扔了呢？！

26. 秦之西有义渠国，其亲戚死，聚柴积薪而焚之熏之，即烟上谓之登遐①，然后为孝。此上以为政，下以为俗，中国未足为非也。此事见《墨子》。【周日用曰：此事庶几佛国之法宜如是乎？中国之徒，不如此也。】

注释 ①登遐：死者升天而去。后特指帝王之死或成仙远去。

＜解说＞ 义渠国是西方戎族的一支，周时分布在岐山、漆水以北（今甘肃庆阳、泾川）一带。春秋时国力强盛，曾和秦国是好邻居，后来义渠王遭秦宣太后诱杀于甘泉宫，义渠国自此被秦兼并。

义渠国也不兴土葬，兴火葬。人死之后，人们就堆个柴火堆，将尸身放上去烧，待烟气升上天空，人们就高高兴兴地指着烟说：你看，这人顺着烟上天成仙了。

27. 楚之南有炎人之国，其亲戚死，朽之肉而弃之，然后埋其骨，乃为孝也。

<解说> 炎人国不兴土葬，兴拾骨葬。

具体操作方式如下：人死之后，亲戚子女先将此人尸身埋在土里，耐心等上三至五年，待尸体的筋肉和软组织完全腐烂分解之后，将尸骨挖出来，用白酒洗干净，按人体结构顺序（**头上脚下**）把尸骨装入陶罐，再埋进土里，这一套丧葬流程就算完了。拾骨葬曾经流行于中国江浙、两广等南方地区，现在的壮族、台湾、东南亚等部分地区还保留着这种葬俗。

此事也出自《墨子·节葬》，是墨子拿来攻击儒家“厚葬久丧”之礼的：你看人家的葬礼，既简单又环保，既虔诚又有礼，死者的肉体回归自然，骨头也只占一个陶罐大小，多好啊。隆礼厚葬浪费资源，守孝三年浪费时间，我实名反对。

28. 荆州极西南界至蜀，诸民曰獠子，妇人妊娠[1]七月而产。临水生儿，便置水中。浮则取养之，沉便弃之，然千百多浮。既长，皆拔去上齿牙各一，以为身饰。

═ 注释 ═ ①妊娠：从怀孕到生产的过程。

<解说> 看完死俗，我们再来看生俗。古川蜀一带有一支民族，叫獠，据说是岭南骆越人的后裔。獠族妇女习惯性早产，婴儿七个月就出生了。她们常在水边生产，孩子一生下，先搁在水里，如果能浮起来就养，浮不起来就自然献了河神。当然，由于浮力作用，大部分孩子都活下来了。等娃娃们长大了，就拔掉门牙和后槽牙各一颗佩在身上，不用再额外购买饰品，自产自用，经济实惠。由此看来，獠人一笑，十有八九都是大豁牙。

29. 毌丘俭遣王颀①追高句丽②王宫③，尽沃沮东界。问其耆老④『海东复有人不⑤』，言国人常乘船捕鱼，遭风见吹数十日，东得一岛，上有人，言语不相晓。其俗常以七夕取童女沉海。

═注释═ ①王颀：三国时期曹魏武将，字孔硕，青州东莱郡（今山东莱州）人。②高句（gōu）丽（lí）：古国名，公元前一世纪至公元一世纪活动于中国东北地区和朝鲜半岛。③王宫：名叫宫的王。④耆老：泛指老人。古称六十为耆，七十为老。⑤不：通『否』，是否。

<解说> 毌丘俭字仲恭，袭高阳乡侯，是三国曹魏后期的大将领。这位大将军在正始五年（244）至正始六年（245）曾两次出兵讨伐高句丽，差点将高句丽灭国，后来毌将军想了想，赶尽杀绝太不道德，还是算了吧，于是“刻石纪功而还”。后来，耿直精忠的毌丘俭因效忠曹魏，不肯投降司马氏，最终兵败被杀。至于“取童女沉海”，则是上古遗留的人牲恶俗。比如商代就有童子祭的习惯，一旦要建造宫室陵墓，就得杀掉几十个小孩做人牲，山东益都苏埠屯一号墓墓底，就发现了 48 具小孩骨头；地中海一带的迦太基古国，也有焚烧童子平息神怒的说法，但这些贵族烧的不是自己的亲骨肉，而是奴隶的孩子，怪不得不心疼了。

30. 交州夷名曰俚子。俚子弓长数尺，箭长尺余，以燋铜为镝①，涂毒药于镝锋，中人即死，不时敛藏②，即膨胀沸烂，须臾肌肉都尽，唯骨在耳。其俗誓不以此药法语人。治之，饮妇人月水及粪汁，时有差③者。唯射猪犬者，无他④，以其食粪故也。燋铜者，故烧器⑤。其长老唯别燋铜声，以物杵之，徐听其声，得燋毒者，便凿取以为箭镝。

═注释═ ①燋（jiāo）铜：含燋毒之铜。镝：箭头。②敛藏：同『殓葬』。殓，给死人梳妆穿衣并装进棺材。葬，将死者掩埋。③差：通『瘥』，病愈。④无他：无恙，不受伤害。⑤烧器：指锅釜之类烧煮东西的器具。

<解说> 三国魏晋时期，交州的辖境大概包括今越南北部和中部、广东雷州半岛和广西南部等地。这里有一支俚族，和上面说的獠族血缘很近，他们很不好惹。

俚族的人爱用燋铜造箭头。燋铜，是古代烧制而成的铜器，比如青铜器一类；燋毒，也就是重金属一类的化学毒素，青铜器里就含有很多铅毒和锡毒，殷商古人不知道，还天天拿来盛饭煮肉吃。俚族长老却知道此事，每天闲来无事，就拿上一根小木棍，敲敲铜器听听声响，一听：唔，这块铜够毒，赶紧拿回家做箭头。

光有毒箭头不够，俚人还要在箭头上淬一层毒药。这种毒药是俚族专利，毒性霸道，中箭的人如果不服下妇人经血或粪汁，就会立即肌肉沸腐、肠穿肚烂，最后只剩下一副骨头架子。反正不毒死你，也得恶心死你。

难怪交趾太守薛综曾感慨道：“然而（交州）土广人众，阻险毒害，易以为乱，难使从治。”这帮人实在太不好管啊！

＜解说＞ 自然界确实有食尸虫。食尸虫，又叫埋葬虫、锤甲虫。属于鞘翅目，埋葬虫科。埋葬虫科的昆虫在全世界大约有175种，绝大部分以动物腐尸为食，它们在进食的时候，会一边吃一边挖尸体下方的土地（窜来窜去地松土），最后自然而然地将尸体埋葬，所以称为埋葬虫。

本条所讲的食尸虫看起来可没那么友好，它们“大如小麦”“来者如风雨”，简直像啃粮食的凶残蝗群，人家这头刚把老爹的尸身安放好，它们“嗡”一群就来了，稍有不注意，老爹就只剩一架骨头了，很让人崩溃。怎么办呢？虫子怕樟梓木气，有钱人就拿梓木做个棺材或围栏；一般人则在尸体上裹上五六层布，让虫子没处下嘴；穷人比较可怜，下葬稍微晚一点，就只能埋一副骨架了。

当然，如果此事换作兴拾骨葬、天葬、树葬、火葬之类的民族，他们大概不会受到困扰。比如清代东北德满族以天葬为俗，他们反而认为，如果鸟兽虫鱼没把死人的肉身吃干净，一定是“此人生前罪恶大，上帝不收”。他们便会在尸身上抹上牛油，再请喇嘛诵经祈求：拜托各位鸟兽虫鱼行行好，再来吃两口吧。

31. 景初①中，苍梧②吏到京，云：『广州西南接交州数郡，桂林、晋兴、宁浦间人有病将死，便有飞虫大如小麦，或云有甲，尝伺病者居舍上，候人气绝，来食亡者。虽复扑杀有斗斛③，而来者如风雨，前后相寻续④，不可断截，肌肉都尽，唯余骨在，便去尽。贫家无相缠者，或殡⑤殓不时，皆受此弊。有物力者，则以衣服布帛五六重裹亡者。此虫恶梓木⑥气，即以板鄣⑦防左右，并以作器，此虫便不敢近也。入交界更无，转近郡亦有，但微少耳。』

═注释═ ①景初：魏明帝曹叡的第三个年号。②苍梧：苍梧县，古地名。今广西壮族自治区梧州市。③斛：容量单位，唐前以十斗为一斛。④寻续：接连不断。⑤殡：本义是停棺待葬，后泛指丧葬事务。⑥梓木：樟科檫木属落叶乔木，材质优良坚韧，耐湿耐腐，有芳香气味，虫菌不易危害。⑦鄣：遮挡。

32. 汉武帝时，弱水西国有人乘毛车以渡弱水来献香者，帝谓是常香，非中国之所乏，不礼[①]其使。留久之，帝幸[②]上林苑，西使千乘舆闻，并奏其香。帝取之看，大如鸾卵，三枚，与枣相似。帝不悦，以付外库[③]。后长安中大疫，宫中皆疫病。帝不举乐，西使乞见，请烧所贡香一枚，以辟疫气。帝不得已，听之，宫中病者登日并差。长安中百里咸闻香气，芳积九十余日，香由[④]不歇。帝乃厚礼发遣饯送。一说汉制献香不满斤不得受，西使临去，乃发气如大豆者，拭着宫门，香气闻长安数十里，经数月乃歇。

══ 注释 ══ ①礼：礼遇，礼待。②幸：临幸，特指帝王到达某地。③外库：一说宫外的库房。泛指偏僻的仓库。④由：通『犹』，仍然。

＜解说＞ 朝贡制度是古老的外交手段和贸易制度。

大概在尧舜禹时代，已有了朝贡的记录，比如《竹书纪年》说：“帝舜有虞氏九年，西王母来朝……献白环玉玦。”到了周代，已有了相对完整的朝贡流程，朝贡光是叫法就有四个，春夏秋冬各不相同：“春见曰朝，夏见曰宗，秋见曰觐，冬见曰遇。”（《周礼》）进入秦汉之后，朝贡就发展出了一套完整的体系。

朝贡的逻辑是这样的：

《汉书》里讲：“修奉朝贡，各以其职。”“王者不治夷狄，来者不拒，去者不追。”就是说，虽然我呢已经是天下实力最强的君王啦，但天下这么大，民族这么多，我也实在管不过来。这样吧，你们认我做老大，每年定时来朝拜、上贡；我拿你们当小弟，每年接待、回赐，你不来挑衅我国领土，我不去干涉你国内政，咱们世世代代好兄弟，开开心心做生意。

在汉武帝时代，朝贡进行得尤为顺利。

弱水小弟听说武帝爱香，于是搭着毛皮扎成的筏子，辛辛苦苦渡过弱水，前来奉上弱水特产——香丸三枚。

武帝一看：人家要么献狮子孔雀、汗血天马，要么献象牙犀角、明珠玳瑁，你这是个什么玩意儿——三颗枣？行行行，你搁那儿吧。

宦官转头把三颗香丸丢进了宫外的库房，并对弱水国使非常怠慢。想来弱水国使得到的“回赐”也很磕碜了。后来长安城里发了瘟疫，疫病一路传染到皇宫，弄得武帝很郁闷。弱水国使瞅准时机，点燃了弱水香丸，结果感染疫病的人全部神奇痊愈了，香气弥散出数百里之远，足足九十多天才消去。

弱水国使成功逆袭，拿着回赐厚礼，坐着毛皮小筏，高高兴兴回国去了。

这故事还有一个版本：武帝一看给我拿来三颗枣，直接连收都没收，说，小老弟啊，我们这有规定，送礼送不满一斤不能收，你看，你跑这一趟也怪辛苦，要不你把这香丸原样拿回去？也不算空手而归嘛。

弱水国使很气愤：我从未见过如此不识货之人！于是临走前，将香丸擦拭在宫门之上，香气一连弥散数十里，几个月才完全消去。想必武帝闻到异香，一定非常诧异：这就是之前那颗“枣”？我到底错过了什么？

33. 汉武帝时，西海国有献胶五两者，帝以付外库。余胶半两，西使佩以自随。后武帝射于甘泉宫，帝弓弦断，从者欲更[1]张[2]弦，西使乃进，乞以所送余香胶续之，座上左右莫不怪。西使乃以口濡[3]胶为水注断弦两头，相连注弦，遂相着[4]。帝乃使力士各引其一头，终不相离。西使曰：『可以射。』终日不断，帝大怪，左右称奇，因名曰续弦胶。

═注释═ ①更：更换。②张：绷上弦。③濡：湿润，浸湿。④着：粘连。

<解说> 西海国使也有相似的逆袭经历。

他在朝贡时，只献了五两胶。武帝一看皱皱眉头，又让人给扔外库里去了。

西海国使虽没得到什么好脸色，但他很机智，随身留了半两。等到武帝到甘泉宫狩猎，弓弦“啪嗒”一声断了，他赶紧拿出贡胶，沾一沾口水，弦立即被黏合。

古代的弓弦或用牛筋糅成，或用棉线、绢丝弹成；胶则多用鱼鳔、猪膘、驴皮等熬制而成。想象一下用动物胶去粘一根牛筋、一根棉线，勉强粘上可能没问题，但拉弓时弓弦承受的弹力太大，稍一用力，黏合的地方很容易再次崩开。

武帝于是叫俩大力士在两头使劲拉扯弓弦，结果弦没断；张弓再去打猎，用了一天弦还是好好的。众人纷纷称奇。

可以想见，西海国使一定也抱着优厚“回赐”，高高兴兴回家去了。

34.《周书》①曰：西域献火浣布，昆吾氏②献切玉刀。火浣布污则烧之则洁，刀切玉如脂。布，汉世有献者，刀则未闻。

=注释= ①《周书》：又名《逸周书》，成书于西周到战国年间，作者不详。主要记载从周文王到周景王年间的时事。②昆吾氏：住在昆吾山上的部族，己姓。在今山西安邑一带。

<解说> 我们来聊聊另外两样贡品：火浣布和切玉刀。传说周穆王时代，西域已有进献火浣布者。《列子·汤问》里说：“周穆王大征西戎，西戎献锟铻之剑……火浣之布，浣之必投于火，布则火色，垢则布色，出火而振之，皓然疑乎雪。”这种布入火不焚，反而污垢全消、洁白如新。

人们不禁想象火浣布的原材料。

郭璞说，火浣布是老鼠毛织的。东南边有个火山国，国中有种白鼠不怕火，人们拔下这种白鼠毛做成布，这就是火浣布。大概是白鼠常在火中跑，有了耐火性吧。《神异经》还补充了捉鼠绝招：“以水逐而沃之即死。”这种白鼠怕水，用水一泼就死掉了。

任昉《述异记》说，火浣布是树皮做的。东南边有个炎火山，山中常燃大火，火烧过后，万物化烬，山中树木却光洁如新，人们刮下树皮做布，这就是火浣布。

实际上，火浣布的原材料是石棉——一种呈纤维状的硅酸盐矿物质，可理解为棉丝做的石头。把它剥分成絮时，可以得到有光泽、有弹性的纤维，它耐热、耐酸、耐碱，还不导电，因此不怕火烧。石棉布不怕火烧，可污垢怕呀，等到布上的污垢都化为灰烬，石棉布仍完好无损，反而更干净了，因此才有“火浣布”的美名。

切玉刀也没那么神秘。

《山海经》里有昆吾之山，山上多产赤铜。于是郭璞说，切玉刀就是这赤铜所铸，能“切玉如割泥也”，其实就是一把质地硬一些的铜刀。

还有人说，切玉刀就是金刚石铸的刀。比如东晋李轨《晋起居注》：“咸宁五年，敦煌上送金刚，生金中，百淘不消，可以切玉。出天竺。”这个金刚就是指金刚石。《海内十洲记》也讲到，西海之中有个流洲，流洲有座山，山上有很多昆吾石，用这昆吾石来铸剑，剑“光明洞照如水精状，割玉物如割泥”，能像水晶一样光明透亮，显然是金刚石的特性了。

35. 魏文帝黄初三年，武都西都尉王褒献石胆二十斤，四年，献三斤。

<解说> 魏文帝时期，武都县的辖境大概包括今甘肃武都、成县以及陕西凤县、略阳一带。武都县领导王褒曾在黄初三年，给魏文帝曹丕献上二十斤石胆；但到了第二年，献上的石胆变成了三斤。由此推测，黄初三年，武都县可能发现了一个大型石胆矿。石胆是石中五毒之一，又叫石胆、丹砂、矾石、慈石、黑石，虽然它毒性很强，却是个很实用的家伙。石胆可以入药，性酸、辛、寒，可以治疗风痰、喉痹喉风、口疮、痔疮等病。《本草经》说石胆“能化铁为铜，成金银”，是制金属、炼仙丹的好材料。《本草经》还说，石胆“炼饵服之，不老，久服，增寿神仙”，是魏晋士人服食修炼的佳品。如此一来，便可理解王褒为什么把石胆当宝贝献给曹丕了。

36. 临邛①火井一所，从广五尺，深二三丈。井在县南百里。昔时人以竹木投以取火，诸葛丞相往视之，后火转盛热，盆盖井上，煮盐得盐。人以家火②即灭，迄今不复燃也。酒泉延寿县南山名火泉，火出如炬。

=注释= ①临邛：古县名，今四川成都邛崃县。②家火：家中日常生活所用的火。

<解说> 临邛火井其实是口天然气井。

据清代丁宝桢《四川盐法志》记载，西汉之际，川蜀一带的广都、临邛、牛辨、南安等县，都曾进行过大规模的盐井开采。开采盐井，是为了汲取富含天然卤水的地下水，以制取井盐食用。那么盐井和天然气井又有什么关系?

现代地质研究发现：四川地下浅层的自然卤水、天然气及石油三者，常为共生关系。也就是说，人们本来是想挖一口盐井取盐，没想到挖到一口夹心井，这才造成了《蜀都赋》中“火井沉于幽泉，高焰飞煽于天垂”的壮丽景象。

后来，待天然气燃烧殆尽了，火井也自然“迄今不复燃”，只能老老实实做个提供卤水的盐井了。

37. 徐公曰：西域使王畅说石流黄①出足弥山②，去高昌八百里，有石流黄数十丈，从广五六十亩。有取流黄昼视孔中，上状如烟而高数尺。夜视皆如灯光明，高尺余，畅所亲见之也。足弥人言是时气不和，皆往保此山。

注释 ①石流黄：硫黄。②足弥山：祝《新译》据《太平御览》释为『且弥山』，汉代西域有且弥国，在今新疆鄯善县。

<解说> 西域有个且弥国，大概在今天的新疆乌鲁木齐一带。这里曾发现一个巨型硫黄矿。这个硫黄矿有多大呢？高数十丈，按五十丈算，高度能超过 115 米；从广五六十亩，若这里的亩以东汉一大亩为计，则约有 23000 平方米，相当于三分之一个水立方那么大。当然，这个巨大的体积可能只是山的体积，硫黄只是附在山的表层，或者只占山腹的一个小角。《太平御览》引《后魏书》说：“悦盘国有火山，山傍石皆焦熔，流数千里，乃凝坚。人取以为药，即石流黄也。”这个火山硫黄，就是依附在山石表面的。

人们白天在这里采硫黄，能看见矿山之内冒出“高数尺”的烟气。这是因为硫黄粉末接触空气后易燃，燃烧时发出蓝色火焰，也就是所谓的“青烟”。

晚上去看硫黄矿，它就变成了一道风景。硫黄呈明黄色，亮度高，月光一照，看着像有一座漂亮的巨灯。老百姓一看：这么灵异？这山里恐怕住了神仙吧？魏晋时期，中国之内天灾人祸不断，人们觉得是天地阴阳之气不和的缘故，于是纷纷到此山参拜。拜过之后，不管气候有没有变好，反正大家心理舒坦了。

恭喜“石流黄”在仙界成功出道。

卷叁

异兽

1. 汉武帝时，大苑①之北胡人有献一物，大如狗②，然声能惊人，鸡犬闻之皆走，名曰猛兽。帝见之，怪其细小。及出苑中，欲使虎狼食之。虎见此兽即低头着地，帝为反观③，见虎如此，欲谓下头作势，起搏杀之。而此兽见虎甚喜，舐④唇摇尾，径往虎头上立，因搦⑤虎面，虎乃闭目低头，匍匐不敢动，搦鼻下去，下去之后，虎尾下头起，此兽顾之，虎辄闭目。

〓注释〓 ①大苑（dà yuān）：古中亚国名，位于帕米尔西麓，今乌兹别克斯坦费尔干纳盆地。②大如狗：范校据《海内十洲记》上『形如丑六十日犬子』『似犬，羸细』，认为『大』应为『状』。③反观：观点相反。④舐：舔。⑤搦：按住；挑衅。

<解说> 还是朝贡的故事。大苑国北边有胡人来朝贡，献上一头名叫“猛兽”的动物。猛兽这名字听着凶，但其实长得很柔弱：“形如五六十日犬子，大似狸而色黄。”武帝很不高兴：要你朝贡，你就给我送一个又秃又憔悴的狗子，还起名叫猛兽，耍我？于是打算把猛兽送到上林苑喂老虎。没想到老虎见了猛兽，反而成了趴在地上不敢动的那个，任由猛兽在头上作威作福。

《海内十洲记》也有类似记载，月支国使者曾向汉武帝进献一头猛兽，汉武帝依旧嫌弃猛兽的瘦小，于是使者开始一段洋洋洒洒的解释：“夫威加百禽者，不必计之以大小。是以神麟故为巨象之王，鸾凤必为大鹏之宗。百足之虫，制于螣蛇，亦不在于巨细也。”咱们别以大小巨细论英雄，小身板的动物照样能制服巨型野兽。而且我这猛兽比麒麟、鸾凤还厉害：“猛兽所出，或生昆仑，或生玄圃，或生聚窟，或生天路，其寿不穷，食气饮露，解人言语，仁慧忠恕。”出身好、智商高、寿命长，比人还要聪明，因此它能惊走蛟龙腾蛇，役御老虎狮子，是猛兽王中王。

月支国使接着说：“神香起夭残之死疾，猛兽却百邪之魅鬼。夫此二物，实济众生之至要，助政化之升平。岂图陛下反不知真乎，是臣国占风之谬矣！”我国占卜发现，中国出现一位明君，于是国王要我带着最好的宝物——能起死回生的神香、能驱除邪魅的猛兽——前来朝贡，光是花在路上的时间，就有整整十三年。没想到您竟然不识货！“今日仰鉴天姿，亦乃非有道之君也。眼多视则贪色，口多言则犯难，身多动则淫贼，心多饰则奢侈。未有用此四者而成天下之治也。”今日一见，您也实在算不得有道之君。《海内十洲记》的作者，其实是借这故事吐槽武帝心思不用在正地方，并暗暗敲打这位自大的帝王：您可别再继续贪婪淫奢的做派了，好好治理天下才是正途。

2. 后魏武帝伐冒顿①，经白狼山②，逢师子③。使人格④之，杀伤甚众，王乃自率常从军数百击之，师子哮吼奋起，左右咸惊。王忽见一物从林中出，如狸，起上王车轭⑤，师子将至，此兽便跳起在狮子头上，即伏不敢起。于是遂杀之，得师子而还。未至洛阳，四十里鸡犬皆无鸣吠者也。

〓注释〓 ①冒顿（mò dú）：秦汉时匈奴单于，挛鞮氏。秦二世元年（前209）杀父自立，随后征服楼兰、乌孙、呼揭、浑窳、屈射、丁零、鬲昆、薪犁、楼烦等20余国，首次统一北方草原，建立匈奴帝国。②白狼山：又名大阳山，在今辽宁朝阳喀左县。③师子：即狮子。④格：搏斗。⑤轭（è）：驾车时套在牲口脖颈上的曲木。

<解说> 传说曹操北上讨伐冒顿，在白狼山遇见一头狮子拦路，兵卒与狮子奋力搏斗，伤亡惨重。正值危难之际，一头小兽跳上车轭，狮子立即吓得俯首称臣，魏军得以杀死狮子，满载而还。

这里的冒顿不是匈奴，而是指乌桓。《北史·高车传》里说："周之猃狁，汉之匈奴，其作害中国，故久矣。魏、晋之世，种族瓜分，去来沙漠之陲，窥扰鄣塞之际，犹皆东胡之绪余，冒顿之枝叶。"乌桓与猃狁、匈奴、东胡等北方民族系出同源，统称为"胡"，是魏晋时胡人中最强大的一支，乌桓单于叫蹋顿，和"冒顿"也很相似。公元 207 年，曹操为消灭北方乌桓势力和袁氏残余势力，曾经率领大军北伐，主要战场就在白狼山。

如此一看，这故事似乎充满隐喻。

狮子作为西域巨兽，暗指以乌桓为代表的西北少数民族。据《后汉书·西域传》记载，安息国王曾在东汉章帝时数次进贡狮子，疏勒国在东汉顺帝二年也有进贡，月氏国也有进贡狮子的记载。狮子"杀伤甚众""哮吼奋起"，暗喻乌桓势力骁勇善战，北方少数民族侵扰边地，与中原政权发生冲突。"左右咸惊"表明当时魏军的状态，《三国志·武帝纪》记载："八月，登白狼山，卒与虏遇，众甚盛。公车重在后，被甲者少，左右皆惧。"魏军一看对面军队这么多人，自家大部队又在后面，都心里发怵，士气低迷。

异兽作为百兽之王，可以认为是暗指曹操。这头异兽与上条"猛兽"类似，它的出现使狮子俯首称臣，这昭示白狼山之战的结局：曹操率领魏军斩杀蹋顿单于，大败乌桓。据《三国志·武帝纪》记载，曹操"使张辽为先锋，虏众大崩，斩蹋顿及名王已下，胡、汉降者二十余万口"。而待异兽回到京城洛阳之后，"三十里鸡犬皆伏，无鸡鸣"，也就表明经过北伐一役，曹操平定了北方，清缴了袁氏残余势力，获得了极高的威望。

3. 九真①有神牛，乃生溪上，黑出时共斗，即海沸，黄或出斗，岸上家牛皆怖，人或遮②则霹雳，号曰神牛。

==注释== ①九真：古郡名。汉武帝于元鼎六年（前一一一）设立，属交州，在今越南清化省清化市西北一带。②遮：祝《新译》云《太平御览》“遮”下有“捕”字。

<解说> 九真郡有种神牛。它生活在溪水里，没事爱上岸打架。黑牛一出来打架，海水立即沸腾；黄牛一出来打架，岸上的家牛就惊恐万分。有人试图把这牛逮住，这牛就发出打雷一样的叫声，噼里啪啦震天响。九真神牛的特性与“夔牛”类似。《山海经·大海东经》里说：“东海中有流波山，入海七千里。其上有兽，状如牛，苍身而无角，一足，出入水则必风雨。其光如日月，其声如雷，其名曰夔。”

4. 昔日南贡四象，各有雌雄。其一雄死于九真，乃至南海百有余日，其雌涂土著身，不饮食，空草①，长史②问其所以，闻之辄流涕，若有哀状。

注释 ①空草：范《校证》疑为"坐卧草中"。②长史：地位高的官员。

<解说> 象历来是南越的主要朝贡物。据史书记载，汉武帝元狩元年（前122）的夏天，南越曾进献"驯象"；汉和帝永元六年（94），中南半岛的古国敦忍乙曾"遣使译献犀牛、大象"；三国时期，吴国也曾经向曹魏"献驯象二头"。

进贡大象有风险。大象是种喜爱群居又很长情的动物，所以绝不能一次只带两头出发，否则很有可能两手空空地上朝堂。比如有一次，南方进献了两对情侣象，一头雄象在长途跋涉中，不幸死在了九真郡。于是丧偶的雌象在百天之内，一直往身上涂泥巴，不吃不喝，只是坐在草丛里发呆；它听到驯象人说起雄象死去的事，每每露出哀痛欲绝的表情，显然是决心绝食殉情了。

5. 越嶲[1]国有牛，稍割取肉，牛不死，经日肉生如故。

＝注释＝

① 越嶲（xī）：古郡名。在今四川越西县。

<解说> 能割肉不死的奇物，最早源自《山海经》中的“视肉”。

郭璞认为“视肉”就是聚肉：“聚肉，形如牛肝，有两口也；食之无尽，寻复更生如故。”这种牛肝形的肉有两只眼睛，还有强大的自愈功能，每次割下一块它的肉来吃，被割之处很快就会重新长好。

比如遗酒追复脯。《神异经》说：“西北荒有遗酒追复脯焉，其味如獐，食一片复一片。”这肉产自西北，是獐子味儿的。比如无损之兽。《神异经》说：“南方有兽，名无损之兽。人割取其肉不病，肉复自复。”南方有种奇兽也这样。还有稍割牛。郭璞《玄中记》说：“大月氏及西胡，有牛名曰日反，今日割取其肉三四斤，明日其肉已复，创即愈也。汉人入此国，见牛不知，以为珍异。”认为这种牛是西域特产。北凉释法盛的《历国传》中补充说：“其国（越嶲国）有稍割牛，黑色，角细长，可四尺余。十日一割，不割便困且死。”这黑牛长着一对细长的尖角，而且肉会源源不断地生长，如果不隔一段时间割点肉下来，牛就会肥胖而死，这和割羊毛有点像。清代张澍《凉州异物志》中有类似记载，主角恰好就是“尾重十斤”的羊。

6. 大宛国有汗血马[1]，天马种，汉、魏西域时有献者。

注释

①汗血马：学名阿哈尔捷金马，原产于土库曼斯坦。头细颈高，四肢修长，皮薄毛细，步伐轻盈，力量大、速度快、耐力强。

<解说> 汉乐府里有两首《天马歌》：

“天马徕，从西极，涉流沙，九夷服。天马徕，出泉水，虎脊两，化若鬼。天马徕，历无草，径千里，循东道。天马徕，执徐时，将摇举，谁与期？天马徕，开远门，竦予身，逝昆仑。天马徕，龙之媒，游阊阖，观玉台。”

“太一况，天马下。沾赤汗，沫流赭。志俶傥，精权奇。躡浮云，晻上驰，驱容与，迣万里。今安匹？龙为友。”

歌中所指的天马，其实有三任。

第一任是渥洼池边上的一匹野马。据《史记集解》记载，敦煌有个罪臣叫暴利长，他在水边发现一群野马，里边有只马特别出众，他想起爱马成痴的武帝：如果我说这马是水里生出的祥瑞，然后献给天子，不说加官晋爵，弄个减刑免罚总行吧？于是他逮住野马献给武帝，武帝见了果然大喜，为这马赐名“天马”，这就是“天马徕，出泉水”。

第二任是乌孙马。张骞第二次从西域返程时，带回了数十匹乌孙国王进贡的好马。武帝一看，这马膘肥体壮、精神抖擞，比之前那匹小野马俊朗多了，又想起之前自己某天占卜的卦辞“神马当从西北来”，乌孙正是西北之国，合卦辞之象，于是武帝又把“天马”这名给了乌孙马，这就是“天马徕，从西极”。

第三任是汗血马，出产自大宛国，也是张骞出使西域带回的贡品之一。这种马脚力更快、耐力更强，流出的汗如同血色，即所谓的“沾赤汗，沫流赭”。武帝见了大为狂热，爱不释手，自此称大宛马为“天马”，乌孙马改称为“西极马”。汗血马也是这三任里身价最高的。武帝曾派大舅子李广利千里西征，调遣五万军队，花了亿万财产，耗费四年时间，却只换来汗血马三十匹。这说法见于《汉书·张汤传》：“贰师将军李广利捐五万之师，靡亿万之费，经四年之劳，而厪（同仅）获骏马三十匹。”所以《天马歌》其实应该这么唱：天马徕，从西极，价钱高，买不起……

7. 犬戎[1]文马，赤鬣身白，目若黄金，名吉黄之乘，复蓟[2]之露犬也。能飞食虎豹。

=注释= ①犬戎：古族名。西周时活跃于今陕西、甘肃一带。②复蓟：渠叟，西域古国，以织皮毛或贩毛皮为业。见《汉书》颜师古注。

<解说> 文马是《山海经》中的神兽，它全身雪白，鬣毛赤红，骑上可以增寿数百岁，名叫乘黄，就是卷二提到的长得像狐狸的那只。有人说，文马其实就是露犬。《逸周书·王公解》中说："渠叟以（有）鼩犬，鼩犬者，露犬也，能飞，食虎豹。"露犬会飞，能吞食虎豹。单看这两条记载，文马和露犬好像没什么相似之处。因此两者是同一物这种说法，可能只是文字遗漏造成的误会。

8. 蜀山南高山上，有物如猕猴。长七尺，能人行，健走，名曰猴玃，一名马化，或曰猳玃。伺行道妇女有好者，辄盗之以去，人不得知。行者或每遇其旁，皆以长绳相引，然故不免。此得男子气，自死，故取女不取男也。取去为室家，其年少者终身不得还。十年之后，形皆类之，意亦迷惑，不复思归。有子者辄俱送还其家，产子皆如人，有不食养者，其母辄死，故无敢不养也。及长，与人无异，皆以杨为姓，故今蜀中西界多谓杨率皆猳玃、马化之子孙，时时相有玃爪也。

<解说> 这条讲好色的大猴子。

西汉焦延寿《焦氏易林·坤卦》里有一条卦辞：“南山大玃，盗我媚妾。怯不敢逐，退而独宿。”于是后人将这个故事做了铺演：

蜀山南山上有种动物，叫猴玃。猴玃长得像猕猴，身形有成人那么高，还能像人一样直立行走，北宋乐史《太平寰宇记》中补充说，它们住在名为“夜叉穴”的山洞里。这大猴子很好色，看见路上有漂亮姑娘，就会掳回洞穴做压寨夫人；姑娘们跟大猴子一起生活久了，也会变成猴样，变得糊糊涂涂，再也想不起回家的事来。大猴子很矫健，人们即使在腰间拴上绳子，像糖葫芦串那样结伴而行，大猴子也能精准地实施绑架。大猴子还不喜欢小孩，如果女子不怀孕，那就是一辈子猴夫人，但若有女子怀孕生下猴崽，它们会立刻将母子二人送回娘家，猴崽外表和正常人没什么差别，但都是“羊马性”（见《太平寰宇记》），跟养个大型宠物没什么差别。要是娘家不愿养，猴崽的母亲便会暴毙。

故事作者大概跟姓杨的有什么恩怨，结尾还不忘泄泄私愤：传说蜀中西边姓杨的子孙，就是猴玃的后代，时不时会露出猴爪子，上来挠你两下，跟畜生没什么两样。

9. 山有夔，其形如鼓，一足，如蠡。泽有委蛇，状如毂①，长如辕②，见之者霸。

注释 ①毂（gǔ）：车轮中心的圆木，周围与车辐的一端相接，中间圆孔可以插轴。泛指车轮。②辕：车前驾牲口的直木。

<解说> 想要称霸天下，有两种方法。

一种是找夔兽和雷兽。《山海经·大荒东经》记载：“东海中有流波山，入海七千里。其上有兽，状如牛，苍身而无角，一足，出入水则必风雨。其光如日月，其声如雷，其名曰夔。黄帝得之，以其皮为鼓，橛以雷兽之骨，声闻五百里，以威天下。”夔兽在东海流波山上，长得像大黑牛，一条腿，没有角，浑身发光，叫声如雷，每次出山入海都卷着狂风暴雨。如果把它的皮剥下来做成鼓，拿雷兽的骨头做鼓槌，鼓声能传遍五百里，军队便能所向披靡。黄帝就曾这么干过。《海内东经》说：“雷泽中有雷神，龙身而人头，鼓其腹。”郭璞在注中说，这个人头龙身、肚子鼓囊囊的雷神，其实就是雷兽。

一种是找延维。《庄子》里称“委蛇”，与延维谐音，指的是同一物。《山海经·海内经》中说：“有神焉，人面蛇身，长如辕，左右有首，衣紫衣，冠旃冠，名曰延维。人主得而飨食之，伯天下。”延维是一条像车辕一样长的蛇神，长着人脸，有两个头，爱穿紫衣服，爱戴毛毡帽，要有人能把它请回家供奉，必定能称霸天下。《庄子》补充说，委蛇住在大泽里。

10. 猩猩若黄狗，人面能言。

<解说> 猩猩出自《山海经》，又称“狌狌”。

它长着人面孔，会说话，还能知晓来人的姓名，很有灵性。《海内经》说：“有青兽，人面，名曰猩猩。”《海内南经》说：“狌狌知人名，其为兽如豕而人面。”

关于“知人名”这一点，《淮南子》解读为猩猩知晓过往：“猩猩知往不知来。”意思就是，猩猩只要看到有人从面前走过，马上就知道这人姓甚名谁，连这人的祖宗名号也知道得一清二楚（见《后汉书》李贤注）。东汉宋均在《春秋说题辞》注中又做了发挥：“猩猩言说人善恶。”它不仅知人姓名，还能断人善恶，知人知面又知心。可惜猩猩不能预知未来。高诱在《淮南子·氾论训》注中说：“（猩猩）又嗜酒，人以酒搏之，饮而不耐息，不知当醉，以禽其身，故曰不知来也。”它只知道酒好喝，但不知道酒醉人，只要有人拿酒引诱它，它马上喝个酩酊大醉，一抓一个准。因此《礼记·曲礼》里说：“猩猩能言，不离走兽。”再怎么聪明，也聪明不过人，到底还是傻乎乎的禽兽啊。

11. 崇丘山有鸟，一足，一翼，一目，相得而飞，名曰虻①，见则吉良，乘之寿千岁。

比翼鸟，一青一赤，在参嵎山。

注释 ① 虻（méng）：通「氓」，范《校证》据《山海经》疑为「蛮蛮」。

<解说> 氓鸟就是比翼鸟，在《山海经》里叫蛮蛮鸟，《尔雅》里叫鹣鲽。

有人认为比翼鸟是凶鸟。比如《山海经·西山经》里说：“（崇吾之山）有鸟焉，其状如凫，而一翼一目，相得乃飞，名曰蛮蛮，见则天下大水。”比翼鸟长得像野鸭，名叫蛮蛮，每只鸟只长一只眼睛一只翅膀，所以要两只协力才能飞翔。只要见到这种鸟，天下就将遭遇洪灾。

有人认为比翼鸟是吉鸟。比如《逸周书》里说，周成王大会诸侯之时，巴人曾以比翼鸟作为贡品，要按《山海经》的说法，巴人这就是大老远跑来挑衅，显然不合理。因此南宋萧照《瑞应图》解释说：“王者德及高远，则比翼鸟至。”比翼鸟的出现，象征的是帝王美德流布天下。本条也说，乘着比翼鸟在天上溜一圈，就能获寿千岁，它分明是文马、乘黄一类的吉祥物。

脱去谶纬的外衣，比翼鸟故事的核心其实是浪漫。曹植说：“山川阻且远，别促会日长。愿为比翼鸟，施翮起高翔。”[《送应氏二首（其一）》] 白居易说：“在天愿作比翼鸟，在地愿为连理枝。”（《长恨歌》）李商隐说：“身无彩凤双飞翼，心有灵犀一点通。”（《无题》）所有的深情，都在这比翼同飞、鹣鲽交颈的不言之中了。

12. 有鸟如乌，文首，白喙，赤足，名曰精卫。昔赤帝之女名女媱①，往游于东海，溺死而不返，其神化为精卫。故精卫常取西山之木石，以填东海。

注释

①女媱（yáo）：《山海经》作『女娃』。

＜解说＞ 精卫神话也出自《山海经》，这段基本是原文。

炎帝的小女儿叫女媱（《山海经》里叫女娃），有一天去东海里游玩，结果不幸溺死。女媱死不瞑目，于是灵魂变成一只花头发、白嘴巴、红脚丫的乌鸟，每天从西山上叼来木石，立志填平东海。任昉《述异记》里还有补充，说精卫鸟曾在东海边上发誓，誓死不饮东海水，因此又叫鸟誓、冤禽、志鸟，俗称帝女雀。它“偶海燕而生子，生雌状如精卫，生雄如海燕”，和海燕总是一对儿。

学者们试图从多个视角解读这个故事。有谈政治的，说这代表原始社会的部落冲突，女娃代表以炎帝为首的西方部落，东海则代表东方部落，溺死与填海象征战争与复仇。也有从气候变化找原因的，说女娃溺死东海反映了早期海平面上升、近海部族灭亡的现象。还有宗教解释，认为女娃“溺死”只是一场巫术表演仪式，象征着少女长大成人，重获新生。

对于文人来说，故事中的感情要素则最值得关注。比如王安石的《精卫》说：“帝子衔冤久未平，区区微意欲何成。情知木石无云补，待见桑田几变更。”感慨人力的渺小；陈茗香的《悬嶴猿·题词》说：“千古英雄尽浪淘，冤禽衔石尚悲号。”赞叹英雄的悲壮；顾炎武的《精卫》情调更昂扬：“万事有不平，尔何空自苦；长将一寸身，衔木到终古？我愿平东海，身沉心不改；大海无平期，我心无绝时。”别看我现在这么坎坷，理想受到挫折，但就是吃再多的苦，我也决不认输！

13. 越地深山有鸟，如鸠，青色，名曰冶鸟。穿大树作巢如升器①，其户口径数寸，周饰以土垩②，赤白相次，状如射侯③。伐木见此树，即避之去。或夜冥，人不见鸟，鸟亦知人不见己也，鸣曰『咄咄上去』！明日便宜急上树去；『咄咄下去』！明日便宜急下。若使去但言笑而不已者，可止伐也。若有秽恶及犯其止者，则虎通夕来守，人不知者即害人。此鸟白日见其形，鸟也；夜听其鸣，人也。时观④乐便作人悲喜，形长三尺，涧中取石蟹就人火间炙之，不可犯也。越人谓此鸟为越祝⑤之祖。

═注释═ ①升器：容积数升的器皿。②垩（è）：白色土，这里指用土涂饰鸟巢。③射侯：箭靶。侯，用兽皮或布做成的靶子。④观：范《校证》疑为『欢』。⑤祝：祭祀时主持祭礼、颂赞词、告鬼神之人。

<解说> 越地深山里有种鸟，长得像鸠，通体青色，名叫冶鸟，传说是越地巫祝的祖先。它会说人话，也有人的悲喜，常常跑到山涧中捉螃蟹，然后凑到人类的柴火堆旁烤着吃。冶鸟的巢筑在空心树干里，巢门只有方寸大小，用赤白色相间的土装饰。进山伐木的人，尤其得认准冶鸟巢，如果听见鸟说“咄咄上去”，代表这树可以砍；如果鸟说“咄咄下去”，就得揣上斧子换个地儿；如果砍树砍到一半，突然听见这鸟笑个不停，那就赶紧停下来，否则冶鸟就会派老虎出来吃人。

“借火炙虾蟹”这一情节，《神异经》中也有：“西方深山中有人焉，身长尺余，袒身捕虾蟹，性不畏人。见人止宿，暮依其火以炙虾蟹。伺人不在而盗人盐，以食虾蟹，名曰山臊，其音自叫。人尝以竹著火中，爆烞（pò，竹爆裂声）而出，臊皆惊惮。犯之令人寒热。此虽人形而变化，然亦鬼魅之类，今所在山中皆有之。”不过主角叫山臊，是种怕爆竹声的鬼魅。韦昭在《国语》注里也提到山臊：“夔一足，越人谓之山缲（sāo，即臊），人面猴身，能言。”认为山缲就是越人对夔兽的称呼，这也是越地的传说。

至于“越祝之祖”的说法，则跟越地的鸟崇拜有关。越人写鸟篆，鸟篆就是形体像鸟的篆书，这在战国越地出土的青铜器铭文上多有发现，“王”这个字就是一个双头鸟的形态；《史记·越王勾践世家》里说“越王为人长颈鸟喙”；《后汉书·度尚传》说越为“鸟语之人”；《拾遗记》里还有丹鸟夹越王而飞的故事。因此能预报凶吉、神圣不可侵犯的冶鸟，就很容易和越地的神灵、巫祝、祖先之类的联系起来了。

14. 南方有落头虫，其头能飞。其种人常有所祭祀，号曰虫落，故因取名焉。其飞因晚便去，以耳为翼，将晓还，复着体，吴时往往得此人也。

＜解说＞ 南方有种落头虫，头能离开身子到处飞。与之相似的是落头民，他们是南方溪峒一带的僚人，又叫“飞头獠”。他们的身体构造很奇特，能身首异处而不死，一到晚上，头就会离开身体，以耳朵作翅膀，扑棱扑棱飞一晚上，快到天亮时才重新黏回身体。

《搜神记》里有一个案例：“吴时，将军朱桓得一婢，每夜卧后，头辄飞去，或从狗窦，或从天窗中出入，以耳为翼。将晓复还。”朱桓将军新买的婢女很奇怪，总有人半夜见她溜出门，想和她打个招呼吧，却发现她的头下面没有身子，立即吓个半死。于是大家趁婢女头飞走后，跑去看她的身子，发现“其体微冷，气息裁属”，虽然身子有点儿冷，但是个活人没错，并不是闹鬼。有人拿被子蒙住她的身体，等到白天婢女头回来了，怎么也合不到身子上，于是“体气甚急，状若将死”，待去掉被子，头黏回身体，她便又变回了正常人。这婢女就是个落头民。《酉阳杂俎》又做了一番补充：落头民脖子上有条红痕，那就是黏合的缝隙；飞头如果晚上在外面吃了东西，第二天肚子就会饱饱的，可见虽然身首异处，二者还是有感应的。

落头民的传说和僚人的猎首祭有关。《魏书·獠传》说：“其俗畏鬼神，尤尚淫祀。所杀之人，美胡髯者，必剥其面皮，笼之以竹，及燥，号之曰鬼。鼓舞祀之，以求福利。”僚人迷信鬼神，如果杀掉的敌人或者俘虏很美貌，就会剥掉他们的脸皮，填充、风干，做成一个人头娃娃，或者一张人皮面具，祭祀时就戴着这张面具打鼓跳舞。面具一戴一脱，看着就像人头飞来飞去，落头民的传说大概就是这么诞生的。

15.江南山溪中有射工虫①，甲类也。长一二寸，口中有弩形，气射人影，随所着处发疮，不治则杀人。今蠼螋虫②溺③人影，亦随所着处生疮。【卢氏曰：以鸡肠草④捣涂，经日即愈。周日用曰：万物皆有所相感，愚闻以霹雳木⑤击鸟影，其鸟应时落地，虽未尝试，以是类知必有之。】

=注释= ①射工虫：又名蜮、短狐、射影。②蠼螋虫：长脚蜈蚣。③溺：小便。这里指朝人影排泄小便。④鸡肠草：菊科石胡荽属植物，又名石胡荽。味辛、性温，有通窍散寒、祛风利湿、散瘀消肿、止咳等功能。⑤霹雳木：被雷击毁的树木。

<解说> 成语“含沙射影”，说的就是射工虫。

射工虫又叫蜮，《竹书纪年》说：“周惠王二年，王子颓乱，王出居郑，郑人入王府多取玉，玉化为蜮射人。”传说这蜮原本是玉石变的。东晋葛洪《抱朴子》中的记载更详细：射工虫又叫短狐、射工或射影，生在江南溪水之中，口中长着一条弩形横肉，能喷射沙粒或者气柱，爱攻击人。别说被它射中身体，即使被射中影子，也会大病一场，像得了“大伤寒”，严重者甚至十日内就会死去。蠼螋虫也有这种射影的本事。

听起来很荒诞，又是物类相感的说法。但古代不少医书都认真地记载了射工虫病，还提出了相应药方，唐代孙思邈《备急千金药方》里有“治三种射工虫方”“治蠼螋尿疮方”，明代张介宾《景岳全书》中也有治射工虫病的药方，可见这种病是真实存在的，只是“射影”这个病因不怎么靠谱罢了。

16. 蝮蛇秋月毒盛，无所蜇螫[1]，啮[2]草木以泄其气，草木即死。人樵采，设[3]为草木所伤刺者亦杀人，毒甚于蝮啮，谓之蛇迹也。又吐口中涎沫于草木上，著人身肿成疮，卒难主疗，名曰蛇漠疮。

＝注释＝ ①蜇螫（zhē shì）：被毒虫或毒蛇刺咬。②啮：咬。③设：要是，假如。

＜解说＞ 有一种病叫蛇漠疮。

传说病因是触碰了蝮蛇留在草木上的唾液，发病情形是浑身肿痛成疮，《本草纲目》中也有记载，唐代陈藏器说蛇漠疮“卒难治疗，方与蛇螫同”，是很棘手的病。

从现代医学来看，人如果被毒蛇毒液接触过的草木刺伤，毒液进入伤口，确实可能中毒；但如果皮肤没有伤口，蛇毒不进入血液，人是不会中毒的。“蛇唾沫”这个病因，显然也不靠谱。

17. 华山有蛇名肥遗，六足四翼，见则天下大旱。

<解说> 肥遗出自《山海经》，这条也基本是原文。传说它有四只翅膀六只脚，会给天下带来旱灾。

《战国策·齐策》里讲过“画蛇添足”的寓言：为了分一壶酒，楚国有几个小官准备来场画蛇比赛，先画成蛇的人能独享一整壶，后画成的人只能在旁边看。冠军唰唰两笔画成了一条蛇，顺利拿到了酒，酒在手里还没喝，又想显摆一下自己的画足技术，于是开始给蛇画足，还没画成，亚军也画好了蛇，一把将酒夺过来说：蛇哪里有脚嘛，你这画的不是蛇，不算不算，酒应该归我。冠军理亏，只好让酒。

这么看来，冠军不输在添了蛇足，输在没多读书：六足四翼的肥遗，可不就是有脚的那类蛇了。

18. 常山之蛇名率然，有两头，触其一头，头至；触其中，则两头俱至。孙武以喻善用兵者。

<解说> 两头蛇率然住在常山，和上文提到的延维是一类。

《孙子兵法·九地篇》用它来比喻打仗：“故善用兵者，譬如率然；率然者，常山之蛇也，击其首，则尾至，击其尾，则首至，击其中，则首尾俱至。”这蛇很不好对付，要是打它前面的头，后面的头就扑上来咬人；要是照后面的头打，前面的头就过来咬人；要是打蛇身子，两只头就一起扑上来，很凶残。“故善用兵者，携手若使一人，不得已也。”意思是说，军队如果能像率然那样，上下一心，各部彼此相互救应，当然就能无坚不摧了。

后人也用常山蛇来讲友谊。比如温峤曾对陶侃说：“仆与仁公当如常山之蛇，首尾相卫，又唇齿之喻也。”（《晋书·温峤传》）做兄弟，就做常山蛇，一头有难，一头立即来救，这才够义气。

19. 南海有鳄鱼，状似鼍[1]，斩其头而干[2]之，去齿而更生，如此者三乃止。

注释 ①鼍（tuó）：扬子鳄，短吻鳄科短吻鳄属，又叫中华鼍、土龙、猪婆龙。②干：风干。

<解说> 鳄鱼不需要牙医。

东汉杨孚《广州异物志》中说：“鳄鱼，长者二丈余，有四足，喙长七尺，齿甚利。虎及鹿渡水，鳄击之，皆断喙去齿，旬日更生。”鳄鱼如果在扑食猎物时，不小心把牙弄断了，没关系，人家很快会长副新的出来。比如短吻鳄，一生大概能换 50 组牙，总数能达到 3000 颗之多，所以鳄鱼吃吗吗香，压根不担心蛀牙问题。

但要说鳄鱼的头被砍断、风干之后，牙齿还能重新再换几次，这显然是夸张和想象了。

20. 东海有牛体鱼，其形状如牛，剥其皮悬之，潮水至则毛起，潮去则毛伏。

<解说> 牛体鱼又叫海牛鱼。

它长得像牛，毛色青黄，出没于扬州一带。《魏武四时食制》说：“海牛鱼，皮生毛，可以饰物，出扬州。”三国吴沈莹《临海异物志》也说：“牛鱼，形如犊子，毛色青黄，好眠卧，人临上，及觉，声如大牛，闻一里。”《本草纲目》引用《一统志》《异物志》两本典籍，说它“重三百斤，无鳞骨，其肉脂相间，食之味长”，海牛鱼肉质肥瘦相间，吃起来很香。

传说把牛体鱼的皮剥下来挂在墙上，海浪一来，毛皮会跟着竖起来；海浪一走，毛皮又全都塌下去。这又是物类相感的说法了。

21. 东海鲛䱜鱼，生子，子惊还入母腹，寻复出。

<解说> 鲛䱜（cuò）鱼就是鲨鱼。

郭璞在《山海经》注中说：“鲛，䱜属也，皮有班文而坚。”南朝梁顾野王《类篇》补充说：“（鲛鱼）鼻前有骨如斧斤。”硬皮、斑纹、鼻骨突出，这都是典型的鲨鱼特征。《史记·秦始皇本纪》中说，徐福等人出海求药，曾上书称：“蓬莱药可得，然常为大鲛鱼所苦，故不得至。”可见鲛鱼生活在东海深处，大而凶猛，攻击性又强，这也和鲨鱼特征吻合。

那么，这个一受惊就往母亲肚子里钻，还躲着半天不出来的胆小鬼，就是鲨鱼宝宝了。

22. 吴王江行食鲙[1]，有余，弃于中流，化为鱼。今鱼中有名吴王鲙余者，长数寸，大者如箸[2]，犹有鲙形。

＝注释＝ ①鲙（kuài）：鱼细切做的肴馔，即生鱼片。②箸：筷子。

<解说> 吴王鲙余又叫王余鱼、鲙残余。

传说吴王曾在江上吃鱼鲙大餐，没吃两口吃饱了，于是将剩下的生鱼片倒进江中，这鱼片就变成了鱼，因此得名“王余鱼”。《吴都赋》中就写道：“双则比目，片则王余。”

王余鱼其实就是银鱼。李时珍在《本草纲目》中描述道：“（银鱼）大者长四五寸，身圆如筋，洁白如银，无鳞，若已鲙之鱼，但目有两黑点尔。”银鱼只有四五寸长，全身无鳞片，通体银白，形如圆筋，眼睛是两个小黑点，不仔细瞧看不见。要说它长得像生鱼片可以，但要说它就是生鱼片变来的，那显然“皆诞”“不足信”，很不靠谱了。

23. 广陵陈登食脍①作病，华佗下之，脍头皆成虫，尾犹是脍。

注释 ①脍：即“鲙”。

<解说> 鱼鲙好吃，但吃它风险也大。

比如广陵太守陈登，就是个因感染寄生虫而死的倒霉蛋。据《后汉书·华佗传》记载，陈登有一天“忽患胸中烦懑，面赤，不食”，华佗给他一诊脉，说：大人最近吃生鱼了吧？这是感染寄生虫了，虫在体内形成毒疮，必须清理干净才行。于是给他开了一服催吐药，陈登没一会儿就“吐出三升许虫”，又吐出些没消化的生鱼鲙，鱼鲙上还有几条活蹦乱跳的赤头虫。

可惜，即使是华佗这样的神医，也没法把寄生虫清理干净。三年后陈登再次发病，又找不到华佗，便一命呜呼了。

24. 东海有物，状如凝血①，从②广数尺方员③，名曰鲊鱼，无头目处所，内无藏，众虾附之，随其东西。越人煮食之。

注释 ①凝血：凝结的血块。②从：通“纵”。③员：通“圆”。指此物有方圆数尺之广。

<解说> 古人说鲊鱼，一般指腌鱼。《说文解字》里说：“鲊，藏鱼也。”《释名》讲了鲊的详细做法：“以盐米酿之如菹，熟而食之也。”就是用盐、米之类的调料渍鱼，延长鲜鱼的保质期，跟今天腌咸鱼、做泡菜的方法一样。

这里的鲊鱼，指的是海蜇。海蜇又叫水母、石镜、蒲鱼。它是种无脊椎的浮游生物，所以看起来“状如凝血”；它通体透明，身体由馒头状的伞部和长触手组成，一般长五十厘米左右，最长能达一米五，所以说它“从广数尺方员”；至于它属于刺胞动物门，没有头也没有眼，这就是“无头目处所”；“内无藏”则不准确，海蜇体壁上有胃囊也有胃丝，这构成一个胃循环腔，也不能算没有五脏。

水母虾、玉鲳鱼之类的小鱼虾，常与水母共生。这些小鱼虾遇到天敌时，就会立刻躲进海蜇体内；海蜇受到刺激，就会剧烈收缩伞部，带着小弟们急速潜入深海避难，这就是“众虾附之，随其东西”。

25. 太原晋阳①以北生屏风草。

注释

①晋阳：古都城，今山西太原晋源区一带。

<解说> 屏风草有两种：一种别名滇紫花地丁、直萼黄芩。一年生草本，味苦，性微寒。主要生长在云南以及四川西南部一带。一种别名防风。多年生草本，味辛、甘，性温。分布于我国东北、华北及陕西、甘肃、宁夏、山东等地。《本草纲目》里说：“防者，御也。其功疗风最要，故名。屏风者，防风隐语也。”从字义上看，屏风和防风就是一个意思，主要是治疗中风一类的疾病。

本条说屏风草生长在山西以北的地区，显然指的是防风。

26. 扶海州①上有草焉，名蒒。其实食之如大麦，七月稔②熟，民敛获至冬乃讫。名曰自然谷，或曰禹余粮③。

注释

①扶海州：古城名，今江苏如东县一带。②稔：庄稼成熟。③禹余粮：据《太平御览》引文，此句后还有：『今药中有禹余粮者，世传昔禹治水，弃其所余食于江中，而为药也。』

<解说> 蒒又叫自然谷。传说它是大禹治水时丢在江里的粮食，粮食在江水中生根发芽，所以叫“禹余粮”，这和王余鱼类似。

这个禹余粮也没那么神秘，其实就是砂贡子，俗称海米。五代李珣《海药本草》里有相关记载：“蒒实，其实如球子，八月收之。彼民常食之物。主补虚羸乏损，温肠胃，止呕逆。久食健人。一名自然谷，中国人未曾见也。”它属于莎草科植物，多年生草本，味甘，性平，种子淀粉含量很高，成熟时间在七八月之间，在今天的东北、河北、山东、江苏、浙江、台湾等地都能见到。

27. 尧时有屈佚草，生于庭，佞人入朝，则屈而指之。一名指佞草。

＜解说＞ 指佞草能明辨忠奸，是帝王梦寐以求的神草。

传说尧时，朝廷之上就生出这么一种草，因此奸人不敢入朝。战国时的《田俅子》说这草在黄帝时就有了：“黄帝时，有草生于庭阶。有佞人入朝，则草指之，名曰屈轶。是以佞人不敢进也。”《今本竹书纪年》也有类似记载。

但王充很不屑这个说法。他在《论衡·是应》里反驳道：“夫天能故生此物以指佞人，不使圣王性自知之……经曰：‘知人则哲，惟帝难之。’人含五常，音气交通，且犹不能相知。屈轶，草也，安能知佞？如儒者之言是，则太平之时，草木踰贤圣也。”如果真有这草，舜为什么还要向皋陶请教识人之术？经书里为什么还说“知人则哲，惟帝难之”？如果光凭这草就能分辨忠奸，那还要圣王干什么？岂不是谁拿着这草，谁就可以治理天下了？连人这么有灵性的生物，都很难看透人心，一棵卑弱的小草又怎么能轻易做到？要这么说的话，黄帝、尧帝这些圣王，还不如一棵草精明呢。

28. 右䔄山，帝女化为䔄草，其叶郁茂，其萼黄，实如豆，服者媚于人。

＜解说＞ 䔄草出自《山海经·中山经》：“（姑媱之山）帝女死焉，其名曰女尸，化为瑶草，其叶胥成，其华黄，其实如菟丘，服之媚于人。”叫女尸的帝女死在了姑媱山，她的灵魂化为一棵瑶草，瑶草的枝叶茂密，花朵鲜黄，果实长得像菟丝子；吃下瑶草果实，就能增长魅力，成为人见人爱的万人迷。

高唐神女的传说就由此而来。据《宋玉集》记载，楚怀王在高唐游玩时，曾有女神入梦，她先来了段自我介绍：“我，帝之季女，名曰瑶姬，未行而亡，封于巫山之台。”“妾在巫山之阳，高丘之阻，旦为朝云，暮为行雨，朝朝暮暮，阳台之下。”帝女的形象从瑶草，变成了山间的云雨之气。她豪放大胆，直接向怀王自荐枕席，这显然是对“媚于人”的想象和铺演。

29. 止些山，多竹，长千仞，凤食其实。去九疑万八千里。

<解说> 这条应该是残文。

卷二里讲过，孟戏因为夏末君主昏庸，带着他的凤凰伙伴离开了夏，开启了隐居深山的神仙生活。《括地图》里有记载：“孟亏去之，凤凰随与止于此。山多竹，长千仞，凤凰食竹实，孟亏食木食。去九疑万八千里。”

“止于此”和“山”连起来，就变成“止些山”。这两条记载的出处应该相同，只是在传抄中出现脱漏讹误，至于哪个说法原始，到底怎么理解，目前还没法下定论，只好见仁见智。

30. 江南诸山郡中，大树断倒者，经春夏生菌，谓之椹。食之有味，而忽毒杀，人云此物往往自有毒者，或云蛇所着之。枫树生者啖之，令人笑不得止，治之，饮土浆即愈。

<解说> 椹就是菌类，常生长在湿润树干的断截面上。庾信的《对雨诗》说：“湿杨生细椹，烂草变初萤。”三国魏鱼豢《魏略》里说杨沛曾经“积乾椹以御饥”，指的都是菌类。菌类大多带毒，所以人吃了“忽而杀人”的椹，纯粹就是蘑菇中毒，跟蛇应该没什么关系。

令人发笑的菌类确实有，名叫橘黄裸伞，别名大笑菌、红环锈伞。人中毒后会狂笑不止，手舞足蹈，产生幻觉，出现意识障碍，开始胡言乱语，严重者甚至会直接死亡。

至于喝土浆能解毒这个说法，显然是个偏方。如果它真的奏效，大概率是因为土太难吃，人没喝上两口土浆，就得把吃的毒蘑菇连带隔夜饭都吐出来，成功实施菌类中毒后的首要急救措施——催吐。

卷肆

物术

1. 九窍者胎化，八窍者卵生，龟鳖皆此类，咸卵生影伏。

<解说> 这条讲胎生和卵生的区别。出自《大戴礼记·易本命》：“龁吞者八窍而卵生，咀噍者九窍而胎生。”《孔子家语》《淮南子》等文献中也有记载。

胎生，指动物在母体内先从受精卵发育至成熟，通过生产脱离母体。卵生，则指母体先将受精卵排出，胚胎在卵内发育成熟后，再破壳而出。古人发现这两种动物的不同特征：首先，孔窍数量不一样。胎生动物一般有九窍，包括两眼、两耳、两鼻孔、嘴巴、前阴尿道和后阴肛门，比如人类，狼、虎、猪、狗等兽类；卵生动物只有八窍，没有前阴后阴之分，只有一个泄殖腔，既排泄尿便，又产蛋，比如鸟类、软骨鱼、两栖类等动物。其次，进食方式不一样。“龁吞”就是咬住之后直接吞食，“咀噍”就是咀嚼着吃，所以卵生的鸟类没有牙，是直接将食物吞进胃里消化；而胎生的兽类没有人家的好胃口，要靠口腔唾液分泌酶帮助消化，所以必须咀嚼分解食物。

卵生动物们孵卵的方式也不同。唐人段成式的《酉阳杂俎》里总结道：“甲虫影伏，羽虫体伏。”羽禽孵化需要干燥的环境，所以老母鸡总用身体孵蛋，这叫“体伏”；甲虫孵化则需要湿润的环境，所以人家不用天天在上面趴着，只要找个遮蔽处避寒就行，所以龟鳖常将卵产到近水洞穴里，这就是“影伏”。

2. 白鹢①雄雌相视则孕。或曰雄鸣上风，雌鸣下风，则亦孕。

注释 ①鹢（yì）：一种似鹭的水鸟。《康熙字典》：『水鸟也。似鹭而大。』

<解说> 这句话出自《庄子·天运》："夫白鶂（yì，**鹢鸟的别名**）之相视，眸子不运而风化；虫，雄鸣于上风，雌应于下风而风化。"意思是，有一种鸟叫鶂，雌鸟雄鸟如果深情凝视对方，风一吹，雌鸟就会怀孕；如果风来的时候，雄虫子在上风口鸣叫，正好有雌虫子在下风口答应，雌虫也会怀孕。一个靠眼波受孕，一个靠声波受孕，可见古人脑洞之清奇。

这种说法其实传达了典型的道家理念：万物都由气化成，所谓的生死，不过是气的变形和流转而已。即所谓："生不常存，死不永灭，一气之变，所适万形。"《庄子·至乐》还举了很多这样的例子，比如陵舄（**车前草**）生在粪土里，就变成乌足草，乌足草根变为蛴螬虫，蛴螬虫散落之后化为蝴蝶，蝴蝶又化为鸲掇鸟，鸲掇鸟经过千日又变为鸟。用"气"这一元素将万物贯连起来，所以鶂和虫能够"通气而孕"，这在道家学说里是很合乎逻辑的了。

3. 兔舐毫①望月而孕，口中吐子，旧有此说，余目所未见也。

‖注释‖ ①舐（shì）毫：指雌兔舔雄兔的毫毛。

＜解说＞ 传说兔类也能“通气而孕”。

只要雌兔舔舔雄兔的毫毛，然后向天望月，就能成功受孕。望月的说法，应该来自楚辞《天问》：“厥利惟何，顾菟在腹？”王逸解释说，这是讲月腹之中住了只兔子，在回头顾望天下。再加上“通气而孕”的说法，所以有了《论衡·怪奇》里“兔吮毫而怀子”之说。

不少后人继承了这个说法。宋代《尔雅翼》说：“月惟望一日满，余时缺。兔亦缺，以类相从。故说者以为天下之兔皆雌，顾兔为雄。”因为月亮除了每月十五望日是圆的之外，其他时间都是缺月，兔子是缺唇，这俩气类相同，所以可以感孕。好多人以为人间的兔子都是雌性，只有月亮里那只才是雄兔子。宋代陆佃《埤雅》解释“兔”的命名时，就说 “吐而生子，故谓之兔”。

到了明代，大医学家李时珍出来辟谣。《本草纲目》中说：“或谓兔无雄，中秋望月中顾兔以孕者，不经之说也。”他先翻了翻《木兰诗》，里面说“雄兔脚扑朔，雌兔眼迷离”，显然兔子是有雌雄之分的，文献证据有了。他又拿起手术刀解剖兔子，发现 “雄兔有二卵” 而雌兔没有，实验证据也有了。因此得出了结论：说什么兔子都是雌性，什么兔子望月而孕，都是瞎胡说。

4. 大腰无雄，龟鼍类也。无雄，与蛇通气则孕。细腰无雌，蜂类也。取桑蚕则阜螽[1]子咒而成子，《诗》云『螟蛉之子，蜾蠃负之』[2]是也。

‖注释‖ ①阜螽（fù zhōng）：蝗的幼虫。②『螟蛉之子，蜾蠃负之』：出自《诗经·小雅·小宛》。螟蛉：又名双带夜蛾，稻青虫、粽子虫。蜾蠃（guǒ luǒ）：寄生蜂的一种，又名土蜂、蒲卢、细腰蜂。

<解说> 这一说法出自《列子·天瑞》："纯雌其名大腰，纯雄其名稚蜂。"

古人认为，腰粗的动物全是雌性，比如龟类，只能和蛇来场跨物种的"通气而孕"，因为龟蛇是玄武的形象，玄武有主生育、祈子的神能。而腰细的稚蜂全是雄性，没法繁衍后代，只好去偷别人家的娃娃，比如倒霉的桑蚕和蝗虫。西汉扬雄《法言》说："螟蛉之子殪而逢，蜾裸祝之曰：'类我，类我。'久则肖之矣。"稚蜂只要多念叨几遍"长得像我咒"，偷来的虫崽就变成了蜂崽。

大医学家陶弘景出来辟谣。他在解读《神农本草经》时说：稚蜂会在产子后，捕青蜘蛛或者虫崽放在窝里，"以待其子大而为粮也"，其实是拿来给幼蜂当食物的。因此"言细腰之物无雌，皆取青虫教祝，便变成己子，斯为谬矣"，说什么稚蜂没有雌性，什么念叨 "长得像我咒"，也纯属胡说。

5. 蚕三化，先孕而后交。不交者亦产子，子后为蚕，皆无眉目，易伤，收采亦薄。

<解说> 蚕的一生要经过三次变化：从蚕卵变为蚕虫，蚕虫吐丝化为蚕茧，蚕茧中孵出蚕蛾，蚕蛾交配后产蚕卵，共有虫、茧、蛾三种形态。

雌蛾即使不交配也能排卵，但这种卵因为没有受精，是变不出蚕虫的，跟鸡蛋一个道理。作者显然没观察到这点，所以说蚕是“先孕而后交”，还说这些蚕肯定发育得不好，要看到没有眉眼，容易受伤，吐丝不多的蚕宝宝，那肯定是这种非受精卵变的了。

6. 鸟雌雄不可别，翼右掩左，雄；左掩右，雌。二足而翼谓之禽，四足而毛谓之兽。

<解说> 鸟类因为性状不明显，不好分辨雌雄。于是就有了一种说法：观察鸟类，左翅膀在上的就是雄鸟，右翅膀在上的就是雌鸟。这显然是把人类“男左女右”的习惯安在了鸟的身上。分辨鸟类雌雄，主要还是观察泄殖腔的差异。

后面这句出自《尔雅·释鸟》：“二足而羽谓之禽，四足而毛谓之兽。”是古人对于禽、兽二字的区分。

<解说> 古人认为喜鹊是种吉利鸟。

原因之一就是它筑巢时，会将巢门避开太岁的方向。

太岁是岁星纪年里的概念，古人观测发现，木星大概十二年绕天一周，于是将黄道附近的星区划分为十二块，分别为星纪、玄枵、娵訾、降娄、大梁、实沈、鹑首、鹑火、鹑尾、寿星、大火、析木，合称“十二次”。木星每年要经过一个区域，因此木星被称为岁星，到了本年就说“岁在星纪”“岁在大火”等。但是木星是自西向东运转的，与太阳的运行轨迹相反，不符合古人的观测习惯，所以他们假想有一颗行星跟木星运动速度、轨迹完全相同，只是方向相反，这颗自东向西的假想星被称为“太岁”，太岁也是每年经过一个星区，这十二星区对应十二地支，合称“十二辰”。太岁被神化之后，称为太岁星君，道教又叫流年太岁，他掌管人世间一年的吉凶祸福。

王充《论衡》里记录了东汉流行的说法：“移徙法曰：‘徙抵太岁凶，负太岁亦凶。假令太岁在甲子，天下之人皆不得南北徙，起宅嫁娶，亦皆避之。’”意思是说，不论你今年搬迁动土，还是婚丧嫁娶，都要避开当年太岁星所在的方向，人家太岁星君今年在此出入，你也在此出入，那就是“冲撞太岁”“太岁头上动土”，可是要倒大霉的。

7. 鹊巢门户背太岁，得非才智①，任自然也。

注释 ①得非才智：并非才智过人。

8. 鸐雉①长毛，雨雪，惜其尾，栖高树杪②，不敢下食，往往饿死。时魏景初中天下所说。

注释 ①鸐（dí）雉：长尾雉。雉科长尾雉属，又名翟、山雉、翟鸡、翟鸟。可入药。②杪：树的细梢。

<解说> 都是漂亮惹的祸。

魏明帝景初年间有个传说：长尾巴的山鸡爱美，一下雨就往高树梢上躲，为了不弄脏自己漂亮的尾巴，即使饿死也不下来找食物吃。

其实，长尾雉的尾羽主要是用来平衡的，它在落地时往往翘起尾巴，不会让尾羽沾地；而且长尾雉以坚果、浆果、种子为食，这些大部分都长在树上；再说，下一阵雨的工夫，也不至于让它们饿死。所以这更像个寓言故事，长尾雉可以理解为高蹈独立的隐士，在乱世中宁愿饿死，也不肯屈身谄媚，与奸邪同流合污，是个贞洁的形象。

9. 鹳①，水鸟也。伏卵时，卵冷则不孕，取礜石②周绕卵，以时助燥气。故方术家以鹳巢中礜石为真物。

注释 ①鹳（guàn）：羽毛灰白色或黑色，嘴长而直，形似白鹤，生活在水旁，捕食鱼虾。又泛指水鸟。②礜石：一种有毒的矿物，是制砷和亚砷酸的原料。

<解说> 鹳鸟蛋孵化需要适宜的温度。有人说，鹳鸟常拿礜（yù）石围在蛋周围，因为礜石性热，能驱除巢内的湿冷之气。《神农本草经》说它“味辛，大热”，成书于汉末的药典《名医别录》里说“此石生于山，无雪，入水不冰”。有礜石的山暖而不积雪，有礜石的水暖而不结冰，可见这种说法是有道理的。

但礜石也是剧毒之物。于是李时珍又出来辟谣：“（礜石）性气与砒石相近，《博物志》言鹳伏卵时，取此石暖足。谬也！”礜石可是和砒霜一样的烈性毒药，我看《博物志》里说，鹳鸟孵蛋时要拿礜石来暖脚，那不就是天天往脚底下抹毒药吗？不可信。

10. 龟三千岁游于莲叶，巢于卷耳①之上。

=注释= ① 卷耳：木耳。

<解说> 古人认为老龟有灵。

《抱朴子》记载："千岁灵龟，五色俱焉，如玉如石，变化莫测，或大或小，变化无常，或游于莲叶之上。或伏于蓍从之下。"这老龟过了千岁，不仅变得像玉石一样莹润，还能任意变大变小，喜欢在莲叶上戏水，还喜欢趴在蓍草丛里。

疑为唐代李淳风所撰的《质龟论》也说："龟老则神，年至八百，反大如钱，夏则游于香河，冬则藏于藕节。"龟的年纪越大，体型越小，八百岁就变得如铜钱一般，小到能藏在藕孔里。所以文中说三千岁的灵龟能"巢于卷耳之上"，小到能在一朵木耳上搭巢了。

11. 山鸡有美毛，自爱其色毛，终日映水，目眩①则溺死。

=注释= ① 眩：眼花。

<解说> 又是漂亮惹的祸。

不只长尾雉，普通山鸡也很自恋。它们每天在水边照镜子，欣赏自己鲜艳漂亮的毛，有时候看久了眼一花，就栽进水里溺死了。如果这是一个寓言，讽刺的就是那些自恋肤浅、不务正业的人了。

12. 屠龟，解其肌肉，唯肠连其头，而经日不死，犹能啮物。鸟往食之，则为所得。渔者或以张①鸟，遇神蛇复续。

＝注释＝ ①张：设网捕捉。

< 解说 >　解剖一只乌龟，把筋膜肌肉全都割掉，只要保证肠子还能连着头，乌龟就能活上一整天，张口咬人都没问题，渔民常拿这种龟饵来捕鸟。如果说上文还有一定的可信度，那么后面这句明显是神话想象：被剖腹的乌龟只要遇到神蛇，就能恢复如初。因为龟蛇一合体就变成了北方神玄武，玄武正是不死、长寿的象征。

五代杜光庭《录异记》里还记载一条异说："俗云鼋之身有十二属肉。渔人得之惧其所害，必加钩镖利器制之，乃以长柯巨斧乍爪而碎之。虽支分脔解，随其巨细，未投汤镬者，皆能跳走。"一种叫云鼋的龟类更厉害，即使被大卸八块，它的碎肉依然能跳走逃生，顽强坚挺。这也是"老龟有灵"观念的典型反映。

13. 蛴螬①以背行，快于足用。

＝注释＝ ①蛴螬：金龟甲的幼虫，别名白土蚕、核桃虫。成虫通称为金龟甲或金龟子。

< 解说 >　传说蛴螬用背来走路，比用脚爬还快。蛴螬是鞘翅目金龟甲总科幼虫的总称，这里爱用背走路的蛴螬，应该特指金匠花金龟的幼虫。法布尔的《昆虫记》里面说，金匠花金龟的幼虫喜欢用背走路，胸前的几条小短腿像摆设一样，爬行的时候 "背上的毛支撑着身躯，它四脚朝天地向前行动，腿在空中不停地乱舞"，跟挣扎求救似的。人如果不知道它的习性，好心把它翻过来，它还会执着地翻回去，接着用背向前蠕动。

金匠花金龟幼虫：无知的人类，我就爱用背走路，你们老翻我干吗？！

14.《周官》①云：『貉②不渡汶水③，鸜④不渡济水⑤。』鲁国无鸜鹆⑥，来巢，记异也。

〓注释〓 ①《周官》：古书名。今《周礼》的前身。②貉（hé）：即貉，犬科动物。体色乌棕，面部黑而吻部白色，四肢短，呈黑色，尾巴粗短；体型短而肥壮，介于浣熊和狗之间，杂食。③汶水：古汶水，今大汶河。发源于山东旋崮山北麓沂源县境内，汇泰山山脉、蒙山支脉诸水，东流经莱芜、新泰、东平等县，经东平湖流入黄河。④鸜（qú）：同『鸲』。一种鸟类，身体小，尾巴长，嘴短而尖，羽毛美丽。⑤济水：古水名。发源于河南济源县西王屋山，古道流经河南、山东两省，经大清河注入渤海。⑥鸜鹆：即鸲鹆，又名八哥，能模仿人说话。

＜解说＞ 《春秋》是春秋时期鲁国的史书，它的特点是“记异”。也就是说，如果这一年有不寻常的事发生，比如哪年的祭祀没有按时举行，比如哪个月天降大旱，史官都要赶紧拿条小竹简记下来；那如果这一年按部就班，什么突发状况也没有，史官也就搁笔歇着了。这就是《春秋公羊传》所说的“何以书，记异也”。

据《春秋左氏传》记载，昭公二十五年（前517）夏天，有“鸲鹆来巢”。而据《周礼·冬官》的说法，貉这种动物不会到汶水对岸活动，而八哥不会越过济水去搭巢。貉生活在汶水的南边还是北边，现在不好考证；鲁国在济水和汶水的南边，八哥来鲁搭巢被当作异事记下来，起码证明了当时人们认为八哥只生活在济水以北的地方。

15. 橘渡淮北，化为枳①。今之江东②，甚有枳橘。

‖注释‖ ①枳（zhǐ）：别名枳实、臭橘、枸橘李、枸橘。枳实和枳壳可入药。②江东：古地名。指长江以东的区域，又称“江左”。三国时江东六郡包括今江苏、浙江、江西、安徽大部分地区。

＜解说＞ 这一说法出自《考工记》：“橘渡淮北而化为枳……此地气然也。” 南方温度高、光照足、湿度大，所以结出的橘子甜度高；把同样的橘种移植到淮河以北，会发现结出的橘子甜度、水分都不足，变得像枳橘一样酸涩，这就是气候对物种的影响。

据《晏子春秋·内篇杂》记载，楚王曾绑了一个齐人盗贼上朝堂，羞辱齐使晏子，晏子就拿“南橘北枳”来反讽齐王：“橘生淮南则为橘，生于淮北则为枳，叶徒相似，其实味不同。所以然者何？水土异也。今民生长于齐不盗，入楚则盗，得无楚之水土使民善盗耶？”这齐人在我齐国是个良好公民，怎么到了楚国就开始偷东西？肯定是你国水土有问题，这个锅，我齐国不背。

16. 百足一名马蚿①，中断成两段，各行而去。

‖注释‖ ①马蚿（xián）：又叫马陆、百足、千足虫、刀环虫。节肢动物，暗褐色，多足，形如蜈蚣，栖息于湿地。

＜解说＞ 谚语“百足之虫死而不僵”，说的就是马蚿这种虫子。

马蚿、蚯蚓这类软体环节动物，因为周身遍布神经网，所以即使被切成两段，也能靠着残肢里的神经网继续蠕动，甚至还能自愈再生。陶弘景在释《本草》时就说：“此虫甚多，寸寸断之，亦便寸行。”

所以古人老拿百足虫讲道理。比如《孔子家语》里说：“依贤者固不困，依富者固不穷。马蚿斩足而复行，何也？以其辅之者众。”你砍断马蚿的一双脚，它照样疾行如故，毕竟人家有好多双脚，不差这一双。这就是广交良友、团结合作的好处。

17. 凡月晕，随灰画之，随所画而阙。

【《淮南子》云：『未详其法。』】

<解说> 传说人能改变月晕的形状。

《淮南子·览冥训》说："画随灰而月晕缺。"只要见月晕的夜晚，拿一把灰画圈，画的圈哪边有缺口，月晕哪边就会出现缺口，缺口的大小也和灰圈保持一致。高诱在注释中还补充道，灰的是芦草灰，画的地点是"牖下"，也就是窗台上。

这其实是典型的"物类相感"理念。《周易·乾》里说："同声相应，同气相求。水流湿，火就燥。"相同频率的声音会产生共鸣，相同的气味会融合在一起，水会先往湿处流，火会先往干处烧，这就是自然规律。《吕氏春秋·恃君览》也说："类同相招，气同则合，声比则应。"相同气性的事物之间会有独特感应，月晕和芦草灰就属于这一类。

18. 麒麟斗而日蚀，鲸鱼死则彗星出，婴儿号妇乳出，蚕珥丝而商弦绝。

<解说> 这也是"物类相感"的一些例子，部分见于《淮南子》。

见到麒麟争斗，马上要发生日食；见到鲸鱼死去，马上会有彗星划过。婴儿一哭，母亲的乳房就会下意识分泌乳汁；蚕吐丝的时候，最细的商弦就容易崩断。疑为张华所撰的《感应类从志》里还有更多这样的例子，可移步观赏。

其实在量子力学看来，"物类相感"并不是什么唯心玄学。比如量子纠缠现象：如果两颗耦合过的粒子，以相同的速率向相反方向移动，即使一颗跑到太阳旁边，一颗跑到冥王星上，它们也还保持着关联性。如果其中一颗的状态发生变化（比如实施量子测量的时候），另一颗也会同步变化，这就是科学版的"物类相感"。

19.《庄子》曰：『地二年种蜀黍①，其后七年多蛇。』

＝注释＝ ① 蜀黍：高粱。又称木稷、荻粱、乌禾、芦檫、茭子。

＜解说＞ 《庄子》里说，如果在一块地里连着种两年的高粱，那么往后七年地里会跑很多蛇。这句话并不见于传世的《庄子》，是《庄子》的佚文。从上两条来看，高粱和蛇在这里显然也是“物类相感”的关系。

20. 积艾草，三年后烧，津液下流成铅锡，已试，有验。

＜解说＞ 艾草可以烧出铅锡液体吗？作者亲自实验，盖章认证：完全可以。其实原理很简单。如果这些艾草生长在富含铅锡矿的土壤里，它们就会吸收土壤中的铅锡，草中铅锡含量能达到普通艾草的好几倍，所以可以烧制提取。

后人也认证过这个说法，比如南朝宋《雷公炮炙论》中说，用水银“勿用草中取者”；又如北宋寇宗奭《本草衍义》中说，金荞麦常被拿来“制铅汞”，说明用草炼金属，在古代已不是什么稀罕事了。

21. 煎麻油，水气尽，无烟，不复沸则还冷，可内[1]手搅之。得水则焰起，散卒不灭。此亦试之有验。

═注释═ ①内：通"纳"，容纳。

<解说> 传说煎麻油的时候，等到锅里水汽蒸发殆尽，没有烟气的时候，可以把手伸进油锅里搅一搅。作者抱着大无畏的实验精神，亲自把手往油锅里一探，结果发现：油确实不热。

这是什么原理？首先，这麻油肯定不是纯麻油，而是水油混合液体。水的沸点在100度，油的沸点在200度以上，加热后水率先沸腾，变成了水蒸气溢出油面，所以水汽先尽。其次，蒸发需要做功，也就是消耗热量，这热量是油来提供的，所以"水气尽"后油温反而变低了。最后，继续加热油锅，当温度超过100度时滴水进去，水由于瞬间达到沸点，会膨胀爆裂产生火星，油随即被点燃，所以"焰起"，且长时间不灭。

《物理所》中说："真腊国以此诘盗。"真腊国欺负盗贼没文化，常拿这一招来审问盗贼，盗贼若不懂"蒸发吸热"的原理，一看要把自己往油锅里扔，自然吓得什么都招了。

22. 庭州灞水①，以金银铁器盛之皆漏，唯瓠叶②则不漏。

=注释= ①庭州：古地名。在今新疆吉木萨尔县。灞水：西域水名，所在不详。②瓠叶：葫芦的叶子。

＜解说＞ 传说庭州有一条灞水，如果用金银铁器之类的盛水，那肯定会漏，只有用葫芦叶才存得住水。明末孙瑴《古微书》卷三十二《水性》也有记载：“庭州灞水在大荒之外，金铁承之皆漏。惟角与瓠叶则否。”这个灞水不是今陕西的灞河，而是西域的一条神秘河流。据南朝宋刘敬叔《异苑》记载：“西域苟夷国山上有石骆驼，腹下出水，以金银及手承之，即便对过，唯瓠芦盛之则得，饮之令人身香泽而升仙，其国神秘不可数遇。”西域有个神秘的苟夷国，国中有头石骆驼，石骆驼腹中流出的水和灞水相似，必须用葫芦叶才能接到，人喝下会变得全身香喷喷，还能飞升成仙。由此来看，这条其实是一则仙话，反映的正是“葫芦有灵”的观念。

23. 龙肉以醢①渍之，则文章②生。

=注释= ①醢：古代用肉、鱼等制成的酱。②文章：错杂的色彩或花纹。

＜解说＞ 这是关于张华博学的传说。

据《晋书·张华传》记载，晋惠帝时，陆机曾送给张华一块腌鱼肉，张华掀开盘子一看，连尝都没尝就说：“这哪是鱼，分明是块龙肉。当时宾客满座，大家都不信。”于是张华说：“试以苦酒（醋）濯之，必有异。”不信的话你们拿醋泡一下，保准有异样。大家用醋一泡，肉果然泛起了“五色光”。后来陆机专门去得鱼的地方求证，献鱼人说：“我在园中茅草堆下发现一条白鱼，长得很奇怪，我就把它拎进厨房腌了，没想到一尝，味道特别鲜美，于是我把肉献给您，怎么啦大人？”

陆机：“看来张华所言不虚。 恭喜你，获得“屠龙”称号……”

<解说> 晋武帝泰始年间，兵器库起了大火。张华认为火因是“积油满万石”，按字面意思理解，就是油堆放到一定的数量，就会自然起火。这听起来似乎没什么科学道理。

我们再来看南宋桂万荣的《棠阴比事原编》，其中有记载:“强至［祠部北宋官员。字几圣，钱塘（今杭州）人。庆历六年进士，充泗州司理参军，历官浦江、东阳、元城令。有文集《祠部集》，故称强祠部。］为开封府仓曹参军时，禁中露积油幕（用桐油等油料涂制的幕布）。一夕火，主守者法皆应死。至预听谳（听审定罪。谳，刑狱议罪。），疑火所起，召幕工讯之。工言：制幕须杂他药，相因既久，得湿则燔。府为上闻，仁宗悟曰：顷者真宗山陵火起油衣（用桐油等油料涂制的雨衣）中，其事正尔。主守者遂比轻典。昔晋武库火，张华以为积油所致，是也。”

宋仁宗年间，露天堆放油幕的仓库夜里起火，守仓库的人按律当判死刑。当时担任开封府仓库主管的强至参与了案件审理，他觉得不对劲：好好的油布放着，又没有火源，怎么就自燃了？于是他找来制作油布的人询问，工人很内行，说：做这种油布必须得掺点儿其他化学药品，堆放的时间长了，再一见水，就容易自燃。宋仁宗听了强至的汇报，若有所思，想起了老爹宋真宗在位时，山陵起火的原因——正是油衣自燃。于是仁宗采纳制布工人的证词，赦免了守库人的死罪。

戴念祖的《中国物理学史》证实过这一说法：“笔者曾见过 20 世纪四五十年代，造布伞工人在布外层涂桐油和漆，其中含有酚、醛，由于堆积生热和自氧化作用，极易起火。如果在制作油布过程中，又加以生石灰使其成白色，那么，堆积这样的布而起火就成了不可避免的事。”

真相大白。张华说的“油”其实并不是燃油，而是指油布、油衣之类。这个误会八成是流传过程中文字脱漏造成的。

25. 烧铅锡①成胡粉②，犹类也。烧丹朱④成水银，则不类。

══注释══ ①铅锡：这里指铅。因铅、锡性状相似，古人常将二者混为一谈。②胡粉：铅粉。又名铅白，光粉，白粉。③丹朱：辰砂。又称朱砂、丹砂、赤丹、汞沙。

<解说> 铅本身呈青白色，而胡粉也是白色的，性状相似，所以人们说二者“犹类也”，看着像是一种东西。而水银是由朱砂烧制出来的，朱砂是红色晶体，炼出水银却是银白色液体，所以人们说二者 “不类”，好像已是截然不同的两种物质了。

26. 魏文帝所记诸物相似乱真者：武夫怪石①似美玉；蛇床②乱蘼芜③；荠苨④乱人参；杜衡⑤乱细辛⑥；雄黄⑦似石流黄⑧；鳊鱼⑨相乱，以有大小相异；敌休⑩乱门冬⑪；百部⑫似门冬；房葵⑬似狼毒；钩吻草与堇菜⑭相似；拔揳⑮与萆薢⑯相似，一名狗脊。

【注释】①武夫怪石：即碔砆（wǔ xiá），又作"珷玞"。似玉的美石，赤地白文。②蛇床：又名蛇粟、蛇米。味辛、苦，有小毒。能温肾阳、祛寒湿、杀虫，主治阳痿、带下等病。③蘼芜：又名蕲茝、江蓠。川芎的苗，细嫩初生时叫蘼芜。味辛、温，无毒。④荠苨（qí nǐ）：多年生草本，桔梗科沙参属。味甘，微寒，可解毒。⑤杜衡：又叫南细辛、苦叶细辛。全草入药称"马辛"，可散寒止咳。⑥细辛：这里指北细辛。味辛，温，有小毒。⑦雄黄：又叫鸡冠石。中医将之用作解毒、杀虫药。有毒。⑧石流黄：即硫黄。⑨鳊（biān）鱼：草食性鱼类。古人常把武昌鱼统称为鳊鱼。⑩敌休：不详。⑪门冬：又名满冬，《本草》作"麦门冬"。⑫百部：又名百步、野天门冬。⑬房葵：同"房苑"，一名犁盖。⑭堇菜："堇菜"原作"苻华"，即乌头草，入药，有毒。⑮拔楔（bá qiā）：即菝葜，又叫金刚藤、铁菱角。根茎入药，性平，味甘、酸。⑯萆薢（bì xiè）：又叫狗脊、狗青、赤节、强膂。味苦，性平，可祛风湿，治腰背痛。

<解说> 下面是曹丕的“我真的分不清楚”笔记：

珷玞和美玉。珷玞是种像玉的石头，容易和真正的美玉弄混。

蘼芜和蛇床。《本草纲目》中说“细叶似蛇床者为蘼芜”，这俩的叶子都是细小的长条，所以不好分辨。

荠苨和人参。荠苨是沙参属植物，根茎长得很像人参，只有叶子和人参有细微的不同，所以容易和人参弄混。

杜衡和细辛。杜衡别名叫南细辛，通称细辛的一般指北细辛，这俩本就是同科同属的植物，所以容易弄混。

雄黄和石流黄。这俩都是黄色的硫化物类矿石，所以容易弄混。但肉眼分辨来也不难，石流黄基本是明黄色，而雄黄多为橘红色。更容易和雄黄弄混的是石硫赤，又叫石硫丹，《抱朴子》中说：“石硫丹，石之赤精，石硫黄之类也。”这也是硫黄的一种，颜色黄中带赤，和雄黄的颜色更接近。

各种鳊鱼。古人口中的鳊鱼，其实是今人口中鳊鱼和鲂鱼的统称，不同地区的鳊鱼和鲂鱼特征又有差别，所以容易弄混。

敌休、百部和门冬。百部别名野天门冬，敌休大概是种天门冬类的植物，这仨也容易弄混。

狼毒和防葵。这俩植物生长环境相似，常常共生，古人就认为二者同根。比如《本草集解》里讲：“狼毒与防葵同根，但置水中，沉者为狼毒，浮者为防葵。”

这里还说了二者的分辨方法：能浮在水中的是狼毒，沉入水下的就是防葵。鉴于中药都是晒干炮制的，这方法其实不实用。陶弘景就说：“而狼毒陈久亦不能沉矣。”大部分草药晾干了，都能浮在水上吧？唐代药典《唐本草》里也讲“（防葵）采依时者，亦能沉水。”大部分草药刚摘下来，也都能沉入水里吧？而“今乃用枯朽狼毒当之（防葵），极为谬矣”，但当时大部分人都采信这种方法，总把干枯的狼毒当防葵用，狼毒有大毒，乱用可不是闹着玩的。

钩吻和堇菜。钩吻是断肠草，堇菜是乌头草，这两种毒草长得很像，也容易弄混。当然，如果是拿来下毒，其实弄混了也没关系，反正毒的烈性是不相上下的。

菝葜和萆薢。菝葜的叶子圆，萆薢的叶子细长，长在地里很好分辨。但二者都以根茎入药，根茎又长得很像，根茎经过晒干、切片，马上就傻傻分不清楚了。

27. 乌头、天雄、附子，一物，春秋冬夏采各异也。

<解说> 乌头、天雄、附子是中药三胞胎，作为同一种药物的变体，它们很不好区分。

《名医别录》里说：“冬月采为附子，春采为乌头。”认为撒下一把种子，春天长出的叫乌头，冬天长出的叫附子，这是用季节来区分。

北宋药典《政和本草》记录了南朝宋雷敩《雷公炮炙论》的观点，认为乌头是“少有茎苗，长身乌黑，少有傍尖”的样子，而天雄“身全矮，无尖”“皮苍色”，附子长在天雄的四围，“底平有九角，如铁色”。这主要是靠形状来区分。

清代张锡纯《医学衷中参西录》中解释得比较详尽。他认为“种附子于地，其当年旁生者为附子，其原种之附子则成乌头矣”。如果土里种附子的种子，长出的植物不是独株，那么旁生的枝蔓就是附子，原种长出的植株就是乌头。“若种后不旁生附子，惟原种之本长大，若蒜之独头无瓣者，名谓天雄。”如果长出的植株是独株，没有旁生，那么它就是天雄，它的切片大且圆，比附子颜色更黑，药性也更重。这又是按生长习性来区分了。

28. 远志，苗曰小草，根曰远志。芎䓖①，苗曰江蓠，根曰芎䓖。

注释

①芎䓖（xiōng qióng）：中药名。

<解说> 中草药有很多异名。

比如远志。叶名叫小草，根才叫远志。《神农本草经》中说：“远志，味苦、温。主咳逆伤中，补不足，除邪气，利九窍，益智慧，耳目聪明，不忘，强志倍力。久服轻身不老。叶名小草。一名棘菀，一名葽绕，一名细草。生川谷。”

再如芎䓖。根叫作芎䓖，不同地区的芎䓖有不同的叫法，清代汪昂《本经逢原》说：“蜀产为川芎，秦产为西芎，江南为抚芎。”以蜀地产的川芎药效最好。叶子也有江蓠、蘼芜、蕲茝等叫法。《本草纲目》中解释道，它的叶子“靡弱而繁芜”，所以叫蘼芜；它长得像当归，当归又名蕲，所以叫它蕲茝；而它的香味又跟白芷接近，白芷又名蓠，所以叫它江蓠。

29. 菊有二种，苗花如一，唯味小异，苦者不中食。

<解说> 两种菊指真菊和野菊。

这说法来自《神农本草经》：“其菊有两种，一种紫茎，气香，而味甘美，叶可作羹，为真菊；一种青茎而大，作蒿艾气味，苦不堪食，名薏，非其菊也。”路边生长着两种小菊花，叶子和花长得差不多，只有茎色和气味不同。紫色茎、味道甜的是真菊，又叫甘菊、家菊，它观赏性强，味道甜，可以拿来做菊花粥、菊花糕等食物，《本草纲目》中说它“辛、平、无毒”；而青色茎、味道苦的是苦薏，又叫野菊、山菊，《本草纲目》中说它“辛、温、有毒”，二者药效不同。

30. 野芋食之杀人。家芋种之三年，不收，后旅生①亦不可食。

注释 ① 旅生：野生。

<解说> 陶弘景在《本草经集注》中说，芋头“生则有毒，味莶不可食。芋种三年，不采则成梠芋。又别有野芋，又名老芋，形叶相似如一，根并杀人。”苏颂也说：“野芋有大毒，不可食。”

这教给我们两条常识：

第一，家里如果种芋头，一定要勤快点，最好一年一收，如果放在地里好几年不管它，它就变成了有毒的野芋。

第二，野外如果挖到芋头，不要乱吃。野芋内含氰化类毒物，一旦误食，轻则舌头麻痹，喉咙肿痛，重则全身过敏，迅速丧命。

31.《神仙传》云：『松柏脂入地千年化为茯苓，茯苓化为琥珀。』琥珀一名江珠。今泰山出茯苓而无琥珀，益州永昌①出琥珀而无茯苓。或云烧蜂巢所作。未详此二说孰是。

═注释═ ①永昌：永昌郡，古郡名。辖境包括今中国云南西部、四川北部、缅甸克钦邦东部、掸邦东部等地。

<解说> 《神仙传》里说：茯苓和琥珀是同一物。松柏的树脂滴入地下，千年之后会变成茯苓；茯苓埋在地里久了，就会变为琥珀。还有人说，琥珀是烧蜂巢得来的。这两种说法显然都不科学。

“茯苓变化”说大概是产地造成的误会。琥珀多是松柏科树木的树脂化石，人们常在松柏树下挖到它；茯苓作为一种真菌，常寄生在松树根上，《神农本草经百种录》上说：“茯苓生山谷中，得松柏之余气。”陈存仁《中国药学大辞典》上说，茯苓“生于断截松树根”。所以当人们跑到松树林里挖茯苓，结果挖出来几块琥珀时，难免产生联想。

“烧蜂巢”说则因为二者外形相似，都是黄色不透明或半透明状的脂质。蜜蜡是琥珀的一个品种，又叫江珠，主要成分是树脂，属于矿石；蜂巢是工蜂分泌的蜡质，有时也叫蜜蜡，主要包含酸类、游离脂肪酸等类脂有机物，属于动物蜡。二者显然是不同的。

32. 地黄根节多者寸断之，莳种皆生①。女萝寄生兔丝，兔丝寄生木上，生根不着地。

==注释== ①『地黄』二句：原作『地黄蓝首断心分根菜种皆生』，范《校证》据《本草纲目》订正。《本草纲目》卷十六草部『地黄』条：『种地黄时，以壤土实苇席为坛，乃以地黄根节多者寸断之，莳坛上，逐日灌水。』

<解说> 前一句讲地黄的移植方法。完整的句子见于《本草纲目》（见注），《本草图经》里有更详细的记载，大概意思是说：移植地黄时，要先把苇席围成大小递增的圆形，用壤土填实；然后从大到小把这些苇席土圈摞起来，造成一个坛塔的形状；再截取根节多的地黄植株，一层层种在坛中，每天浇水，这移植就算成功了。

后一句讲女萝和菟丝子（即兔丝）的寄生性。古诗《冉冉生孤竹》里咏道："与君为新婚，菟丝附女萝。"后人将这句理解为夫妻的缠绵，因此认为菟丝子能寄生在女萝之上。

但这首诗歌后面几句是这样的："菟丝生有时，夫妇会有宜。千里远结婚，悠悠隔山陂。思君令人老，轩车来何迟？伤彼蕙兰花，含英扬光辉。过时而不采，将随秋草萎。君亮执高节，贱妾亦何为？"大意是，订了婚的姑娘哀叹夫君迟迟不来迎娶自己，自己就像秋天的衰草，伤心难耐又不知所措。菟丝子生长于田边、荒地和灌木丛里，常寄生于豆科、菊科等草本植物，位置低卑，枝条细柔，比如杜甫《新婚别》里说："菟丝附蓬麻，引蔓故不长。"而女萝多寄生于松柏树或岩壁之上，能随松柏攀到高处，比如《诗经·小雅·頍弁》里说："茑与女萝，施于松柏。"菟丝在低处，其实很难攀上高处的女萝。

李白的《古意》也拿二者难以会面的特性作比："君为女萝草，妾作菟丝花。轻条不自引，为逐春风斜。百丈托远松，缠绵成一家。谁言会面易，各在青山崖。女萝发馨香，菟丝断人肠。"虽然我俩都长在青山崖上，但你女萝能攀高枝，和松柏缠缠绵绵去了，我菟丝子却在低处独自伤心，见你一面可真难啊。

< 解说 >　木槿花的花期只有一日，所以古人说它朝生夕死。《山海经·海外东经》里记载："有熏华草，朝生夕死。"这里的熏华草就是木槿花。李商隐有《槿花》诗："风露凄凄秋景繁，可怜荣落在朝昏。未央宫里三千女，但保红颜莫保恩。"以木槿花朝生夕死的特性，来比喻宫人恩宠的短暂，是一个凄美的意象。

33. 堇花①朝生夕死。

注释

①堇花：木槿花。

34.《神农经》曰：上药养命，谓五石①之练形，六芝②之延年也。中药养性，合欢③蠲忿，萱草④忘忧。下药治病，谓大黄⑤除实，当归⑥止痛。夫命之所以延，性之所以利，痛之所以止，当其药应以痛也。违其药，失其应，即怨天尤人，设鬼神矣。

注释 ①五石：指五色石脂，可做中药。道教炼丹时有『五石』：丹砂、雄黄、白矾、曾青、慈石。魏晋士人喜服『五石散』，常用石钟乳、硫黄、白石英、紫石英、赤石脂五种。②六芝：指赤芝、紫芝、黄芝、黑芝、白芝、青芝。③合欢：又名马缨花。落叶乔木，豆科合欢属，入药味甘，性平。④萱草：又名忘忧草，宜男草。多年生宿根草本，百合科萱草属，入药味甘，性凉。⑤大黄：指马蹄大黄。蓼科大黄属，多年生草本。入药味苦，性寒。⑥当归：伞形科当归属，多年生草本。味甘、辛，性温。

< 解说 > 《神农本草经》讲堂一：药的三重境界

上等的药能够延年益寿。比如五色石脂。《神农本草经》说它："久服补髓益气，肥健不饥，轻身延年。五石脂各随五色，补五脏。"五个颜色挨个吃一遍，五脏全能得到补益。又如六色灵芝。《神农本草经》中依次列举了六芝药性，它们都有"久服轻身不老，延年神仙"之效。

中等的药可以调养性情。比如吃了合欢心情好，吃了萱草没烦恼。《神农本草经》："合欢……主安五脏、利心智。令人欢乐无忧。久服，轻身明目，得所欲。"这里的合欢指合欢花。萱草又名谖草、忘忧草。《诗经·小雅·伯兮》写道："焉得谖草，言树之背。"思念情郎的女子感慨着：我去哪儿找一把萱草来种，好让我忘却忧愁，不再相思？

下等的药才拿来治病疗疾。比如大黄苦寒，能泄实火。金代张元素在《医学启源》里进一步解释："大黄味苦气寒，其性走而不守，泻诸实热不通，下大便，荡涤肠胃中热，专治不大便。"再如当归辛温，能通血止痛。明代皇甫嵩《本草发明》就说："云（当归）止冷痢腹痛、女人沥血、腰痛，除血刺痛及齿痛，以其甘能和血也。"

但是不论是什么境界的药，都不能乱吃。比如有人拉肚子，喝一盆五色石脂粥也不管用；有人牙齿痛，吃再多萱草也不能忘忧，关键得对症下药。断不准疾病，又不懂药理，再好的灵丹妙药也治不好病。这时候人就只剩下两种反应，要么怨天尤人：我的命真苦啊，别人咋都不得这怪病？要么求助鬼神，今天拜玉皇大帝，明天求观音菩萨，期盼神佛显灵了。

35.《神农经》曰：药物有大毒不可入口鼻耳目者，入即杀人，凡为六物焉①。一曰钩吻，【卢氏曰：阴也。黄精不相连，根苗独生者是也。】二曰鸱【状如雌鸡，生山中】，三曰阴命【赤色着木，悬其子山海中】，四曰内童【状如鹅，亦生海中】，五曰鸩【羽如雀，黑头赤喙】，六曰蟢蝪。【生海中，雄曰蟢，雌曰蝪也。】

<解说> 《神农本草经》讲堂二：六种剧毒

第一是钩吻。又叫断肠草、毒根、山砒霜、黄藤、猪人参、野葛、胡蔓藤、烂肠草、朝阳草。《本草纲目》说它“辛，温，大有毒”，并引《论衡》里描述了钩吻的毒性之烈：“入人畜腹内，即粘肠上，半日则黑烂，又名烂肠草。”又引宋元医方著录《岭南卫生方》之言：“一叶入口，百窍溃血，人无复生也。”人吃下一片钩吻草，半天之内就得肠子黑烂、百窍流血而死。

第二是鸱。鸱肉本身无毒，传说有毒的是鸱脑。据段成式《酉阳杂俎》记载，唐肃宗张皇后为了独揽大权，老是拿鸱脑泡的酒给肃宗喝，因为鸱脑酒能“令人久醉健忘”。《本草纲目》引用了这段史料，并推测说“则鸱头亦有微毒矣”。

第三是阴命。不确定它是动物还是植物。传说它生长在海里，赤红色，爱在木头上繁殖。唐代医学家陈藏器就说：“今无的识者。”反正在唐代，没几个人能准确认出它。

第四是内童。传说它生长在海里，形状像鹅。

第五是鸩。鸩鸟黑头赤嘴，羽毛类似雀鸟，传说它爱吃蝮蛇和野葛（这俩都是响当当的毒物），所以鸩鸟全身都有剧毒。东汉应劭说：“鸩鸟黑身赤目，食蝮蛇野葛，以其羽画酒中，饮之立死。”只要拿鸩鸟的羽毛在酒中轻轻一沾，酒就会立刻变成毒酒。清代陈士铎在《辨证录·中毒门》中描述了鸩毒发作的情形：“人有饮吞鸩酒，白眼朝天，身发寒颤，忽忽不知如大醉之状，心中明白但不能语言，至眼闭即死。”喝下一杯鸩酒，人当即毙命，连半个字都说不出来。

第六是蟢蝪。传说它也是海生物，雄的叫蟢，雌的叫蝪，大概是虫类。

《神农本草经》里列举了六种剧毒之物，正文里只留下钩吻一种，后五种全是卢氏的补充，大概是他当时看到了比较完整的《本草经》版本。

36.《神农经》曰：药种有五物：一曰狼毒①，占斯②解之；二曰巴豆③，藿汁④解之；三曰黎卢⑤，葱汤⑥解之；四曰天雄，乌头，大豆解之；五曰班茅⑦，戎盐⑧解之。毒菜害，小儿溺⑨、乳汁解，食饮二升。

=注释= ①狼毒：狼毒大戟。多年生草本。根入药，味辛，性平，有毒，主治结核类、疮瘘癣类等。②占斯：又叫木占斯，良无极。③巴豆：常绿乔木。以果实入药，性热，味辛，主治寒结便秘、腹水肿胀、泄泻痢疾等。④藿：豆类的叶子。⑤黎卢：又叫藜芦。多年生草本。味辛、苦，性寒，有毒，主治中风痰壅、癫痫、疟疾、疥癣、恶疮等。⑥葱汤：葱煮成的汤。⑦班茅：即斑蝥。芫菁科斑蝥种昆虫的干燥体，味辛，性热。主破血逐瘀，散结消癥，攻毒蚀疮。⑧戎盐：即产自戎地的岩盐。⑨溺：尿液。

<解说> **《神农本草经》讲堂三：五道解毒方**

误食狼毒，可以吃木占斯解毒。孙思邈《备急千金要方》给出更多的解药：“杏仁、蓝汁、白蔹、盐汁、木占斯。”

误食巴豆导致拉肚子，需要喝豆类叶子榨的汁。《备急千金要方》中记为“生藿汁”，除此之外还有“煮黄连汁”“大豆汁”。

误食藜芦中毒，可以喝葱汤解毒。《备急千金要方》中还有“雄黄”和“温汤”。

误食班茅中毒，吃点戎盐就好了。

如果不小心吃了有毒的野菜，可以喝童子尿和乳汁，要喝满二升才能解毒。

<解说> 这是一些饮食注意事项：

吃生大豆久了，会让人身子变得沉重，连走路都困难。《名医别录》记载道："生大豆……久服令人身重。"从道家方术的角度理解，生吃大豆是一道经典服食药方，有辟谷不食、延年益寿的神奇功效。唐代孟诜《食疗本草》中说："大豆……初服时，似身重，一年以后，便觉身轻。"身重不过是服食的必经之路罢了。

而从药理的角度理解，生大豆中含有胰蛋白酶抑制物、皂苷等物质，人吃了会中毒，轻则头晕、呕吐、腹泻，重则痉挛甚至呼吸困难，所以"身重行止难"也可以看作是一种中毒反应。

吃榆荚，容易使人昏睡。《证类本草》引陶弘景的说法："初生榆荚仁，以作糜羹，令人多睡。"榆荚新生时清香好吃，可以拿来煮粥或者做汤，但人吃过之后老想着睡觉，还不容易睡醒。元好问写过一首《食榆荚》，诗中说："榆令人瞑何暇计，田舍年例须浓煎。……一杯香美荐新味，何必烹龙炮凤夸肥鲜！"榆荚汤这么好喝，谁管它催不催眠，我不仅要喝，还要喝上浓浓的一碗。

吃麦子，能使人身强体壮、健步如飞。《本草纲目》说："消渴除热，益气调中。补虚劣，壮血脉，益颜色，实五脏，化谷食，止泄，不动风气。久食，令人肥白，滑肌肤。"

喝茶容易让人失眠。《神农本草经》称茶为苦菜，说它："久服安心益气，聪察，少卧，轻身耐老。"这是因为茶叶中富含咖啡碱，咖啡碱可以刺激神经中枢，使人提神亢奋。

吃红小豆，会导致肌肤粗糙。陶弘景注《神农本草经》时说："小豆，性逐津液，久服令人枯燥矣。"北宋寇宗奭《本草衍义》也说："赤小豆，食之行小便，久则虚人，令人黑瘦枯燥。"因为红小豆有利水渗湿的功效，吃多了会使体内津液不足，所以人变得黑瘦，皮肤变得粗糙。

吃燕麦，会造成骨折。这说法明显不科学。燕麦又名雀麦、野麦。《本草纲目》中说它是"燕雀所食""生顾墟野林下"，并非古人主食，甚至常被当作田间杂草除去，因此当时人多了解燕麦特性，误认它吃多了会骨折，也是讲得通的。

37. 人啖豆三年，则身重行止难。啖榆[1]则眠，不欲觉。啖麦，令人多力健行。饮羹茶[2]，令人少眠。人常食小豆，令人肥肌粗燥。食燕麦令人骨节断解。

〓注释〓 ①榆：木名，叶果可食，果实叫榆荚，形似钱而小，又成串生长，所以又名榆钱儿。范校云：《太平御览》引“榆”上有“枌”字，枌，木名，榆白者。②羹茶：烧煮的茶。

38. 人食燕肉，不可入水，为蛟龙所吞。人食冬葵①，为狗所啮，疮不差或致死。

注释 ①冬葵：锦葵科锦葵属植物。《药性论》：『叶烧灰及捣干叶末，治金疮。煮汁，能滑小肠，单煮汁，主治时行黄病。』

＜解说＞ 来自作者的小贴士：

人如果吃了燕子肉，就不要下水游泳，否则容易被蛟龙吞掉。原理未知。

人如果吃了冬葵菜，千万别遇见狗，否则被咬上一口，疮口怎么都好不了，还没等狂犬病发作，人就得化脓溃烂而死。原理也未知。

至于这又是"物类相感"说法，或是文字脱误，还是纯属谣言，因材料不足还不好断定。唐传奇《梁四公记》倒是据此编了一个故事：东海龙女的七女儿喜欢吃燕肉，因为她掌管着龙宫的金银珠宝，梁武帝就派人送去五百只上好的血燕给她吃，于是龙七女回赠梁武帝三颗大珠、七颗小珠、一石杂珠，作为谢礼。龙爱吃燕肉这事儿，也就长久地流传了下来。

39. 马食谷，则足重不能行。雁食粟，则翼重不能飞。

＜解说＞ 传说马吃了粮食就跑不快，雁吃了粟米就飞不起来。

这说法有一定的道理，但太绝对。马和雁以草类为主食，然而古人喂马、喂雁时，还是会用麦粟、秕糠、秸秆、豆饼等粮食作为辅料，以保证动物的供养充分。

比如《居延汉简》记载，驿马作为传递军情的主力，是最需要脚程和速度的马种，它们的饲料里也含有粮食谷物，证明马并非吃点谷物就跑不动路了。

再比如西汉贾谊《新书》记载，邹穆公曾下过一道政令：贵族养鸭子、大雁时，不能用上好的粟米，只能用干瘪的秕糠。政令一出，官仓里的秕谷马上供不应求，粟米要比秕谷贵得多，但贵族迫于政令，只好拿贵的粟米去跟百姓换便宜的秕谷，邹穆公以此实现了藏富于民的意图。不管这故事是否真实，起码我们知道了，当时的人有拿粟喂雁的习惯。现在人们养殖大雁，也会调配一定比例的粮食糠加入饲料。

40. 胡粉①、白石灰等以水和之，涂鬓须不白。涂讫着油，单裹令温暖，候欲燥未燥间洗之。汤则不得着晚，晚则多折，用暖汤洗讫，泽涂之。欲染，当熟洗，鬓须有腻不着药，临染时，亦当拭须燥温之。

＝注释＝ ①胡粉：又叫铅粉，轻粉。铅加工制成的碱式碳酸铅粉末，古时用来敷面，可入药。

<解说>　这是一则“发须染黑教程”。

材料：胡粉、白石灰等混合成的化学药水，油，毛刷，温水，毛巾。

方法：先用温水将头发、胡须洗干净；再用毛巾将发须擦干，使其保持温暖干燥；随后用毛刷在发须上涂一层化学药水，涂完后再刷一层油，用毛巾等物包裹发须保温；等到发须半干不干的时候，用温水洗掉药水和油。大功告成。

注意：洗去药油要及时，否则头发和胡子得掉一大把。

这跟今天的染发步骤基本一样。有趣的是，胡粉是白色的，石灰水里凝结的石灰乳也是白色的，但这是个染黑发的教程。除非那个“等”字里还有什么化学物质，能令整个药水发生显色反应，否则，就得改名叫“漂白脱发教程”了。

41. 陈葵子①秋种，覆盖，令经冬不死，春有子也。【周日用曰：愚闻熟地植生菜兰，将石流黄筛于其上，以盆覆之，实时可待。又以变白牡丹为五色，皆以沃其根，以紫草汁则变之紫，红花汁则变红，并未试，于理可焉。此出《尔雅》。】

=注释= ①葵子：冬葵子、葵菜子。为锦葵科一年生草本植物冬葵的成熟种子。

< 解说 >　如果秋天种下一把葵菜子，找一些覆盖物搭在地里，覆盖层保暖保湿，保证葵菜的生长，来年春天便可以收获新的种子。“瑞雪兆丰年”就是这个原理。由此可见，早在魏晋时期，就已经有人使用大棚技术了。

42. 陈葵子微火炒，令爆咤①，散着熟地，遍蹋②之，朝种暮生，远不过经宿③耳。

=注释= ①咤（zhà）：爆裂声。②蹋：通“踏”。这里指踏实土地。③经宿：一整夜。

< 解说 >　如果将陈年葵菜子丢进锅里用小火炒，最好炒出噼里啪啦的声音，然后将种子撒在耕种过的熟地里，用脚踩实。这样快则一天，慢则一天一夜，葵菜子必定发芽。

炒过的种子还能发芽？这是什么道理？北魏贾思勰《齐民要术》里有类似记载：“临种时，必燥曝葵子。葵子虽经岁不浥，然湿种者，疥而不肥也。”意思是说，种葵菜之前，得先把葵菜子晒干。虽然葵菜子不容易受潮，但要不做这一道曝晒的工序，来年葵菜就不容易长得肥美，还老生虫子。用火炒也是一个原理，发出“爆咤”声就是水汽迅速蒸发的表现。

只是用这方法得注意火候，万一把种子炒熟了，必定颗粒无收，还不如湿着种呢。

43. 烧马蹄①羊角②成灰，春夏散着湿地，生罗勒③。

〖注释〗①马蹄：马蹄草，又名西湖莼菜、水莲叶、崩大碗。②羊角：羊角草，又名狭叶母草。③罗勒：罗勒叶，原产自印度。西汉时东海太守韦弘的文章中有记载：“罗勒者，生昆仑之丘，出西蛮之俗。”

<解说> 传说把马蹄草和羊角草烧成灰，撒在湿地里，就能生出罗勒叶。原理不明。

如果不是湿地里本来就有罗勒的种子，或者文字错讹脱漏，那么这条大概该归入“戏术”里。

44. 蟹漆相合成水。为《神仙药服食方》云。

<解说> 《淮南子·览冥训》中有“蟹之败漆”一句，高诱解释说：“以蟹置漆中，则败坏不燥，不任用。”如果把螃蟹放在漆里面，漆就不容易变质，螃蟹起到了防腐剂的作用，《神农本草经》就有这类记载。

等到道教服食说出现之后，人们开始从字面义来理解这句话。比如《神仙药服食方》里的解释就是：把螃蟹扔进漆里，漆就会变成水。宋代许洪《图经衍义本草》里有完整记载：“仙方用蟹消之（漆）为水，炼服长生。”这就变成了长生不老的神仙药方。至于《神仙药服食方》到底指哪一本书，也不好断定。查《隋书·经籍志》里的服食类道经，里边光带“神仙”二字的就有数十种：《神仙服食经》十卷、《神仙服食神秘方》二卷、《神仙服食药方》十卷、《神仙饵金丹沙秘方》一卷、《杂神仙丹经》十卷、《杂神仙黄白法》十二卷、《神仙杂方》十五卷、《神仙服食杂方》十卷、《神仙服食方》五卷……可见六朝时服食修炼之说有多热闹。

45. 削冰令圆，举以向日，以艾于后成其影，则得火。取火法，如用珠取火，多有说者，此未试。

<解说> 这条讲了两种取火法：

一种是冰透镜取火。把冰削成扁平的椭圆形，对准日光，在透镜的影子下放一小堆艾草，如果距离适当，艾草很快会燃烧起来。这是因为冰呈凸透镜状，凸透镜通过折射，能将太阳光聚焦在一点，焦点吸收的光能转化为热能，就可使易燃物着火。清末郑复光曾用实验确证过这一说法，他的光学著作《镜镜冷痴》中有详细的描述。另一种是用珠取火。珠应该指玻璃珠，它也是一面凸透镜，因此能引火并不稀奇。《旧唐书·南蛮西南蛮传》里有火珠的详细记载：“（贞观）四年，其王范头黎遣使献火珠，大如鸡卵，圆白皎洁，光照数尺，状如水精，正午向日，以艾承之，即火燃。”基本实证了用珠取火的说法。

46. 《神农本草》云：鸡卵可作琥珀，其法取伏苓、鸡毈[①]黄白浑杂者煮，及尚软，随意刻作物，以苦酒渍数宿，既坚，内着粉中，佳者乃乱真矣。此世所恒用，作无不成者。

═注释═ ①毈（duàn）：指蛋内坏散，孵化失败。

<解说> 这是一条“琥珀仿制法”，出自《神农本草经》。

原料：茯苓，未孵化成功的鸡蛋，醋，锅。

方法：首先，将茯苓和未孵化成功的鸡蛋丢进锅里煮，等待二者煮软。其次，将柔软的混合物雕成心仪的样子，放在醋里浸泡几天几夜，直至雕刻物完全变硬。最后，再把雕刻物丢在某种粉末里（大概用来做旧或上色），一个以假乱真的琥珀就造成了。

以茯苓制琥珀的说法，大概也与“茯苓琥珀是一物”的观念有关。假设这种方法可行，那么利弊很明显：坏处是难以防腐，因为原材料全是食物，所以后人就改用乳石、树脂、玻璃、塑料等材料来仿制琥珀。好处是应急充饥，也因为原材料是食物，哪天饥肠辘辘没处吃饭，想起兜里还有一个“琥珀”，还能掰开来啃两口，也是很实用了。

47. 烧白石作白灰，既讫，积着地，经日都冷，遇雨及水浇即更燃，烟焰起。

<解说> 这条描述了两个化学反应：

第一，“烧白石作白灰”是指石灰石经过高温煅烧后分解为生石灰（CaO）和二氧化碳（CO_2）。化学式为：$CaCO_3 \xlongequal{高温} CaO + CO_2 \uparrow$

第二，“遇雨及水浇即更燃”是指生石灰（CaO）遇水大量放热，变为熟石灰[$Ca(OH)_2$]。“烟焰起”就是水放热、蒸发的表现。化学式为：$CaO + H_2O = Ca(OH)_2$

48. 五月五日埋蜻蜓头于西向户下，埋至三日不食则化成青真珠。又云埋于正中门。

<解说> 在五月五日那天，找一个朝向西边的大门口（**或者位处中间的门**），将蜻蜓头朝下埋进土里，不管它怎么扑腾翅膀都不给它吃的，那么三天之后，蜻蜓头就会化为“青真珠”。

青真珠是什么？这里应该不指青色的珍珠，而是指珠宝“蜻蜓眼”。蜻蜓眼是一种圆形或方形的玻璃珠，因表面镶嵌着数量不等的凸点同心圆，看起来像蜻蜓鼓起的眼睛一样，因此得名。它最初从西方传入，到春秋战国之际得以本土化，湖北随县曾侯乙墓中就出土了 173 颗战国蜻蜓眼，里面除了一小部分西方舶来品，大多都是中国工艺，这证明战国时期玻璃工艺曾一度发达，蜻蜓眼饰品也一度流行，传说中的“随侯珠”可能就是一个精美的玻璃珠。

秦统一六国后，玻璃工艺基本失传了，玻璃蜻蜓眼成了后人眼中的文物。大概正是因为这样，在神仙方术流行的汉魏之世，才有了“埋蜻蜓头”的巫术说法。

49. 蜥蜴或名蝘蜓。以器养之，以朱砂，体尽赤，所食满七斤，治捣万杵，点女人支体[1]，终年不灭。唯房室事则灭，故号守宫。《传》[2]云：『东方朔语汉武帝，试之有验。』

注释 ①支体：即肢体。②《传》：指《汉武内传》。汉志怪小说，题名东汉班固撰，记叙汉武帝生平。

<解说> 这是“守宫砂”的制作法。

具体操作如下：取一些壁虎养在器皿里，喂它们吃朱砂，等到壁虎全身变得赤红，朱砂喂满七斤，便将壁虎捣成肉泥，点在女子的身体上。如此一来，女子只要不进行房事，这颗“朱砂痣”就可以长久留存。

西汉典籍《淮南万毕术》的记载稍有不同：“七月七日采守宫阴乾之，合以井华水（**早晨第一次汲取的井泉水**），和涂女身，有文章。即以丹涂之，不去者不淫，去者有奸。”七月七日这天，取一些守宫在阴凉处晾干，之后与井华水一起和成汁液，把这些汁液涂在女子身上，就会产生斑斓的花纹；这时立即用丹砂涂在汁液上，如果花纹还在，代表这女子很纯洁，如果花纹消失，代表这女子已与人有了奸情。上一条是预防，这一条是验证，总之都与女子的贞洁有关。

唐人张楚金《翰苑名谈》的记载更离奇：“或曰：‘以守宫系宫人臂，守宫吐血污臂者，有淫心也。秦皇则杀之。’”有人说，这守宫早在秦始皇时期就有了，当时也不用喂朱砂、捣肉泥，只需要把壁虎绑在宫人的手臂上，如果这壁虎开始吐血，就证明这宫人有淫乱的念头。

50. 取鳖挫[1]令如棋子大，捣赤苋[2]汁和合，厚以茅苞[3]，五六月中作，投池中，经旬[4]脔脔[5]尽成鳖也。

注释 ①挫：劈断。②赤苋：即红苋菜，一年生草本。③茅苞：茅、苞皆草名。④经旬：一整旬，十日为一旬。⑤脔脔（luán）：切成小块的肉。

<解说> 五六月中旬的时候，把一只鳖剁成棋子大小，拌上红苋菜汁，再包上厚厚的一层茅草，扔进水池里，不出十天，碎肉块都会变成一只只活鳖。

在《本草纲目》集解里，陶弘景也提到这一说法：“昔有人锉鳖，以赤苋同包髓湿地，经旬皆成生鳖。”他还说：“又有裹鳖甲屑，经五月皆成鳖者。”还有人把鳖的甲壳磨成粉，撒在池塘里，虽然时间长了点，耗时五个月，但也成功实现了鳖的复生。

古人读书如果读到这条，大概会很疑惑：真的假的？这看着怎么像巫术呢？看来我得亲自试试。

鳖：我到底做错了什么？

卷伍

方士

1.魏武帝好养性法，亦解方药①，招引四方之术士，如左元放、华佗之徒，无不毕至。

【周日用曰：曹虽好奇而心道异，如何招引方术之人乎？如因左元放而兼见杀者，若非变化，奚②至灭身？故有道者不合亲之矣。既要试术，则可乎？】

注释

①方药：医方药物，泛指医术。②奚：怎么，为何。

<解说> 魏武帝曹操热爱养生，广聚天下方士，当时有名的左慈、华佗等人，都来投奔曹操。但是这些人下场都不怎么好，左慈被曹操关起来，差点一命呜呼；华佗运气不好，真的一命呜呼了。周日用感到很迷惑：这些有本事的方士，为什么要来投奔曹操？曹操这个人，撑死了有几分好奇心，一点都不虔诚嘛！要是为了炫耀法术、试验本领，换个老大不一样吗？

原因其实很玄学。

东汉末年，是道教狂欢的时代。

太平道张角举旗高喊："苍天已死，黄天当立，岁在甲子，天下大吉。"神秘预言吸引数十万信众，引发了浩荡的黄巾起义。五斗米道张鲁振臂一呼"黄衣当王"，也得到很多信徒支持，成为割据汉中的霸主。

二者的信仰都源自秦汉黄老道，他们的理论虽有差别，但核心是相同的，那就是"黄天当立"。黄天、黄衣可以理解为黄德，是一种历数概念。战国时，阴阳大师邹衍提出了"五德始终说"，他认为王朝更迭是按照五行相克的顺序来的，即"虞土、夏木、殷金、周火"。虞舜王朝是土德，木克土，所以属木德的夏禹代替了虞舜；殷商尚金德，所以被尚火德的周王打败，这就是天命因果，循环不休。

秦始皇一统六国，于是自称水德。而到了汉朝，五德连着转了三个圈。高祖刘邦时，大家说，秦这种短命鬼也好意思称一个朝代？我们才是周朝根正苗红的接班人，水克火，于是尚水德；汉武帝时，大家想了想，秦也做了好多贡献，还是认他们作秦朝吧，土克水，于是改汉正朔为土德；

当王莽建立新朝时，也顺着这个思路，将东汉认作火德，因为火克土，代表东汉是取代西汉的新政权，东汉因此又称炎汉、炎刘。

当时的“苍天已死”（汉初水德）“赤德衰尽”（东汉火德）等谶纬预言，都是指汉朝气数已尽，马上要被新的政权取代，而谁能代表“黄天”（黄德），谁就是天下的新主人。《易纬·萌气书》就说：“圣人受命而王，黄龙以戊己日见。”这是当时普遍的政治逻辑，袁绍就曾编造过“袁为黄胤”的预言，试图以此获得民心。上位者如此，教徒民众更是深信不疑了。

那么在黄老教徒眼中，代表黄德的人是谁呢？是曹操。

曹操与黄老教关系匪浅。一方面，曹家祖辈都有信奉黄老道的行为，他自己也有信奉表现，比如没事儿养个生，服个药，跟身边的方士们学方术。《后汉书·方术列传》记载：“甘始、元放、延年皆为操所录，问其术而行之。”再比如在宫殿里建个濯龙祠，濯龙祠是专祀黄老的。

另一方面，曹操总是得到“黄军”的青睐。青州黄巾军，军民数百万，战斗力凶悍，曾在兖州、幽州等地把汉军打得落花流水，却被曹操以万余兵力招降了；黄巾军黑山部，一支让袁绍头疼不已的军队，被曹操毫不费力地收编了；五斗米教老大张鲁也投降曹操，还说“宁为魏公奴，不为刘备上客”，非常不给刘备面子。在这种情况下，曹操还立着“求贤若渴”的人设，方士们都愿意来依附曹操，不是什么稀罕事。

然而，曹操确实不是个虔诚信徒，而是个有手腕的政治家。他是有爱好养生、向往长生的一面，但信教这事，更多地出于政治目的：借此取得“黄德”天运，获取当时的舆论支持，以此走上权力巅峰。

曹植在《论辩道》里写道：“本所以集之于魏国者，诚恐斯人之徒，挟奸宄以欺众，行妖隐以惑民，故聚而禁之也。”当时方士是拥有很大影响力的群体，今天黄巾军能以“黄天”为名引发暴动，明天这些人看我们曹魏不顺眼，又得嚷嚷“黄天已死，青天当立”，把这些方士聚集起来，是不让他们妖言惑众罢了，当我们真信神仙啊？“岂复欲欢神仙于瀛洲，求安期于海岛，释金辂而履云舆，弃六骥而羡飞龙哉？自家王与太子及余兄弟，咸以为调笑，不信之矣。”与虚无缥缈的仙道相比，当然是人间的荣华富贵更实际一点啦。

2. 魏王所集方士名：上党王真、陇西封君达、甘陵甘始、鲁女生、谯国华佗字元化、东郭延年、唐霅、冷寿光、河南卜式、张貂、蓟子训、汝南费长房、鲜奴辜[1]、魏国军吏河南麴圣卿、阳城郤俭字孟节、卢江左慈字元放。右十六人，魏文帝、东阿王、仲长统所说，皆能断谷不食，分形[2]隐没，出入不由门户。左慈能变形，幻人视听，厌刻[3]鬼魅，皆此类也。《周礼》所谓怪民，《王制》称挟[4]左道者也。

注释 ①鲜奴辜：据《后汉书·方术列传》，应指解奴辜。②分形：分身。③厌：镇压。刻：通"克"，制服。这里指用各类法术克制鬼魅。④挟：执持。

<解说> 我们来看那些年曹操招募过的方士：

【导引组】

王真。字叔经，上党人，胎息大师。

《后汉书·方术列传》说："王真年且百岁，视之面有光泽，似未五十者。自云：'周流登五岳名山，悉能行胎息胎食之方，嗽舌下泉咽之，不绝房室。'"《汉武内传》也有类似记载。胎息就是指不用口鼻呼吸，好像胎儿在母体中一样，胎食就是指吞自己舌下分泌的津液，用这种方法修炼，能容颜如少、力大无穷。

郤(xì)俭。字孟节，山西人，断食天王。

这人是王真的徒弟，传授过郤俭"蒸丹小饵法"。据《后汉书》记载，郤俭"能含枣核，不食可至五年十年。又能结气不息，身不动摇，状若死人，可至百日半年"。只要一颗小枣核，就能十年不饥饿。这是因为他精通导引之术，能以气为食。《抱朴子》中讲到郤俭的奇遇，说他年少时掉到一个大坑里，见坑里有只大龟在呼吸、伸展，他听说龟素来会导引之法，就跟着学(想象一人一龟在地洞里做瑜伽的画面)，肚子果然不饿了，自此郤俭学会了食气断谷之法。曹操曾把郤俭关了一年，不给他吃的，结果人家"颜色悦泽，气力自若"，半点毛病没有；曹操一看这人不错，而且性格又好，就"使领诸方士"，让他做了方士们的领导。

鲁女生。长乐人，疾行壮士。

鲁女生叫女生，其实是个男人。据《后汉书》记载："鲁女生数说显宗时事，甚明了，议者疑其时人也。董卓乱后，莫知所在。”鲁女生特别清楚汉显宗时发生的事，好像就是那个年代的人一样。汉显宗刘庄在位时间大概是公元57～75年，董卓作乱在公元189年，算下来一百多岁，也不算多长寿。但《汉武内传》把他说成是武帝时期的人物，那就厉害了，得有三百多岁：“传世见之，云三百余年”。而且他“日能行三百里，走及獐鹿”，走起来健步如飞，比獐鹿奔跑还快。后来到华山成仙去了。

甘始。甘陵人，导引专家。

据《后汉书·方术列传》，“始能行气导引”，也是个能食气断谷的人，与郤俭的龟派导引不同，他是“鸱视狼顾，呼吸吐纳”，类似华佗所讲的五禽戏。《神仙传》中说他除了善行气之外，还能“行房中之事，依容成玄素之法，更演益之为一卷，用之甚有近效”。容成就是容成公，传说是黄帝的老师，精通房中术，有返老还童的本事。甘始在容成公玄素术的基础上，摸索出更详细有效的法门，修炼之后，生病不用吃药打针就能自愈。最后“在世百余岁，乃入王屋山仙去”。

【房中组】

东郭延年。房中高手。

据《后汉书·方术列传》，“甘始、东郭延年、封君达三人者，皆方士也。率能行容成御妇人术，或饮小便，或自倒悬，爱啬精气，不极视大言。”东郭延年、封君达与甘始一样，都是容成公一派的，擅长采阴补阳，虽然这些人用的方法很诡异，但很有效，他们都能活过一百岁。“凡此数人，皆百余岁及二百岁也。”

封君达。陇西人，青牛道士。

据《汉武内传》记载，封君达还擅长服食、医病。他吃了五十多年的黄连，又吃了一百多年的水银，没被苦死也没被毒死，反而看起来像个二十多岁的青年。他常骑着青牛四处晃荡，神出鬼没，“闻有病死者，识与不识，便以要间竹管中药与服，或下针，应手皆愈。不以姓名语人”。看见有重病患者，就随手给人治好，做完好事还不留名。后来到玄丘山成仙去了。

冷寿光。鹤发童颜。

据《后汉书·方术列传》记载，冷寿光也属容成公一派，也擅长导引之术：“常屈颈鷮息，须发尽白，而色理如三四十时。”活了一百五六十岁，死时依旧鹤发童颜。

【巫医组】

蓟子训。杀婴狂魔。

据《后汉书·方术列传》记载，蓟子训“尝抱邻家婴儿，故失手堕地而死”，曾经故意把邻居家的婴儿给摔死，父母伤心得不行，几年之后，他又抱着婴儿回来了，父母又吓得不轻，却发现这确实是当年死去的孩子。这一手起死回生，不知道是单纯想要炫技，还是想教训一下隔壁的熊孩子。“后因遁去，遂不知所止。”自此成为一个传说。

华佗。字元化，安徽人，暴躁神医。

华佗是“神医”的代名词，凡他确诊的病症，没有不一语中的的；凡他看过的病人，没有不药到病除的；他发明了麻沸散，还会给人做外科手术，是中西结合的大医家。然而天才总是古怪的，《后汉书·方术列传》说华佗“为人性恶，难得意，且耻以医见业，又去家思归”。这老头脾气暴躁，很难讨好，而且人家精通儒家经典，理想是做大官，不想被曹操当方士使唤来使唤去，于是撒个谎就跑回家去了。当时华佗在为曹操医治头风，曹操喊了他好几次，见他不回来，不免起疑：“小人养吾病，欲以自重，然吾不杀此子，亦终当不为我断此根原耳。”说华佗仗着自己医术高明，想让我高看他一眼，他不根治我的头风病，就是想让我永远离不开他。哼，小人，我能遂了你的愿？于是就把华佗杀了。

【御鬼组】

费长房。汝南人，御鬼达人。

费长房天纵英才，但有俩致命缺点。

第一是洁癖。据《后汉书·方术列传》记载，他跟随壶中神仙到深山里修仙，踏过荆棘，跨过群虎，越过众蛇，连胸口碎大石都不怕，却败给了一块粪。神仙说：吃了这口屎，马上当天使。费长房：我拒绝。于是费长房就骑着小竹马回了家。

第二是健忘。费长房拿着神仙给的役鬼符，在一众魑魅精怪中作威作福，谁干了坏事就上去教训两句，看谁不顺眼就上去欺负两下，把鬼怪得罪了一遍，于是“后失其符，为众鬼所杀”，悲剧收场。

麴（qū）圣卿。河南人，役鬼能手。

据《后汉书·方术列传》：“又河南有麴圣卿，善为丹书符劾，厌杀鬼神而使命之。”他和费长房一个路数，不过是自学成才。南朝宋刘义庆《幽明录》中说他少年时得过疟疾，在祭神的社中得到一本神书，上面写着“谴劾百鬼法”，自此和鬼神建立了良好友谊，谁得罪了他，他就派鬼去吓谁：“有与忿恚者，圣卿遣神夜往，趣其床头，持两手，张目正赤，吐舌柱地，其人怖几死。”把人吓个半死才罢休，非常恶趣味。

【幻术组】

左慈。字元放，庐江人。幻术大神。

左慈其实应该叫全能大神，导引、服食、房中等术他都精通，尤其擅长幻术。《后汉书·方术列传》里主要记录了他的幻术本领。

一次宴会，曹操说："今天这么多美食在席，唯独没有吴江鲈鱼，可惜可惜。"左慈"咻"一声变出来一条鲈鱼。曹操说："一条鱼哪够吃嘛。"左慈"咻"一声又变出好多鱼。曹操又说："有鱼固然好，可惜没有蜀中生姜来佐味，遗憾遗憾。"左慈正打算"咻咻"，曹操赶紧使绊子："你不能随便弄点姜过来，我之前派人去蜀中买锦，你就捎个信儿，让他带点姜回来，顺便多买两匹锦啊。"话刚说完，姜已经到了，蜀使的复命信也来了。

又一次宴会，左慈只带了一升酒、一斤肉来，却把席上所有宾客喂得饱饱的，酒肉跟不要钱似的吃不完，曹操让人去周围的酒馆查探，发现酒馆的厨房空空如也，果然又是那手"隔空取物"。曹操脸上笑嘻嘻，心里不乐意，想着酒肉美食可以隔空取来，刀剑斧钺自然也能取来，哪天左慈朝自己"咻"那么一下，自己可不得人头落地?

不行，这人得杀。兵器还没亮，左慈就穿墙跑了，士兵追到集市上，发现路人全都变成左慈的样子；再追到山上，左慈又窜入羊群中不见了。曹操见状便使了个诈，让人传话说："哎呀我开个玩笑，试试你的水平而已，不杀你了不杀你了。"一头老山羊马上站起来，很生气地说："哼，你这个人怎么这样！"士兵一看左慈现身，就要去抓那头山羊，结果羊群集体起立，皆是满脸控诉："哼，你这个人怎么这样！"只好作罢。受伤的左慈，从此也再没了消息。

鲜奴辜、张貂。外号不起了。

二人也以幻术闻名，《后汉书·方术列传》上写："解奴辜、张貂者，亦不知是何郡国人也。皆能隐沦，出入不由门户。奴辜能变易物形，以诳幻人。"这俩人会使隐身术、穿墙术，鲜奴辜还会变形术，老是出去招摇撞骗。

至于卜式和唐雪（zhà）二人，文献记载很少。武帝时有个大臣叫卜式，喜欢牧羊，不知道二人是否有关。《后汉书·方术列传》只说"唐虞道赤眉"，唐虞应该就是唐雪，是个跟赤眉学道，或者得道称为赤眉的人。

这些人物在道教里有头有脸，但在儒家眼中，不过是些旁门左道的术士，不能用来治国安邦。《周礼》称这群人为"怪民"，《礼记·王制》说他们是"协左道"。在儒学占主导地位的年代，方士们其实得不到真正的尊崇和重视，难怪华佗常觉得当医生是个丢人的事儿了。

3. 魏时方士，甘陵甘始，庐江有左慈，阳城有郤俭。始能行气导引，慈晓房中之术，善辟谷不食，悉号二百岁人。凡如此之徒，武帝皆集之于魏，不使游散。甘始老而少容，曹子建密问其所行，始言本师姓韩字世雄，尝与师于南海作金①，投数万斤于海。又取鲤鱼一双，令其一著药，俱投沸膏②中，有药者奋尾鼓腮，游行沉浮，有若处渊③，其一无药者已熟而可食。言此药去此逾④万里，已不可行，不能得也。

═注释═ ①作金：冶炼金属。②沸膏：滚烫的油。③有若处渊：好像在深渊中畅游。④逾：超过。

<解说> 我们把高光打向甘始。

上面说了，郤俭是学龟得道，还跟过名师王真；费长房师从壶中老仙；麴圣卿在社中得役鬼之书，这才学了神通。那甘始呢？曹植对这个事感到好奇。

他在《论辩道》里说：“然始辞繁寡实，颇有怪言。余尝避左右，独与之谈，问其所行，温言以诱之，美辞以导之。”这老头说话神神道道，总是顾左右而言他，谁也不知道他的底细。于是曹植私下找他套话，好听话说了一箩筐，甘始才吐露他的秘密：他老师名叫韩世雄，不太爱环保，曾带他在南海炼制了数万斤金属，扔到海里喂鱼，随后在这鱼群里捉了两条鲤鱼，丢到热锅里煮，食药鱼在热油里扑腾遨游，跟没事一样；未食药的鱼却早就熟透了。俩人吃了这条重金属药鱼，于是就有了神通。

曹植听完又问：这药现在还能找来吗？甘始说：南海那么多条鱼，谁知道哪条带着药？曹植只好感慨：“始若遭秦始皇、汉武帝，则复为徐市、栾大之徒也。”你个老小子，幸好没生在秦皇汉武之时，不然史书上除了徐福、栾大，还得加上你甘始的大名。

秦始皇派徐福出海求仙药，徐福反而骗了始皇三千人口，到岛上自立为王去了；汉武帝吸取教训，叫栾大出海寻仙山，派人偷偷跟着，结果发现这人更坑，压根没离开过陆地不说，还敢回来骗人，于是将他腰斩。这二人的坑骗事迹在汉代早已为人所知，所以曹植的言外之意很明显：你该和徐福、栾大组个队，队名就叫“求药三坑”。

<解说> 皇甫隆是三国时期魏国人，在嘉平年间任敦煌太守，曾教民耕种、颇有政绩，人称敦煌好太守。他曾经偶遇青牛道士封君达，老道士传给他一套养生法：

想要变年轻，不要太辛劳；戒掉大肥肉，重口味减掉；干吗想太多，平静多美妙；骑射和房事，多了真不好；春秋多泄泻，换季宜食疗；秋冬要闭藏，做到身心调。

这不就是老中医成天唠叨的话吗？翻开一本中医经典，十有八九都在讲这些。所以对于凡人来说，神仙法术太过虚无缥缈，日常保健才是健康源泉。

4. 皇甫隆遇青牛道士姓封名君达，其与养性法，即可仿用。大略云：『体欲常少，劳无过虚，食去肥浓，节酸咸，减思虑，捐㊀喜怒，除驰逐，慎房室。春夏施泻，秋冬闭藏。』详别篇。武帝行之有效。

〓注释〓 ㊀捐：舍弃，抛弃。㊁房室：此处意指『房事』。

5. 文帝《典论》曰：陈思王曹植《辩道论》云：世有方士，吾王悉招至之：甘陵有甘始，庐江有左慈，阳城有郄俭①。始能行气，俭善辟谷，悉号三百岁人。自王与太子及余之兄弟，咸以为调笑，不全信之。然尝试郄俭辟谷百日，躬②与寝处，行步起居自若也。夫人不食七日则死，而俭乃能如是。左慈修房中之术，善可以终命，然非有至情，莫能行也。甘始老而少容，自诸术士咸共归之，王使却孟节主领诸人。

注释 ①郄俭：同郤俭。郄（xì）：同郤，姓。②躬：亲自。

<解说> 曹植在《论辩道》中表达过曹魏对方士的态度，“自王与太子及余之兄弟，咸以为调笑，不全信之。”我们都拿来当茶余饭后的笑料，谁也不迷信。

但是后来经过亲自调研，曹植发现这个事是真的：“然尝试郤俭辟谷百日，躬与寝处，行步起居自若也。夫人不食七日则死，而俭乃能如是。”前面说过，郤俭的拿手绝技就是辟谷断食，曹操曾把他关在囚室里一年，人家不吃不喝照样没事。曹植这次又和郤俭同住了一百天，发现这人真能一百天不吃饭，还“行步起居自若也”。不由感慨大千世界真奇妙。

《道藏·洞神部·神仙食炁金樻妙录》记录过郤俭的食气养生法，大概就是在每天的什么时辰，分别吞咽几口气，只要坚持去做并做到了，就能如愿辟谷。现抄录如下：

《中岳郄俭食十一时炁法》：“平旦七七、四十九咽，日出六六、三十六咽，食时五五、二十五咽，禺中四四、十六咽，日中九九、八十一咽，日昳八八、六十四咽，哺时七七、四十九咽，日入六六、三十六咽，黄昏五五、二十五咽，人定四四、一十六咽，半夜九九、八十一咽，鸡鸣八八、六十四咽。呼吸如法咽之，即不饥矣。初绝谷三、七日，小极，头眩，慎勿怪也。满二十日成矣。气力日增，欲食可食，不欲即息。”

6. 近魏明帝时，河东有焦生者，裸而不衣，处火不燋①，入水不冻。杜恕为太守，亲所呼见，皆有实事。【周日用曰：焦孝然边河居一庵，大雪，庵倒，人已为死，而视之，蒸气于雪，略无变色。时或析薪惠人而已，故《魏书》云：『自羲皇以来，一人而已。』】

〓注释〓 ①燋：通『焦』，烧焦。

<解说> 焦先，字孝然，河东人，裸体爱好者。传说他不畏寒暑，火也烧不焦，冰也冻不死，还曾在大雪里安睡，是金刚不坏之身。

《神仙传》说他活了一百七十多岁，每天上山砍柴，但不拿去卖，反而免费送人，很慷慨。而且“常食白石，以分与人，熟煮如芋食之”。煮食玉石也是服食修炼的一种方法，可见这人是修道的。但人们问他：“你这修的是什么道？竟能不畏冰火？”焦孝然却说：“我无道也。”大家一听不得了，这是类似扫地僧一样的高人，充分领悟了老子“大道无名”的精髓。因为境界太高，焦先死后没有留下只言片语。

三国魏鱼豢所写的《魏略》的记载有所不同。《魏略》接近正史，我们更能看到焦孝然身上人的特质。上面记载：焦孝然二十多岁的时候，为了躲避白波贼（黄巾军的一支），跑到了扬州还娶了老婆，后来又跑到陕西关中。再后来，关中地区发生战乱，焦孝然和家属失散，自此“独窜于河渚间，食草饮水，无衣履”，变成了一个“狂痴人”。我们来看看这个狂痴人的行为：“然其行不践邪径，必循阡陌。及其捃拾，不取大穗；饥不苟食，寒不苟衣，结草以为裳，科头徒跣。每出，见妇人则隐翳，须去乃出。”

走路不歪歪扭扭，一定顺着大路走；在田里捡食物吃，绝对不摘饱满的麦穗，把它们留给别人；饭不随便吃，衣服不随便穿，穿草做的衣裙蔽体；“科头徒跣”是古代侗族的装扮，就是包着头，赤着脚；看见路上有妇女，马上藏起来，等人家走了才出来；饿了到别人家讨食，吃饱了就马上出来，绝不多拿一分。瞧瞧，多么有原则的人。《魏略》里还写他“不肯妄语”，也不吃太守给的“嗟来之食”，分明是个安贫乐道的儒家君子；他对时事也有清醒的认知，曾唱过一首谶纬歌，预言了曹魏伐吴的失败，是个不折不扣的有识智士。这样一股清流，却被时人诬为“狂痴人”，他也曾说自己是“草茅之人，与狐兔同群”，可见当时的社会的荒诞。因此西晋皇甫谧在《高士传》中给了他很高的评价：“彼行人所不能行，堪人所不能堪，犯寒暑不以伤其性，居旷野不以恐其形，遭惊急不以迫其虑，离荣爱有以累其心，损视听不以污其耳目，舍足于不损之地，居身于独立之处，延年历百，寿越期颐，虽上识不能尚也。自羲皇已来，一人而已矣！”

儒家眼里的隐逸高士，道家眼里的得道高人，这两版焦先表达的都是一种出世情结，反映的正是乱世的污浊与艰险，极具讽刺性。

当然，从这两版焦生中，我们还能发现一个问题：一个四处流浪乞讨的隐士，被传啊传，传成一位不畏冰火的仙道，可见上述神通广大的方士们，多半也是掺了水的。

7. 颍川①陈元方、韩元长，时之通才者。所以并信有仙者，其父时所传闻。河南密县②有成公，其人出行，不知所至，复来还，语其家云：『我得仙。』因与家人辞诀③而去，其步渐高，良久乃没而不见。至今密县传其仙去。二君以信有仙，盖由此也。【周日用曰：岂惟二子乎？】

＝注释＝ ①颍川：古郡名。在今河南禹州。②密县：古县名。在今河南新密。③辞诀：告辞诀别。

<解说> 为了证明仙道不伪，需要拉上几个大人物做证。比如魏晋时名声响亮的陈元方和韩元长。

陈元方，名纪，元方是他的字，颍川许昌人（今河南许昌东）。他是出了名的小机灵鬼，《世说新语》里有很多他的故事，比如著名的《陈太丘与友期》，小小年纪就懂得维护老爸，呵斥老爸的朋友不靠谱。他老爸陈寔更有名，是众人交口称赞的好官，博学、廉洁、仁义，因为久当太丘县长，所以人称陈太丘。因为父子三人品行高洁，陈元方与父亲陈寔和弟弟陈谌一同荣获“三君”之号。

韩元长，是陈太丘的弟子，生平不详。这俩人曾听自己老爸说过，河南密县有个叫成公的老头，一天出门后失踪了，很久之后才回来，告诉家人：我要成仙去了，别想我啊，反正以后也见不着了。从此之后，这俩人就相信有神仙的存在。

言下之意是：如此博学之人都相信了，你还不信吗？

周日用：我信。

8. 桓谭《新论》说方士有董仲君，罪系狱①，佯死②，臭烂，数日目陷虫出，既而复生。

注释 ①系狱：囚禁在监狱里。②佯死：装死。

<解说> 这个故事出自《新论·辨惑》。传说西汉哀帝、平帝年间，有个方士叫董仲君，因为犯法被逮进了监狱，就想了个办法脱身：假死。狱卒看董仲君尸体都腐烂生虫了，赶紧将他丢出大狱，结果一转头，人又好好地复活了。

你以为这是起死回生吗？桓谭说不，这不过是糊弄人的幻术把戏而已。这位东汉哲学家一向信奉“无仙道，好奇者为之”的理论，也就是世上本无神仙，编造的人多了，才有了神仙。他非常看不惯当时求仙迷信的风气，认为“生之有长，长之有老，老之有死，若四时之代谢矣”，生而为人，谁也逃不脱生老病死，妄图改变人的本性而追求不死，那可真是太糊涂了。

9. 黄帝问天老曰：『天地所生，岂有食之令人不死者乎？』天老曰：『太阳之草，名曰黄精，饵而食之，可以长生。太阴之草，名曰钩吻，不可食，入口立死。人信钩吻之杀人，不信黄精之益寿，不亦惑乎？』【周日用曰：草既杀人，仍无益寿者也，若杀人无验，则益寿不可信矣。】

<解说> 黄帝问天老：“天地之间，有能让人吃了不死的长生药吗？”

天老说：“有。那就是太阳之草，又叫黄精，把它做成饵药服食，就能长生。”为了增强说服力，天老还补充了两句：“太阴之草是钩吻，人一旦吃了，立即毒发身亡。人们相信钩吻草能杀人，却不相信黄精能使人长生不死，这不是很奇怪吗？”

背景知识补充：

黄精是百合科多年生草本植物，别名有龙衔、太阳草、黄芝、山生姜、玉竹黄精、土灵芝等，味甘性平，归脾、肺、肾经，常用来治疗脾胃虚弱、精血不足、体倦乏力等症状。

钩吻是马钱科一年生藤本植物，别名大茶叶、毒根、山砒霜、黄藤、猪人参、野葛、胡蔓藤、断肠草、烂肠草、朝阳草等。味辛性温，可以少量外用，用来消肿止痛，治疗跌打损伤、风湿痈疮等。但不能内服，有剧毒。

好了，天老同学请坐下，还有旁听生周日用。你们犯了一个典型的逻辑错误——前提不成立。我们来分析一下：

大前提 1：太阴之草是钩吻。太阳之草是黄精。

大前提 2：太阴之草与太阳之草药性相反。

大前提 3：死亡与长生对立。

小前提：因为钩吻能杀人。

结论：所以黄精能令人长生。

发现问题了。第一，大前提 1 不能确定。

因为“太阳草”和“太阴草”是人为设定的概念，钩吻和黄精则是指现实生活中真实存在的草木，他们不具备一一对应性。钩吻还有个别名叫朝阳草，跟太阴显然没啥关系了。第二，大前提 2 错误。太阳和太阴是阴阳学上对立的两个概念，是很抽象的、形而上的说法，太阳草和太阴草药性对立，也是人的主观认识而已。

周日用已经认识到，即使有钩吻这样杀人的草木，也不一定就有对应的、令人长生的草木。

但他也被绕进去了，犯了另一个逻辑错误——否定前件。即：

如果钩吻能杀人，黄精就能令人长生；

如果钩吻不能杀人，黄精也就不能令人长生。

说到底，钩吻跟黄精根本就没有“药效相反”这层关系，所以钩吻杀不杀人，与黄精没什么关系。

当然，用西方逻辑去指责古人，显然太过分了；用现代科学去纠正神仙学说，也太较真了。中国古代有自己的哲学逻辑，阴阳二元对立就是其中之一，从这个角度来看，太阴草和太阳草确实是一对相反的概念；而长生不死、服食修道更是一种宗教世界观，所以天老的疑惑和推理都是合情理的。

陶弘景就曾为天老打过圆场：“钩吻别是一物，叶似黄精而茎紫，当心抽花，黄色，初生极类黄精，故人采多惑之，遂致死生之反。”他说钩吻也许和黄精是一对双胞胎草，长得太像，人们很难分辨。这是在为钩吻和黄精建立一层对立关系，好让二者的药性也自然与“生死”对立起来。这种强行打圆场的说辞，显然不符合草木的实际性状，很快就被后人否定了。

10. 左元放度荒年法：择大豆粗细调匀，食之必生者，熟挼①之，令有光，烟气彻豆心内。先不食一日，以冷水顿三升，服讫。其鱼肉、菜果、酒酱、咸酢②、甘苦之物不得复经口，渴即饮水，慎不可暖饮。初小困，十数日后，体力壮健，不复思食。

注释 ①挼：搓揉。②酢：通『醋』，这里指酸味。

<解说> 这是左慈牌辟谷法：首先，选择个头均匀的生大豆，用手指反复搓揉，直到大豆变得润滑光泽，且手指的暖气传遍整个豆子。其次，服食者保持一天的空腹，然后第二天就着冷水，分顿将大豆吃完，之后一切肉菜蛋奶都不能再吃，渴了只能喝水，且必须是冷水。注意，刚开始人会觉得疲乏困倦，此时一定要忍住，十几天后，人就会变得神清气爽、身强体健，再也不觉得饥饿。

可为何不叫“辟谷术”，要叫“度荒年法”？这其实揭示了魏晋时期，民众迷信神仙方术背后的辛酸。学者研究指出，魏晋南北朝是我国历史上第二个寒冷期，夏霜夏雪现象频繁出现，别说作物庄稼，连人马都要冻死好多，再加上连年战乱，导致旱灾、饥荒不断发生。与此同时，上层财阀士族在干吗呢？石崇之类的财阀在斗富，司马、萧、刘之类的诸侯在争权，文人士族则忙着游山玩水、兴建庄园，都在挤占更多的自然资源，百姓们全都过得苦哈哈的。

这时候，左慈之类的方士横空出世，他们不吃饭也不会饿死，反而身强体健；他们不穿衣也不觉得冷，反而老而少容，解决了百姓的燃眉之急。看看那些服食辟谷的药方，吃的不是大豆、糯米、粳米、黑豆之类的便宜作物，就是白石、水银、黄精之类的山石野草，喝的也都是冷水寒汤之类，多省钱啊。

百姓的愿望其实很简单：不求成神成仙，就想吃口饱饭；如果吃不上饭，起码教我一个不会饿死的方法。没办法，因为活着本身，就是一个奢求了啊。

11. 食大豆法三升为剂，亦当随入先食多少增损之。岁丰欲还食者，煮葵子及脂苏①肥肉羹渐渐饮之，须豆下乃可食。豆未尽而食实物，肠塞，则杀人矣。此未试，或可以然。【周日用曰：一说腊涂黏饼，炙饼令热，即涂之，以意量多少即食之，如常渴即饮冷水，忌热茶耳。】

注释 ①脂苏：同“脂酥”，豆腐。

〈解说〉 “食大豆法” 就是上述“度荒年法”。上条讲了服食的过程、禁忌，这条补充了服食的量与解法。

量上，大豆是三升左右，根据个人情况酌情加减。而解法呢，是指度过荒年以后，解除辟谷状态的方法：用葵籽、豆腐和肥肉炖汤喝，待体内的人豆全部排出，才能开始进食。注意，大豆没排干净可不行，未排除的大豆会堵塞肠道，活活把人憋死。

这是什么原理？

《抱朴子》中有很好的解答。书中提到了很多种服食辟谷法，它们的要旨都是“守中”。“守中”一词出自老子，原本指保持内心的虚无清净，被应用到道教服食理论里，就变成：让食物久居腹中，不消化不腐烂，以此镇中养神，保持不饥饿的状态。

比如“以甘草、防风、苋实之属十许种捣为散，先服方寸匕，乃吞石子大如雀卵十二枚，足辟百日，辄更服散”。用甘草、防风等药散配着石头吃；又如周日用所说，在黏饼上涂一层蜡，然后服食蜡饼。再如“或先作美食极饱，乃服药以养所食之物，令不消化，可辟三年”。先吃美食吃个饱，再服用一些草药方剂，让食物无法消化。等到解除辟谷之后，“则所作美食皆下，不坏如故也”，当年吃的什么，现在就能原封不动地排出来什么。为了节省粮食，连石头、蜡油、防腐剂都吃了，想想也是可怜。

当然，在今天看来很是荒谬的服食，当时的人也半信半疑，连笃信仙道的作者也说：“此事未试。”唔……也许是能行的吧？

12.《孔子家语》曰：『食水者乃耐寒而苦浮，食土者无心不息，食木者多而不治，食石者肥泽而不老，食草者善走而愚，食桑者有丝而蛾，食肉者勇而悍，食气者神明而寿，食谷者智能而夭，不食者不死而神。』《仙传》曰：『杂食者，百病妖邪之所钟焉。』

＜解说＞　关于辟谷不食就能长生不死的说法，就是源自这里。这段话应该是先秦时期广为流传的经典之语，在《淮南子》《孔子家语》《大戴礼记》中都有记载。

食水者，水生物，指虾蟹蚌鱼之类。它们天生会游泳，生性耐寒凉。食土者，以土为食的动物，指蚯蚓之类。古人认为蚯蚓是吃土动物，它们没有心脏，而且不用呼吸。（其实蚯蚓吃的是土壤里的腐殖质，一般有2~5个环血管状心脏，呼吸是靠体表黏液和毛细血管完成的。）食木者，以树木为食的动物，指熊、犀牛之类。它们气血充盈，力气很大，所以难以驯服。（犀牛是食草动物，但熊其实是杂食动物，青草、嫩芽、苔藓、浆果、鱼蛙、鼠类、鸟卵、蚂蚁、蜂蜜、鹿、羊都是它的盘中餐。）食草者，以草为食的动物，指麋鹿之类。这些家伙跑得快，但是傻。食桑者，以桑叶为食的动物，指桑蚕之类。它们能结茧，变成小飞蛾。食肉者，以肉为食的动物，指虎狼鹰狐之类。它们勇猛凶悍，不好惹。食气者，食用天地元气的动物，指龟之类。古人认为龟有神灵性，是食气而生的，所以长寿。西汉刘向《说苑》中的说法就很有代表性："灵龟，千岁所化，下气上通，能知吉凶存亡之变。"（其实龟也是杂食动物，草、鱼、虫都吃。）食谷者，就是吃五谷杂粮的人类。虽然我等自诩灵长，聪明，可惜短命。

说了这么多，是想表达什么呢？点题句来了："王者动必以道，静必顺理，以奉天地之性，而不害其所主，谓之仁圣焉。"就是说，真正有德行的人，应该顺应天道和物理，应该遵循客观规律，这才叫"仁圣"之举。

但修仙者们偏不，他们就想长寿，就想不死，于是立志从改变食谱做起。但是《抱朴子》又说："食草者善走而愚，食肉者多力而悍，食谷者智而不寿，食气者神明不死。此乃行气者一家之偏说耳，不可便孤用也。"这是行气者的一家之言而已，光食气或者不食是不行的，还得配合服食、导引之法才行。葛洪还说了："若未便绝俗委家，岩栖岫处者，固不成遂休五味，无致自苦，不如莫断谷而节量饥饱。"断谷须谨慎，服食有风险，没有斩断七情六欲，没有每天泡在深山老林里的决心，还是别自讨苦吃了，不如少吃多餐养养生吧。

<解说> 唐代诗人鲍防写过一首《杂感》："汉家海内承平久，万国戎王皆稽首。天马常衔苜蓿花，胡人岁献葡萄酒。"

葡萄早在张骞出使西域之后，就被引进了中国，据《史记·大宛列传》记载："汉使取其实来，于是天子始种苜蓿、蒲陶。"既然都种出了葡萄，我们难道不会拿它酿酒吗？为何还需要胡人每年上贡？

其实是因为西域葡萄酒的酿制方法和我国古代的酿酒法是不同的。唐宋以前，我们酿酒主要是采用发酵法，这样酿出来的酒带谷物残渣，所以称"浊酒"，古人喝酒常说"吃酒"，就是连酒中残渣一起吃下去。但发酵酒度数不高，大概在 0～20° 左右，不容易喝醉，而且比较养生。缺点是容易腐坏，就是人们常说的"酒酸了"。

而西域酿葡萄酒使用的是蒸馏法，就是在发酵法的基础上进行二次发酵，这样酿出来的酒没有渣滓，酒精度数高，所以不容易腐坏。这就是所谓的"积年不败"和"醉弥月乃解"。

据《唐书》记载："葡萄酒，西域有之，前世或有贡献，及破高昌，收马乳蒲桃实于苑中种之，并得其酒法，自损益造酒，酒成，凡有八色，芳香酷烈，味兼醍醐。既颁赐群臣，京中始识其味。"也就是说，在唐太宗大破高昌国以后，这才得到酿葡萄酒的"蒸馏法"，从此才不用把胡人岁贡的"葡萄酒"当个宝贝了。

13. 西域有蒲萄①酒，积年不败，彼俗云：『可十年饮之，醉弥月乃解。』

注释

①蒲萄：葡萄。

14. 所食逾少，心开逾益，所食逾多，心逾塞，年逾损焉。

<解说> 少食是古人强调的养生之法。《抱朴子·养生论》便说："不饥勿强食，不渴勿强饮。""食欲常少，少勿至饥。"人不要吃太多，也别饿着自己，这是最健康的状态。

现代医学也证明，少食多餐有利于人体消化吸收。因为胃是肠胃道中供血最丰富的器官，当人们吃饱之后，全身的血液将主要集中到胃部，开始努力消化食物。如果吃得太多，而且顿顿过食，那么心脏要持续为胃部供血，会导致冠状动脉血流减少，容易诱发心绞痛、心律失常之类的心血管疾病。血液集中在胃部，脑部供血相应减少，人就容易觉得昏昏沉沉，老打瞌睡。而且在消化时，人体会分泌大量胃酸和胆汁，容易引起胃溃疡、胃下垂、胆绞痛等病。

总之一句话，人体如果是一台机器，长期过食就是让这台机器 24 小时无间歇运作，中间还不给午休，是很不利于健康的习惯。

15. 汉淮南王谋反被诛，亦云得道轻举①。【周日用曰：《汉书》云：淮南自刑，应不然乎？得道轻举，非虚事也。至今维阳②境内，马迹犹存。且日与成公同处，皆上品真人耳。既谈道德，肯图叛逆之事？况恒行阴旨，好书艺，不善弋猎，《淮南内书》言神仙黄白之术，去反事远矣。夫古今书传多黜仙道者，虑帝王公侯废万机，而慕其道，故隐而不书，唯老聃不可掩而云，三百岁后，西游流沙，不知所云。庾书云蜀有女道士谢自然，白日上升，此外历代史籍未尝言也。】

注释 ①轻举：轻身飞升。②维阳：即维扬，古地名。今江苏省扬州市。

<解说> 据《史记》《汉书》记载，淮南王刘安因谋反被杀，死后淮南国改为九江郡，淮南王的名号也没人继承了，于是我们今天所说的淮南王，就指的是刘安。

但是在野史传说里，淮南王不是谋反被杀，而是得道成仙去了。比如《神仙传》记载，有八个白发苍苍的老头来给淮南王传道，他们合称“八公”，八公能呼风唤雨、役使鬼神、分形变化，还能给刘安炼制升仙药，神通广大得很。只是药没来得及吃，刘安就遭人诬告，以谋反大罪获刑，八公说：你看，凡间已经容不下你了，是时候飞升啦。于是刘安便“登山大祭，埋金地中，即白日升天”。

刘安为什么会被神化呢？

主要是因为刘安是西汉黄老学说的代表人物。他召集门客编写了鸿篇巨制《淮南子》，又称《淮南鸿烈》，它融汇了先秦诸子百家的观念，以道家、阴阳家、墨家的思想为主，在后人尤其是道学家眼中，地位非常高。

高诱曾评价《淮南子》：“其旨近老子，淡泊无为，蹈霈守静，出入轻道。言其大也，则焘天载地；说其细也，则论于无垠。及古今治乱，存亡祸福，世间诡异瑰奇之事。其义也著，其文也富，物事之类，无所不载。”就是说它包罗万象，既讲了天地之道，又讲了治世之法，还讲了好多有趣的故事，立意高，文笔还特别好，总之一个字：棒。高诱还说：“学者不论淮南，则不知大道之深也。是以先贤通儒述作之士，莫不援采以经验传。”没学过《淮南子》，就别标榜自己学养深厚，你看大儒学家们，哪个不跟着《淮南子》学道理？近代梁启超也说：“《淮南鸿烈》为西汉道家言之渊府，其书博大而和有条贯，汉人著述中第一流也。”胡适也说：“道家集古代思想的大成，而淮南书又集道家的大成。”后人对它交口称赞。

周日用的看法就代表了民间对刘安谋反之说的一种态度：

首先，刘安这人温文尔雅。《史记·淮南衡山列传》上写着：“淮南王安为人好读书鼓琴，不喜弋猎狗马驰骋，亦欲以行阴德拊循百姓，流誉天下。”一个爱好和平、善待百姓的文人，怎么可能谋反？其次，刘安身边聚集了很多得道之人，他的书里也全是“道德”之论，什么做人应该顺应天道啦，什么减少贪欲啦，这样的人怎么可能谋反？所以，史书上说他谋反，一定是觉得淮南王成仙是个真事，害怕帝王们都去求仙问道，不理国政，才随便编个理由而已。

16. 钩弋夫人被杀于云阳，而言尸解柩①空。【周日用曰：史云夫人被大风拔树，扬沙揭石，亦不云尸解柩空。】

注释 ①柩：装着尸体的棺材。

<解说> 钩弋夫人是汉武帝晚年的宠妃，汉昭帝刘弗陵的生母，据《汉书》记载，武帝想立刘弗陵为太子，但是担心子少母壮，吕后乱政的悲剧会重演，于是给钩弋夫人安了个罪名，钩弋夫人又惊又怕，忧郁而死，死后被葬在云阳。野史传说如《汉武故事》却说，钩弋夫人是被武帝所杀，死后尸解仙去了。

尸解是道教术语，指得道者可以遗弃肉体而仙去，好像金蝉脱壳一样。北周道教类书《无上秘要》就说："夫尸解者，形之化也，本真之练蜕也，躯质之遁变也。"或者连尸体也不留，只留下衣冠、刀剑等物，《洞真藏景录形神经》中介绍了好几种尸解的方法："尸解之法，有死而更生者；有头断已死，乃从旁出者；有死毕未殓而失骸者；有人形犹存而无复骨者；有衣在形去者。"著名道士李少君、王和平等人，传说都是尸解而仙去了。

而钩弋夫人一介后妃，为什么也能尸解？

因为她的经历传奇，让人们相信她有仙缘。据《汉书》，武帝到河间（今河北）去狩猎，看风水的人告诉武帝："此有奇女。"说这里有个神奇的女子，武帝当然好奇，于是便派使者找回来一个美人。美人生下来就双手握拳，怎么也伸不开，结果武帝一握她的手，美人的拳头立刻伸开了，而且手心还有一对小玉钩，武帝一看，这不就是天赐良缘吗？于是把她带回宫里，封为"钩弋夫人"。钩弋夫人怀刘弗陵时，足足怀了十四个月，差点又生出一个哪吒。凡此种种，让人们更加相信，此女绝非凡人。

《搜神记》中便说："初，钩弋夫人有罪，以谴死。既殡，尸不臭，而香闻十余里。因葬云陵，上哀悼之。又疑其非常人，乃发冢开视。棺空无尸，惟双履存。一云：昭帝即位，改葬之，棺空无尸，独丝履存焉。"

17. 文帝《典论》云：议郎李覃①学郤俭谷食茯苓，饮水中不寒，泄痢殆至殒命。军祭酒弘农董芬②学甘始鸱视狼顾，呼吸吐纳，为之过差，气闭不通，良久乃苏。寺人③严峻就左慈学补导之术，阉竖④真无事于斯，而逐声若此。

【注释】①议郎：为光禄勋所属郎官之一，掌顾问应对，无常事。②军祭酒：军中掌参谋的幕僚长。弘农：古郡名，在今河南灵宝。③寺人：又作侍人，宫中侍御的宦官。④阉竖：对宦官的蔑称。

<解说> 这是修仙的反例。

议郎李覃是郤俭的粉丝，于是学着以茯苓服食法辟谷（**参考上述大豆辟谷法**），不幸忘了注意事项，喝了口热水，食物在肠胃里防腐失败，就成了泄痢，就是不消化还拉肚子，结果一命呜呼。

军祭酒弘农董芬是甘始的粉丝，于是学人家“鸱视狼顾”的导引之法，不幸没掌握动作要领，差点憋死。

寺人严峻是左慈的粉丝，于是跟着人家学房中术。可寺人是宫中宦官啊，曹丕无奈吐槽：跟风也跟得有点水平，好歹选个适合自己的偶像啊。

<解说> 传说曹操为了延年益寿，跟甘始、左慈、东郭延年学房中术，还说确实有用，但不知道为何仅活了六十六岁。

传说有个号称降龙道士的刘景，曾得到一个修炼秘方“云母九子丸”，因此活了三百岁；他曾把秘方献给汉武帝，武帝也常吃这药丸，还说很管用，但不知道为何没活到三百岁。

传说河间王刘德因为主审淮南王谋反一案，得到了淮南王的修炼奇书《枕中鸿宝秘书》，他拿给儿子刘向一看，俩人都很激动，因为上面不仅记了很多修仙法门，还记载了“点石成金”大法，父子二人立刻上报汉武帝。要知道，刘德和刘向都是藏书、校书大家，今天可见的先秦经典如《诗经》《尚书》《楚辞》《山海经》等，都是经过这父子俩整理修订的；刘向还和儿子刘歆共同编写了中国第一部目录学著作《七略》，堪称当时最博览群书的人。由于刘德父子在知识上的权威性，汉武帝很快相信了“点金术”，并“令典尚方铸作事”，开始了制造黄金大业，可惜最后金子没点出来，反而耗费了很多财力、物力，刘德父子二人也差点被判死罪。

周日用读后感：天赋很重要。不论是神仙之道，还是黄白之术，都得有那个根骨才行，不然，还是不要揽瓷器活了。

18. 又云：王仲统①云：甘始、左元放、东郭延年，行容成御妇人法，并为丞相所录。间行其术，亦得其验。降龙道士刘景受云母九子元方，年三百岁，莫之所在。武帝恒御②此药，亦云有验。刘德治淮南王狱③，得《枕中鸿宝秘书》，及子向咸而奇之。信黄白之术可成，谓神仙之道可致，卒亦无验，乃以罹④罪也。【周日用曰：神仙之道，学之匪一朝一夕而可得。黄白者也，仍须有分，升腾者应须有骨，安可偶然而得效也。】

注释 ①王仲统：范《校证》疑为"仲长统"。仲长统：字公理，东汉末年哲学家、政论家。山阳郡高平（今山东济宁市西南部）人。著有《昌言》。②御：使用。③刘德：即刘德，西汉河间王。汉景帝之子，毕生致力于整理古籍，又称"献王"。治淮南王狱：审理淮南王的案件。④罹：遭受。

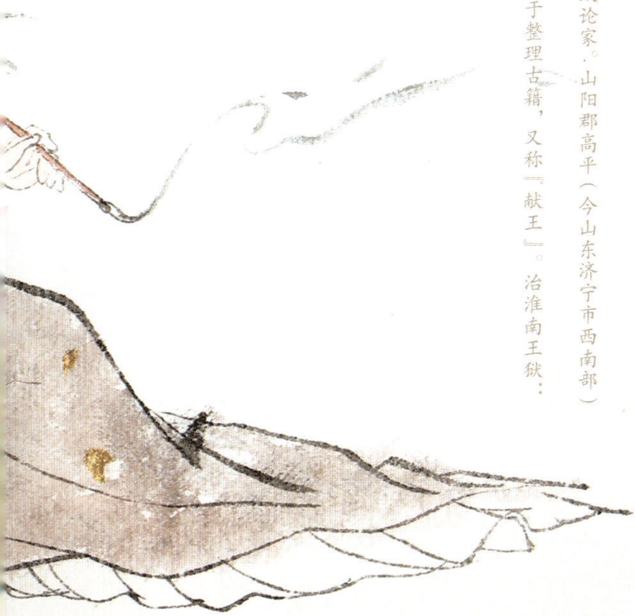

19. 刘根不觉饥渴。或谓能忍盈虚[1]，王仲都当盛夏之月，十垆[2]火炙之不热；当严冬之时，裸之而不寒。恒山君以为性耐寒暑。恒山以无仙道，好奇者为之，前者已述焉。

注释 ①盈虚：有余和不足。这里指忍饥挨饿。②垆：土台子。

＜解说＞ 刘根和王仲都之事，出自桓谭《新论·辨惑》。他认为这俩人纯粹是体质比普通人好，一个食欲不旺，一个耐热抗冻而已，核心主旨依旧是“无仙道，好奇者为之”，这在董仲君条已经谈到。

但刘根这人，传说不仅能辟谷断食，还会捉鬼。据《后汉书·方术列传》记载，当时很多百姓上嵩山找刘根学法，颍川太守史祈却认为刘根是个“妖妄”，把他抓起来质问：“你会什么法术啊，我看你精通的是骗术吧。”刘根说不不不，我能让你看见鬼。史祈说：看就看，谁怕谁？刘根就把史祈的死去的十几位祖先全部召唤出来了，鬼祖先们先好好给刘根磕头认错，接着骂了史祈一顿：你小子天天惹事，死了都不让我们安生！史祈这才“惊惧悲哀，顿首流血”，刘根也不搭理他，径直仙去了。

20. 司马迁云：无尧以天下让许由事。扬雄亦云：夸大者为之。扬雄又云：无仙道。桓谭亦同。

<解说> 《庄子·逍遥游》的说法，是尧听闻许由是个大贤人，就要把天下让给许由来坐，结果许由压根不要，还说，荣华富贵功名利禄什么的，境界太低。

《史记·五帝本纪》的说法，是尧把天下禅让给了舜，没许由什么事儿。

其实这两位说得可能都不对。《荀子·正论》里说：“夫曰尧舜禅让，是虚言也，是浅者之传，陋者之说也。”《韩非子·说疑》说得更直白：“舜逼尧，禹逼舜，汤放桀，武王伐纣，此四王者，人臣弑其君者也。”舜是在尧年老力衰之时将他赶下王位，哪有什么温情脉脉的禅让，不过是权力厮杀、交相争夺罢了。

至于扬雄，作为一位根正苗红的西汉儒学家，当然是支持“尧舜禅让”说。他的《太玄经》是一部道学著作，但其继承的是先秦老子的道家思想，而不是神仙道教之说，他认为“有生者必有死，有死者必有终”，认为升仙长生之说不靠谱，不仅如此，他还斥责这些荒谬神学严重歪曲了儒家学说，打击了儒学的地位，应该坚决抵制。可以说，桓谭“无仙道”思想，就是从扬雄那继承来的。

卷陆

考证

1. 昔彼高阳，是生伯鲧，布土，取帝之息壤，以堙①洪水。

注释 ①堙（yīn）：堵塞。

< 解说 > 大禹治水是子承父业。

禹的老爸叫鲧，据《史记》《左传》《国语》等书记载，鲧是颛顼的儿子，黄帝的玄孙，因被封在崇地，所以人称崇伯，也叫伯鲧。当时天下洪水泛滥，尧帝派鲧去治水，结果鲧治了整整九年，一点成效都没有，于是尧帝一怒之下杀掉鲧，改派鲧的儿子大禹去治水。

鲧失败的原因很简单，就是没用对方法。《山海经·海内经》中说："洪水滔天，鲧窃帝之息壤以湮洪水。"鲧的治水策略是堵：洪水流到哪里，他就挖土填哪里。可好挖的耕地、沙土都用光了，洪水还是没有止住。怎么办？鲧又上天去偷天帝的息壤，息壤生土无穷，却压根不治本。东边大川刚填上，西边长河又决了口，长此以往，洪水受灾的区域反而越来越大。

堵不如疏。鲧死之后，大禹吸取父亲的教训，采取"决九川，距四海，浚畎浍距川"（《尚书·益稷》）的方法，开挖河道、清理沟渠，将洪水引向大海，最终取得了成功。

2. 殷三仁：微子、箕子、比干。

<解说> 这三位不仅是殷末重臣，也是纣王亲戚。

据《史记·殷本纪》记载，微子是帝乙长子，纣王长兄。他见老弟荒淫无道，怎么上谏都不听，于是出国避难，最后归降于周。箕子是帝乙之弟，纣王的叔叔，他见大侄子奢靡无度，苦口婆心地劝阻，却被纣王贬为奴隶，丢进监狱，只好装疯卖傻，最后逃亡朝鲜。比干也是纣王的叔叔，他见大侄子残忍暴虐，于是拼死上谏，最终被挖心而死。

因此《论语·微子》里说："微子去之，箕子为之奴，比干谏而死，殷有三仁焉。"在殷末乱世之际，这三人不同流合污，不助纣为虐，反而不顾安危拼死上谏，可以说是很有仁德了。

3. 文王四友：南宫括、散宜生、闳夭、太颠。

<解说> 这四位是周文王的得力助手。

南宫适又称南宫辞、南宫括，西周出土的甲骨刻辞里有箕子来降周的记录，占卜结果说，南宫辞最适合处理这事，这证明他在当时很有威望。太颠又叫泰颠，有人说他就是姜太公，因为他也是苦出身，《墨子·尚贤》说："文王举闳夭泰颠于罝罔之中。"罝罔指渔猎之民，跟姜太公钓鱼的传说很像。闳夭和散宜生是拯救文王的功臣，《史记·殷本纪》里讲："西伯之臣闳夭之徒，求美女奇物善马以献纣，纣乃赦西伯。"纣王怀疑周文王要造反，于是把他抓来囚在羑里城，闳夭等人知道纣王贪财，就去异域求来很多珍宝上贡纣王，这才把文王安全赎了回来。毕沅补充说，散宜生也在这赎人小分队里。

虽然史料记载不多，但四臣的地位是毋庸置疑的。《尚书·君奭》记载："在昔上帝割申劝宁王之德，其集大命于厥躬，惟文王尚克修和我有夏。亦惟有若虢叔，有若闳夭，有若散宜生，有若泰颠，有若南宫括。"意思是这四臣再加一个虢叔，都为周的称霸立下了汗马功劳，是安邦定国的重量级人物了。

4. 孔子四友：颜渊、子贡、子路、子张。

<解说> 这是孔子最出名的四个学生。

他们性情各不相同。孔子曾评价道："夫回能信而不能反，赐能敏而不能诎，由能勇而不能怯，师能庄而不能同。"（《孔子家语》）颜回为人诚信，道德可以说很高尚了，但有时太清高了，反而不懂变通；子贡机敏善辩，但有时不知退让，弄得好像常有理一样；子路勇武过人，但太过鲁莽，少了点敬畏之心，这样容易吃亏；子张谨严持重，但一天到晚一副很威严的样子，就没了亲和力，朋友都不愿跟他亲近。

从这四人的成就来看，孔老师的点评是很精准的。

颜回清高，所以终身未仕，家里也是一穷二白，虽然他在精神上安贫乐道，身体却没那么高的境界，很快就得了怪病，不幸英年早逝。

子贡机敏善辩，所以先后担任鲁、卫两国宰相，尤擅外交；他又能找准商机，赚钱赚到"家累千金"，成了孔门大富豪。

子路勇武不怯，所以在卫国发生政变时，他没有听从劝告选择逃跑，而是孤身与逆臣蒯聩的军队搏斗，最终被剁成肉泥，应了孔子"不得其死"的预言。

子张威严持重，所以难免与同门合不来。曾子说"难与（子张）并为仁"，子游也说他"未仁"。有人解读为子张性情偏激固执，孔子说"师也僻""师也过"，僻，可以理解为孤僻固执，过可以理解为偏激张扬，也就是没法与人和而不同；也有人解读为子张太重视形式主义，没理解儒家仁德的精髓，所以大家并不认可他的学说，这也是后来荀子诟病子张的重点了。

5. 曹参字敬伯。

<解说>　“萧规曹随”这个成语，很好地概括了曹参一生的功绩。

曹参，字敬伯，原本是沛县监狱的一个小吏，后来跟随刘邦起义反秦，立下了汗马功劳，开国后被封为平阳侯，并接替萧何成为西汉第二任相国。

据《史记·曹相国世家》记载，成为相国的曹参，开始了饮酒作乐、划拳唱歌的幸福生活，有人来问他政事，他就指指法令文书：萧相国都规定好了，你就照着旧例做呗。汉惠帝听说了很不高兴，指责曹参消极怠工。曹参气定神闲地解释：陛下，您比高祖英明吗？我比萧何聪敏吗？没有吧，那干吗推翻他俩制定的法度呢？咱俩各安其位，各自轻松，多好。

其实曹参这种做派是一种“无为而治”的政治理念。曹参和萧何的关系并不算好，俩人在开国封赏时还争过头功，曹参继任之后，完全可以推翻萧何旧制来彰显自己的政绩，但他没有选择这么做，而是安守成规，宽厚理政，驱逐那些总想搞事情、博功名的官员，只留一些老实人在朝中任职，目的就是与民休息，恢复经济，可见他胸怀之广。司马迁在《太史公自序》里说：“与信定魏，破赵拔齐，遂弱楚人。续何相国，不变不革，黎庶攸宁，嘉参不伐功矜能。”对他很是赞赏了。

6. 蔡伯喈母，袁公妹曜卿姑也。

<解说>　蔡邕字伯喈，陈留郡圉县人，是东汉时期著名文学家、书法家。他博学多才，为人纯孝，汉灵帝时曾在洛阳东观校对书籍，董卓时担任祭酒，封为高乡阳侯，董卓死后被王允所杀。

袁公指袁滂，字公熙，望族陈郡袁氏之后，曾在汉灵帝时担任朝廷最高长官，也就是司徒。据东晋袁宏《汉纪》记载，袁滂为人清心寡欲，不爱攀附结党，也不爱说人坏话，因此能在数次党锢之祸中独善其身，在当时很有威望。袁滂的儿子袁涣，字曜卿，为人“清静，举动必以礼”，也是个很有德行的人。

蔡邕为袁氏家族的人写过不少碑文，比如《司徒袁公夫人马氏碑铭》《司空袁逢碑》《袁满碑》之类，内容多是溢美之词，就是变着法地夸人好，所以后人总吐槽蔡邕攀附权贵。要按这条记载来看，蔡邕的母亲是袁滂的闺女，袁涣的妹妹，人家原本就是半个袁家人，和夫人娘家亲厚一些，写几篇文章交流交流感情，其实是很合情理的事了。

7. 古之善射者甘蝇，蝇之弟子曰飞卫。

<解说> 这个故事出自《列子》。

古代有个射箭大师，叫甘蝇。甘蝇有个青出于蓝的弟子，叫飞卫。有个叫纪昌的人听说了，就去向飞卫讨教箭术，飞卫只教给他两招：

第一，“尔先学不瞬，而后可言射矣。”也就是学会不眨眼。纪昌就回家趴在妻子的织布机下，盯着上下摇晃的踏板每天练习，练了两年，终于达到“不瞬”之境，即使锥尖快要戳到眼球，他的眼皮也能纹丝不动。

第二，“必学视而后可。视小如大，视微如著，而后告我。”也就是得观察入微。纪昌回到家里，就拿一根牛毛拴住虱子，把它吊在窗框上观察。刚开始看的时候，虱子只有米粒大小，看了三年之后，虱子好像变得有车轮那么大，身上的每根毫毛都能看得清清楚楚了。于是纪昌引弓射箭，一箭就命中了虱心。

飞卫听说后，激动到捶胸顿足：徒弟，你出师了！由此看来，飞卫的秘诀不在弓，不在箭，不在射，只在眼而已。

8. 平原管辂善卜筮，解鸟语。

<解说> 管辂，字公明，平原人。

这人虽然长得丑，爱喝酒，没什么威仪，但是个神仙级人物。据《辂别传》记载，管辂从小就和别的孩子不一样，他喜欢观星，痴迷到成夜成夜不睡觉。到他再大一点，思维清奇又显露出来，连村里最博学的老头都说不过他。管辂成人后研习周易，观星术、风角术、鸟占术、相面术……凡是跟卜筮有关的，他没有一样不精通。《三国志·管辂传》中记有很多管辂占卜的例子，比如成功预言何晏的死期，甚至连自己的寿数，都丝毫不差地算了出来，可以说是百占百验了。

9. 蔡邕有书万卷，汉末年载数车与王粲。粲亡后，相国掾魏讽谋反，粲子与焉。既被诛，邕所与粲书悉入粲族子业，字长绪，即正宗父，正宗即辅嗣兄也。初，粲与族兄凯避地荆州，依刘表。表有女。表爱粲才，欲以妻之，嫌其形陋，乃谓之曰：『君才过人而体陋，非女婿才也。』凯有风貌，乃妻凯，生叶，即女所生。

<解说> 王粲这人很有才华。他名粲，字仲宣，山阳高平人，是东汉末著名文学家，“建安七子”之一。据《三国志·王粲传》记载，王粲有一次去拜访文坛老前辈蔡邕，当时已是天下闻名、满朝敬重的蔡邕听说后，立刻扔下家中满庭的宾客，“倒屣迎之”，急匆匆地上门口迎接他，连鞋都穿反了。等把王粲接进来，还对宾客们满口夸赞：“（王粲）有异才，吾不如也。吾家书籍、文章，尽当与之。”别看这小子年轻瘦弱，他可比我厉害多了，我今天正式宣布，我家里的所有藏书、文章，全都送给他了！当时的书基本是竹简，储存携带不便；又全是手抄，复刻非常麻烦；再加上蔡邕曾在东观校书，藏书里八成还有不少珍稀古籍的抄本，这满满几车的书，无疑是笔不菲的财产。王粲死后，这书就传给了他的儿子，他的儿子死后，又传给了他的族子。可以说，王粲一人的出息，让整个家族都受了惠泽。

可惜王粲这人没有颜值。三国乱世之际，王粲和族兄王凯曾投奔过荆州牧刘表，刘表欣赏王粲的才华，打算跟他结个亲家。但王粲长得不好看，《三国志·王粲传》中说他“容状短小”，也就是又矮又丑。刘表只好很为难地说：王君啊，你的才华没得说，就是外形太吃亏，做大臣没问题，做女婿嘛就有点……我看你堂哥王凯又高又帅，不如我把女儿嫁给他，咱们还做亲家。于是王凯就娶了刘表的闺女，生下了儿子王业。王业，字长绪，是著名经学家王弼的父亲，在曹魏时曾做到谒者仆射，主掌朝廷礼仪与传达王令，也是千石级的大官。蔡邕送给王粲的书籍，最后也是这位继承了。

10. 太丘长①陈寔，寔子鸿胪卿②纪，纪子司空③群，群子泰，四世于汉、魏二朝有重名，而其德渐小减，故时人为其语曰：『公惭卿，卿惭长。』

＝注释＝ ①太丘：古县名，今河南永城太丘镇。长：掌管。②鸿胪卿：官名，又称大鸿胪。掌朝会时赞导礼仪。③司空：官名。掌水利、营建之事，晋时往往作为权臣的加官，地位高于三公。

<解说> 魏晋时流传一句谚语“公惭卿，卿惭长”，意思是颍川陈氏四代人，德行一代不如一代。这个德行，其实是就政治操守而言的。

陈寔只是太丘县的县长，但他这人很识进退。在党锢问题上，他选择不站队不评价，不仅多次推辞担任高官，还不去得罪当时掌权的大宦官张让，得以独善其身；在忠君问题上，他终老于东汉灵帝一朝，谈不上侍奉二主，得以保全名节。因此陈寔的口碑最佳、名头最响，成为东汉末年的道德楷模。

他的子孙则没那么好运。儿子陈纪在董卓入洛阳后被迫出仕，先后担任了五官中郎将、尚书令等官职；袁绍杀董卓之后，又在袁绍手下当了大鸿胪。孙子陈群先跟着刘备，又转投曹操；曾孙陈泰则在曹氏和司马氏的争斗中态度暧昧，两边都不得罪。因此在后世儒者眼里，陈氏子孙的官越做越大，可名节却怎么都比不上先人了。

11. 圣人制作曰经，贤者著述曰传、曰章句、曰论、曰解、曰读，郑玄[1]注《毛诗》曰笺，不解此意。或云毛公[2]尝为北海郡[3]守，玄是此郡人，故以为敬。

=注释= ①郑玄：东汉末年经学家。字康成，北海郡高密县（今山东高密）人。②毛公：指大毛公毛亨和小毛公毛苌，传说二人为《毛诗故训传》的作者。毛亨，战国末年鲁国（今山东曲阜）人，曾受学于子夏。毛苌，毛亨之侄，西汉赵人。③北海郡：郡名，在今山东青州、莱州一带。

<解说> 远古流传下来的文献，一般称为经，比如《诗》《书》《礼》《易》《春秋》等五经，古人认为它们都是圣人所作。经是织布时的竖线，段玉裁说："丝之纵线谓之经，必先有经，而后有纬。"经就象征着最具代表性、最有价值的典籍，后人的一切思想、阐发都是围绕经典来的。后人对经的解读叫传，比如《毛诗故训传》是汉人对《诗经》的解读，《春秋公羊传》是齐人公羊高对《春秋》的解读。如果年代隔得久了，后人连传也读不懂了，那么再有人要去解释经、传的内容，就统称为注。注有很多种，比如章句主要是划分句子停顿的，论和解主要是阐发语意的，读主要是标明字音的。但郑玄在注释《毛诗故训传》时不按常理出牌，他题名为《毛诗传笺》。有人说，"笺"这个叫法可能就是他个人习惯，但《周礼注》《仪礼注》《礼记注》等注释也是郑玄作的，用的就是"注"这个说法。有人说，是因为大毛公毛亨曾经做过北海郡守，郑玄也是北海郡人，所以他用"笺"这个字来致敬，表明他的学问不如毛公，所以不敢称注。但《四库全书总目提要·毛诗正义提要》认为这个说法不靠谱："康成生于汉末，乃修敬于四百年前之太守，殊无所取义。"郑玄是东汉时人，毛亨生于战国，就算两人真是同乡，也是相差了几百年的同乡，所以这个肯定不是主要原因。

郑玄《六艺论》里曾说："注诗宗毛为主，毛义若隐，略更表明；如有不同，即下己意。"意思是，我其实很同意毛诗的观点，人家讲得很好，我之所以做这个注释呢，只是把其中隐晦之处讲明白，把我的不同观点加进去，补充一下而已。《四库全书总目提要·毛诗正义提要》里也说："康成特因毛传而表识其傍，如今人之签记，积而成帙，故谓之笺，毋庸别曲说也。"笺，就是书签的意思。如果说郑玄其他的注释是在系统性地解读经典，那么《毛诗传笺》就只能算个零散的读书笔记，这其实算一种新的注释类型了。

12. 何休[1]注《公羊传》[2]，云『何氏学』。又不能解者。或答云：休谦词，受学于师，乃宣此义不出于己。此言为允。

〓注释〓 ①何休：东汉经学家，任城樊（今山东曲阜）人，撰《春秋公羊解诂》系统阐发《春秋》中的微言大义。此书每卷篇题下均有『何氏学』的字样。②《公羊传》：又称《春秋公羊传》《公羊春秋》，《春秋》三传之一，旧题战国时公羊高撰，其实是由公羊高口述，流传下来至汉初才成书。

<解说> 上条讲经神郑玄，这条讲学海何休。

何休这人也不按常理出牌，他在注释《春秋公羊传》时，不称注，也不称解，也不称笺，而称“何氏学”。有人说，这是人家何休谦虚，表明自己的注释并不是自己的个人看法，而是从各个老师那里学来的，这个“学”应该解释为学习，代表整个学派的观点。也有人说，这恰恰证明何休想要发表一家之言，甚至开创一个学说，才以自己名字作注，那么这个“学”应该指学说。

从何休注解的内容来看，他继承了公羊高解《春秋》的方法，重视阐发经文中的微言大义，又改善了董仲舒以来公羊学被人诟病的烦琐、迷信等问题，同时融合了两汉各家学者的有益观点，可以说是公羊学的集大成者。从这个角度来讲，把“何氏学”的“学”理解为学说，显然更合适一点。

13. 太古[1]书今见存有《神农经》《山海经》，《山海经》或云禹所作。《素问》黄帝作。《归藏》《连山》，夏殷之书，周时曰《易》。蔡邕云：《礼记·月令》，周公作。【周日用曰：《礼记》疏云：第一是吕不韦《春秋》，明吕氏所制。蔡邕云：周公，未之详也。】

=注释= ①太古：远古。郑玄认为在殷商之前。

<解说> 这是我国文献史上最早的几本典籍。

《神农经》又叫《神农本草经》，是本草药书。因为神农有尝百草的传说，所以古人认为作者是神农。其实它大概成书于战国到秦汉之际，直到东汉才整理成书。

《山海经》是本地理书。因为大禹曾考察天下的山川河流，在治水成功后又重新划定天下疆域，还有过铸九鼎刻百兽的传说，所以古人认为作者是大禹。这个说法也不靠谱，学界一般认为《山海经》的成书时间大概在西周到秦汉之际，直到西汉刘向时才合编成书。

《素问》是《黄帝内经》的一部分，是本综合性医书。其中主要是黄帝、岐伯、雷公三人的对话，以语录体为体例，所以古人认为它是黄帝所作。它其实和《神农本草经》的成书时间差不多。

《连山》《归藏》和《周易》称为“三易”，都是卜筮书。从现在可见的材料来推断，三易的内容是差不多的，都讲阴阳八卦，只是卦序和卦辞不太一样。因为《周易》代表周代的易学，那么说年代更早的《连山易》和《归藏易》是夏代和殷代的易学，是很合理的推测。

《月令》是《礼记》中的一篇，主要按十二月令的顺序来讲明朝廷的祭祀礼仪、职务、法令和禁令等典章制度，算是天文历法类作品。蔡邕说《月令》是周公的作品，是因为他没看到《吕氏春秋》。关于《月令》的作者问题，郑玄其实已经考证得很清楚了：“名曰月令者，以其记十二月政之所行也，本吕氏春秋十二月纪之首章也。以礼家好事抄合之。后人因题之名曰礼记，言周公所作。其中官名时事，多不合周法。”《月令》就是把《吕氏春秋》每一篇的首章抄在了一起，然后塞进了《礼记》里，大家受“周公制礼作乐”观念的影响，认为《礼记》是周公的作品，顺带认为《月令》也是周公写的了。其实《月令》里面提到的很多官名、时事，都不是周代就有的。

14.《谥法》《司马法》，周公所作。

<解说> 《谥法》是《逸周书》里的一篇，是礼法著作，主要讲怎么给人立谥号。一看讲礼法的，古人又归到周公头上去了。而且这篇文章有序言为证："维三月既生魄，周公旦、大师望相嗣王发，既赋宪受胪于牧之野，将葬，乃制作谥。"（《逸周书》）明确讲明此篇是周公在周成王元年三月十七日口述而成的。但学界主流观点并不认可这个说法，因为五经里没有引用《谥法》的文字，有一些王公的谥号《谥法》里也没有，所以肯定不是周公亲自作的，大概成书于楚肃王去世到周显王末年之间。

《司马法》又叫《司马兵法》《司马穰苴兵法》，是本兵书。司马是古代的官名，主要职能是统御六军，所以这本书大概就是古代司马的行军手册。古人认为《司马法》的作者是齐人司马穰苴，比如《论语疏》里说："司马法者，齐景公时司马穰苴为军法也。"但在今天的学界看来，这说法也不准确。比如余嘉锡说："盖《司马法》为古者军礼之一，不始于齐威王之大夫，并不始于穰苴。""古书随时增益，不出于一人之手，类皆如此。"这本书其实和上述几本古籍一样，都是众人合力累代而成的作品，不能光说是一个人写的。

15. 余友下邳①陈德龙谓余言曰：《灵光殿赋》，南郡宜城②王子山所作。子山尝之泰山，从鲍子真学算，过鲁国而都殿赋之。还归本州，溺死湘水，时年二十余也。

‖注释‖ ①下邳：古地名。东汉时置下邳国，管辖十七城，辖境北到山东省南部，南至安徽嘉山县，西到江苏徐州铜山区，东到涟水一带。②宜城：古县名。今湖北襄阳宜城县。

<解说> 《鲁灵光殿赋》的作者是王延寿。

据《后汉书·王逸传》记载，王延寿字文考，南郡宜城人，老爸是著名文学家王逸。王延寿从小就是个天才，文笔非常出众，出众到什么地步呢？蔡邕见鲁灵光殿雄伟，也想写一篇赋来赞美，没想到赋正写到一半，就读到了王延寿的这一篇，于是“甚奇之，遂辍翰而已”，反正怎么写也写不过这小子，干脆放弃了。《文心雕龙·才略》里则说：“王逸博识有功，而绚采无力。延寿继志，瑰颖独标。”王逸虽然博学，但文章写得不怎么漂亮，还是儿子王延寿厉害一些。

可惜天妒英才。王延寿在返回南郡的路上，大概是为了看一看屈原遗迹，特意绕去了湘江一趟，谁知不幸溺死在湘水里，享年二十余岁。

16. 周自后稷至于文、武，皆都关中，号为宗周。秦为阿房殿，在长安西南二十里。殿东西千步①，南北三百步，上可以坐万人，庭中受十万人。二世为赵高所杀于宜春宫，在杜城南三里，葬于旁。

注释 ①步：长度名，其制历代不一，秦以六尺为步。

<解说> 从周代始祖后稷到周武王，周朝的都城都在关中之地，周成王为了更好地控制东部地区，又在洛阳建立了一个都城，号为成周，自此都城就称为宗周。这在卷一有讲过。

阿房宫原本叫阿房殿。《史记·秦始皇本纪》里说："营作朝宫渭南上林苑中。先作前殿阿房……阿房宫未成；成，欲更择令名名之。作宫阿房，故天下谓之阿房宫。"我们现在所说的阿房宫，其实只是秦始皇蓝图中的一个前殿。只是这个前殿还没竣工，秦始皇就驾崩了，于是继位的秦二世就只好停下阿房宫工程，把七十万民工赶去修秦始皇陵，好不容易把秦始皇陵修好了，农民起义也爆发了，秦朝随之灭亡，阿房宫也就永远停留在蓝图之上。这个前殿有多大呢？传说它东西长数千步，按六尺一步算，大约有两千米；南北长三百步，大约有五百米；殿中可容纳上万人，殿外的庭院可容纳数十万人。它的遗址在今陕西西安附近，前殿与外垣遗迹加起来约有十五平方千米，和这条记载差不多。

宜春宫是秦朝行宫。《三辅黄图》中说："宜春宫，本秦之离宫（**又称行宫。指在国都之外为皇帝修建的永久性居住的宫殿，也泛指皇帝出巡时的住所**），在长安城东南杜县东，近下杜。"大概在今天陕西西安曲江一带，和阿房宫的位置很接近，传说秦二世就葬在这里。

17. 周时德泽盛，蒿大以为宫柱，名曰蒿宫。

<解说> 传说周时，蒿草因为受到周天子德行的滋润，长得像柱子一样粗，于是工匠就用这些草柱子建了一座行宫，起名为蒿宫。《大戴礼记·明堂》有相关记载：“周时德泽洽和，蒿茂大，以为宫柱，名蒿宫也。此天子之路寝也。”这说法拿来当祥瑞一听还行，但显然不是史实。

章炳麟在《官制索隐》里做了更理性的探索：“明堂在郊，郊字古借用蒿，故郊宫或作蒿宫。”他认为古代写“郊”这个字的时候，常写为“蒿”，所以蒿宫其实就是郊宫，也就是郊外的行宫，跟蒿草压根就没关系。

18. 姜嫄祠在墉城，长安西南三十里。

<解说> 姜嫄是周朝始祖后稷的母亲，传说她的祠庙在今陕西武功县一带。这里在商周时期是有邰氏活动的范围，有邰国正是后稷的封地。查《武功县志》还能发现更详细的记录：“姜嫄墓在南门外，南去三百六十步，又西四十步，墓在坎上，与东原梅家庄通。”又把位置具体到了武功县的小华山上，我们现在还能见到墓址。

19. 盗跖冢在大阳县西。

<解说> 盗跖是春秋第一恶棍。

传说他原名展雄，又叫柳下跖，姬姓，是鲁孝公之后，鲁大夫柳下惠的弟弟。可惜他好好的贵公子不做，偏要去当盗贼。《庄子·杂篇》里说：“（盗跖）从卒九千人，横行天下，侵暴诸侯，穴室枢户，驱人牛马，取人妇女，贪得忘亲，不顾父母兄弟，不祭先祖。”《史记·伯夷列传》也说：“盗跖日杀不辜，肝人之肉，暴戾恣睢。”这家伙不仅杀人放火，抢人财物，还挖人心，吃人肉，非常残暴，是儒家教育里的反面典型。

因此道家在讲道理的时候，老爱拿盗跖说事。比如《庄子》里，盗跖曾把孔子一通训斥：你自称是个才士哲师，却连徒弟都教不好，整天教育子路放下武器改学礼义，结果他被人剁成了肉泥；你把尧舜禹夸成道德楷模，可他们也没少干恃强凌弱不慈不孝的事；你成天说伯夷叔齐等人是贤士，可他们为了面子抢着去死，比猪狗还轻贱自己。你再看看你自己，走到哪儿都不受国君待见，连个立足之地都没有，你也好意思说你的学说很有道理！《吕氏春秋》里，盗跖说他死后要带着一把大金锤进棺材，“下见六王、五伯，将敲其头矣”，如果在黄泉之下见了儒者口中的圣王，就把这些虚伪的家伙使劲揍一顿。

传说盗跖就葬在大阳县西边，也就是今山西平陆县一带。

20. 赵鞅冢在临水县西，冢上气成楼阁。

<解说> 赵鞅又名赵简子，是春秋晋国大夫，晋六卿之一。

晋昭公时代，公族势力孱弱，已无力与执政的六卿抗衡，而六卿家族又内讧不断，于是赵鞅联合荀、魏、韩三家拔除了范氏与中行氏，熬死了正卿荀跞，终于成为晋国一把手，并从公元前493年起开始了长达十七年的专政。司马迁在《史记·赵世家》就说：“赵名晋卿，实专晋权。”

生前富贵有为，死后依然荣光。传说赵鞅冢在临水县的西边，也就是今河北邯郸峰峰矿区一带。赵鞅冢上之气光明发兴，都形成了亭台楼阁的形状，葬身之地是块绝佳的风水宝地了。

21. 始皇陵在骊山之北，高数十丈，周回六七里。今在阴盘县①界。北陵虽高大，不足以消六十万人积年之功，其用功力或隐不见，不见者，骊山水泉本北流者，陂障②使东西流。又此山有土无石，运取大石于渭南诸山，故歌曰：『运石甘泉口，渭水为不流。千人唱，万人钩，今陵余石大如堰③。』其余功力皆如此类。【卢氏曰：秦氏奢侈，自知葬用珍宝多，故高作陵园山麓，从难发也，高则难上，固则难攻，项羽争衡之时发其陵，未详其至棺否？】

═注释═ ①阴盘县：古县名，在今陕西长武县西北。②陂障：阻遏。③堰：土屋。

<解说> 秦始皇陵是个劳民伤财的大工程。

陵墓从秦始皇元年（前247）开始修建，直到秦二世二年（前208）才建成，花了整整三十九年，动用苦役劳工超过七十万人。《史记·秦始皇本纪》中说："始皇初即位，穿治骊山，及并天下，天下徒送诣七十万余人。穿三泉，下锢而致椁。"刘向在《论论起昌陵疏》中说"其高五十余丈，周回五里有余"，这还只是主墓之上封土堆的大小，据考古学家在1962年探测发现，整个秦陵地宫足足有56.2平方千米，约是故宫的78倍。我们今天发现的三个兵马俑坑，只是陪葬的小小一角而已。秦始皇还把当时的珍稀宝贝全塞进了地宫，其中"石椁为游馆，人膏为灯烛，水银为江海，黄金为凫雁"，奢华精巧至极。

"穿三泉"的说法也并不夸张。传说骊山原本是个土山，没有修陵墓的石头，始皇就命人去渭南的其他山头上搬，愣是把骊山变成了石山；骊山地下的泉水原本是东西向的，陵墓修成之后阻断了水源，硬是把泉流变成了南北向。因此当时的人就编了首歌："运石甘泉口，渭水为不流。千人唱，万人钩，今陵余石大如堰。"翻译一下就是：始皇帝啊始皇帝，劳民伤财第一帝，政绩我们先不提，论起作天作地，谁都比不过你。

22. 旧洛阳字作水边各，汉火行也，忌水，故去水而加佳。又魏于行次为土，水得土而流，土得水而柔，故复去佳加水，变雒为洛焉。

<解说> 洛阳最早写作雒阳。之所以从佳字旁变为水字旁，是受了五德始终说的影响。

据《三国志》裴松之注引《魏略》记载，曹丕曾下过一道诏令："诏以汉火行也，火忌水，故'洛'去'水'而加'佳'。魏于行次为土，土，水之牡也，水得土而乃流，土得水而柔，故除'佳'加'水'，变'雒'为'洛'。"东汉尚火德，又定都洛阳，水克火，洛字显得不吉利，所以汉时都写作雒阳。土克火，曹魏要取代汉的统治，就得尚土德，水不依恃土是无法流动的，土缺了水就硬邦邦干巴巴的，洛字比较吉利，所以又改了回来。

自此之后，除了明朝避讳光宗朱常洛之外，洛阳这个写法就固定下来，一直沿用到今天。

23. 洞庭君山①，帝之二女居之，曰湘夫人。又《荆州图经》曰：『湘君所游，故曰君山。』

注释 ①君山：古称洞庭山、湘山、有缘山，在今湖南岳阳洞庭湖中。

＜解说＞ 湘夫人和湘君是谁？古人有很多种说法。

有人说湘夫人是尧的女儿娥皇和女英，湘君是舜。《山海经·中山经》中说：“（洞庭之山）帝之二女居之，是常游于江渊。澧沅之风，交潇湘之渊，是在九江之闲，出入必以飘风暴雨。”这个帝没有确指，帝之二女在这里也只是两个行云雨、游湘江的女神。随后屈原在《湘夫人》中展开了想象：“帝子降兮北渚，目眇眇兮愁予。袅袅兮秋风，洞庭波兮木叶下。”帝女总是一副很忧愁的样子，为什么呢？“九嶷缤兮并迎，灵之来兮如云。”后人看到九嶷两个字，联想到舜死在九嶷山，于是湘夫人该是娥皇女英了，二人正好是尧帝的女儿。王逸在解释帝子的时候就这么说：“帝子，谓尧女也。降，下也。言尧二女娥皇、女英，随舜不反，没于湘水之渚，因为湘夫人。”如果娥皇女英是湘夫人，湘君肯定就是二人的夫君舜了，唐代司马贞就这么认为：“夫人是尧女，则湘君当是舜。”清代的王闿运也这么讲：“湘以出九嶷为舜灵，号湘君，以二妃尝至君山，为湘夫人焉。”

有人说湘君是娥皇和女英。比如据《史记·秦始皇本纪》记载，秦始皇曾提问博士湘君是谁，博士回答道：“闻之，尧女，舜之妻，而葬此。”博士从哪儿听说的呢？大概还是《九歌》，《湘君》里有“横流涕兮潺湲，隐思君兮陫侧”“望夫君兮未来，吹参差兮谁思？”的句子，跟娥皇女英思念舜的传说很配套。刘向《列女传》也继承了这一说法：“二妃死于江湘之间，俗谓之湘君。”这里的湘君就是女神了。

还有人说，湘君是娥皇，湘夫人是女英。比如韩愈的《黄陵庙碑》：“尧之长女娥皇为舜正妃，故曰君。其二女女英自宜降曰夫人也。”他认为在《九歌》里，《湘君》和《湘夫人》中二人都是思君的形象，要说湘君是娥皇女英，那湘夫人不能是舜的其他小妾吧？所以大概正妃娥皇称君，次妃女英称夫人，二人身份地位不同罢了。

24.《南荆赋》：江陵有台甚大，而唯有一柱，众梁皆拱之。

<解说> 江陵有个一柱观。传说是南朝宋的刘义庆建造的。唐代余知古《渚宫故事》里说：“宋临川王义庆镇江陵。于罗公洲立观甚大，而惟一柱。”整个观只有一根柱子，柱上的房梁呈拱形环绕状，大概跟伞的结构差不多，是种神奇的建筑形态。

虽然神奇，但不怎么结实。唐代张说写过一首诗《一柱观》：“旧说江陵观，初疑神化来。空山结云阁，绮靡随风回。奈何任一柱，斯焉容众材。奇功非长世，今余草露台。”用一个柱子去承载全部的屋顶房梁，持久性显然不够，到了张说所在的年代，它只剩下个光秃秃的草露台了。

25. 三让：一曰礼让，二曰固让，三曰终让。

<解说> 三让是种礼制。

三礼中有很多记载。比如《仪礼·士冠礼》里说加冠时士子要“三揖至于阶，三让”；《周礼·司仪》里说宾客上座时要“三揖三让”；《礼记·礼器》里说别人邀请的时候要“三辞三让而至”，反正不管干什么都得谦虚几下，这样才显得礼貌。

据《史记·高祖本纪》记载，刘邦登位时就曾三让。大臣们说：“大王平定四海，功勋卓著，应该登皇帝位啊。”刘邦说：“哎呀不行不行，我德行不够。”大臣们再劝：“大王以微寒之身诛灭暴逆之君，百姓都盼着您当皇帝啊。”刘邦说：“不行不行，我才能不够。”大臣们以死上谏：“大王今天不称帝，我们都不回家了。”刘邦“不得已”，说：“诸君必以为便，便国家。”只好立国号为汉，登基称帝。不管刘邦心里多着急多窃喜，都得走完这“三让”的流程，这样在天下臣民眼里，他才是个谦逊有礼、名正言顺的好皇帝。

26. 汉丞①秦，群臣上书皆曰昧死言。王莽盗位慕古，去昧死曰稽首，光武因②而不改。

注释

①丞：通“承”，继承。②因：继承。

<解说> 这条引自蔡邕的《独断》，基本是原文。

秦到西汉之际，大臣们上书有惯用语：昧死言。比如《韩非子·初见秦》里有韩非上书秦王之言：“臣昧死愿望见大王言，所以破天下之从，举赵、亡韩，臣荆、魏，亲齐、燕，以成霸王之名，朝四邻诸侯之道。”比如《汉书·高帝纪》里有韩信的上疏：“楚王韩信、韩王信……昧死再拜言。”比如刘向的《列子序》：“臣向昧死上。”等等，表示对皇帝的敬畏。

王莽篡汉之后，觉得“昧死”不好听，搞得像我有多残暴，一言不合就要杀人一样。所以改“昧死”为“稽首”。稽首是古代的跪拜礼，这样皇帝看奏章时虽见不到人，但看见这俩字，就可以想象到大臣叩拜的情境，也能感受到敬意。

东汉奏章基本就以“稽首言”开头，但“死”字也没丢，比如蔡邕《戍边上章》末尾写“臣顿首死罪稽首再拜以闻”；再如《后汉书》刘昭注里记录了灵帝时的奏章，末尾写：“臣嚣、臣鼎、臣旭、臣乘、臣滂、臣谟、臣诣愚暗不达大义，诚惶诚恐，顿首死罪，稽首再拜以闻。”这么看来，王莽这一改动不算给大臣减负，纯粹是添麻烦。

27. 肉刑，明王之制，荀卿每论之。至汉文帝感太仓公女之言而废之。班固着论宜复。迄汉末魏初，陈纪又论宜申古制，孔融云不可。复欲申之，钟繇、王朗不同，遂寝。夏侯玄、李胜、曹羲、丁谧建私议，各有彼此，多云时未可复，故遂寝焉。

<解说> 肉刑就是残害肉体的刑罚，主要有墨、劓、刖、宫、大辟五种。

墨是在罪人脸上刺字，这是最低的一等；劓是割掉鼻子，这个适用范围很广；刖是砍掉脚或脚趾，一般用来惩罚盗贼或逃兵；宫是去势，一般用来惩罚奸淫者；大辟是死刑，包括枭首、车裂、弃市、腰斩等几种形式。

据《史记・孝文本纪》记载，汉文帝时，太仓令淳于意因收受贿赂获刑，他的女儿缇萦跑去跟皇帝求情，自愿卖身为婢，为父亲争得一个改过自新的机会。文帝恻隐之心一动，便下令废除了肉刑。

这道法令引起了一场世纪大辩论：

正方认为肉刑太过残忍，支持废止。支持方有孔融、陈宠、王修、王朗、夏侯玄等人。辩手孔融认为不能光考虑身体伤害，还得考虑心理伤害："被刑之人，虑不念生，志在思死，类多趋恶，莫复改正。"受刑的人看着自己残缺的身体，每天都会痛不欲生，而且"一罹刀锯，没世不齿"，还得被全天下的人嘲笑，因此很容易破罐子破摔，再也不想改过自新的事儿。辩手王修和王朗认为，汉文帝废止肉刑之举获得了民众的一致好评，如果有帝王贸然恢复肉刑，就会被民众扣上"暴虐残忍"的帽子。辩手夏侯玄的观点更深刻，他说我们应该修改其他法律，从根本上杜绝犯罪的发生，至于恢复不恢复肉刑，这对整体社会治安的帮助其实不大。

反方认为废除肉刑扰乱法纪，应该恢复。支持方有荀子、班固、陈纪、崔定、郑玄、刘颂等人。辩手荀子认为"杀人者不死而伤人者不刑，是谓惠暴而宽贼也，非恶恶也"，如果杀人不用偿命，伤人不获肉刑，那不是变相鼓励犯罪吗？辩手梁统认为汉朝的法令已经定得很宽厚了，要再不施重刑，民众就会抢着去犯罪：“法令既轻，下奸不胜，宜重刑罚。”辩手陈群认为“除肉刑名轻实重”，比如古代的逃兵只砍脚，现在没了肉刑，只好弃市杀头，这不是增加杀孽吗？辩手傅干表示“伤人者创”，也就是伤人者必须以牙还牙，以血还血。辩手刘颂在《晋书·刑法志》发表了长篇大论，在总结前人观点的基础上，还提出要“去其为恶之具，使夫奸人无用复肆其志”，也就是把偷盗者手砍了，他就再没法偷东西；把强奸犯去势了，他就再没法奸淫妇女，这就是一劳永逸的办法。

反方是这场辩论的胜利者。到了南朝，肉刑基本得到恢复，齐梁的律法里就有很多关于黥刑、刖刑的记载。但正方也不算输，在《北魏律》《北齐律》和隋《开皇律》等一些律法的推动下，墨、劓、刖、宫、大辟被笞、杖、徒、流、死取代，完成了从血腥奴隶制五刑到封建制五刑的过渡。

28. 上公备物九锡：一、大辂①戎车各一，玄牡二驷②。二、衮冕③之服，赤舄④副之。三、轩悬⑤之乐，六佾⑥之舞。四、朱户以居。五、纳陛⑦以登。六、虎贲⑧之士三百人。七、铁钺⑨各一。八、彤弓一，彤矢百，玈⑩弓十，玈矢千。九、秬鬯⑪一，卣珪瓒副⑫之。

＝注释＝ ①大辂（lù）：天子乘坐的马车，用玉制成。《礼记·乐记》：『所谓大辂者，天子之车也。』②玄牡：黑色的公马。驷：四驾马车。③衮冕：衮衣和冕，指古代天子及上公的礼服和礼冠。④赤舄（xì）：古代天子诸侯所穿的赤色重底鞋。⑤轩悬：古代悬挂的编钟等乐器。⑥佾（yì）：古代乐舞的行列。六佾指乐舞行列皆用六人，共三十六人，是诸侯享受的礼制。⑦纳陛：在屋檐下的台阶上凿出台阶。⑧虎贲：勇士。⑨铁钺（fū yuè）：铡刀与大斧。⑩玈（lú）：黑色。⑪秬鬯（jù chàng）：古代以黑黍和郁金酿造的酒，用于祭祀降神及赏赐有功的诸侯。秬：黑黍。⑫卣（yǒu）：中型盛酒礼器。珪瓒（guī zàn）：玉柄的酒器。⑫副：配成套，使相符。

＜解说＞ 秦周代官爵分为九等，称为九命。《周礼·春官·宗伯》说："上公九命为伯。"上公就是官爵里最高的一等，已是人臣之极，再往上就是天子了。后代保留了这个设定，比如东汉以太傅为上公，三国魏以大司马、大将军为上公，各朝各代规定不一。

成为上公是种什么体验？可以住在朱户大豪宅里，庭院台前多凿几阶楼梯；出门能乘着八匹玄马拉的玉车，配三百个勇猛的虎贲保镖；上朝能穿戴绣龙的礼服和冠冕，脚踩正赤红色的重底鞋；回家能敲着三面组成的豪华乐器，看着三十六个美女翩翩起舞；吃饭时能拿着御赐的玉柄勺，舀着黑黍加香草酿成的特赐酒来喝；闲来无聊了，还能扛起铡刀和斧头，带着十几张红黑色的弓，几千只红黑色的箭，驾着戎车到郊外打猎。

29. 汉末丧乱无金石之乐，魏武帝至汉中得杜夔旧法，始复设轩悬钟磬①，至于今用之，受于夔也。

注释 ①钟磬：编钟和编磬，都是演奏雅乐的礼器。

<解说> 雅乐主要用钟磬来演奏。钟磬体积庞大、移动不便，是王室在战乱时最先抛弃的辎重之一。东汉末年，董卓强迫汉献帝迁都长安，一把火烧了洛阳城，汉室的雅乐钟磬也就在这场丧乱中遗失了。

钟磬的制作是很复杂的：要分别制作音阶不同、大小不一的几组钟和磬，要按照合适的次序将它们编排起来，要按照王公贵族不同的身份等级来区别钟磬数量和形制，还要考虑材质、演奏方法、使用场合等等问题。要找到一个精通雅乐的人其实很难。

所幸曹操得到了乐师杜夔。杜夔字公良，河南人，他精通音律，又做过东汉的雅乐郎，熟悉两汉乐制，于是曹操便以杜夔“为军谋祭酒，参太乐事”，命他重制雅乐。据《魏志·杜夔传》记载：“夔总统研精，远考诸经，近采故事，教习讲肄，备作乐器，绍复先代古乐，皆自夔始也。”杜夔不仅出色完成了重制任务，还在汉制之上对雅乐进行创新，可以说是两汉雅乐传承者了。

30. 汉末丧乱，绝无玉佩，始复作之。今之玉佩，受于王粲。

<解说> 玉佩的传承者是王粲。

西晋挚虞《决疑要注》里说：“汉末丧乱，绝无玉佩。魏侍中王粲识旧佩，始复作之。今之玉佩，受法于粲也。”东汉丧乱之后，只有王粲记得前朝玉佩的礼制和做法。《晋书·礼志》里说“命侍中王粲、尚书卫觊草创朝仪”，《晋书·乐制》里说“是以王粲等各造新诗”“祭酒王粲改创其（《大豫歌舞》）词”，可见他不仅恢复了玉佩制法，还编定过魏朝的朝拜礼仪、歌舞乐章和诗词格律。

王粲字仲宣，山阳高平人，这人是个天才。据《三国志·王粲传》记载，他有过目不忘的本事，在路边看到一块碑，马上就能一字不落地把碑文背出来；围观别人下棋，能一子不差地把棋局复原。他文思敏捷，提笔便能写出一篇洋洋洒洒的美文，别人拿去苦思冥想看一个晚上，也没法把他的文章改得更精妙。他不仅文科优秀，理科也不落下：“性善算，作算术，略尽其理。”数学还很好。再加上王粲家里还有博学家蔡邕赠予的大批书籍，恢复前朝典制这种事，对他来说就是小菜一碟了。

31. 古者男子皆丝衣，有故乃素服[1]。又有冠无帻[2]，故虽凶事，皆着冠也。

——注释——①素服：本色或纯色的衣服。②帻（zé）：一种包头发的布巾。形制较特殊，有时会做成冠的形状。《急就篇》颜师古注："帻者，韬发之巾，所以整乱发也。"

＜解说＞ 素服是指本色或纯色的衣服。《礼记·郊特牲》中说："皮弁素服而祭，素服以送终也。"古代贵族一般都穿带花纹的丝衣，只有遇到凶事、丧事或者犯了大罪才会换上素服。

帻是一种巾帽，常用缣帛之类的材料制成。汉代之前贵族只戴冠，而不戴帻，帻之类的头巾是老百姓的装束，这里"有冠无帻"是就古代贵族而言的。古代贵族男子冠不离头，去冠是非常失礼的行为。比如齐桓公，《韩非子·难二》说他"饮酒醉，遗其冠，耻之，三日不朝"，因为醉酒丢了帽子，觉得太丢人，三天都没上朝。再如子路，临死前曾说"君子死，冠不免"，刀剑都砍到身上了，还要坚持把头冠的缨绳系好，这就是"故虽凶事，皆着冠也"。

32. 汉中兴，士人皆冠葛巾。建安中，魏武帝造白帢，于是遂废，唯二学书生犹着也。

< 解说 > 葛巾是用葛布做的巾帽，和帻类似。周迁《古今舆服杂事》说："巾以葛为之，形如帽。本居士野人之服。"葛巾原本是隐士文人的装束，东汉末年王公贵族为了显示自己格调高雅,所以也爱戴葛巾出门。比如《渊鉴类函》里说："汉末，王公多委王服，以幅巾为雅。袁绍崔钧之徒，虽为将军，昔着缣巾。"幅巾就是用一整幅缣帛裁成的巾帽，和缣巾、葛巾是一类。

帢是用缣帛做的便帽，形制类似古代的皮弁法，发明者是曹操。《晋书·五行志》说："魏武帝以天下凶荒，资财乏匮，始拟古皮弁，裁缣帛为白帢，以易旧服。"白帢在魏晋曾风行一时，一度替代了葛巾，比如《古今舆服杂事》中说："魏武造帢，其巾乃废。"这里的帢就是指白帢帽。到了东晋，人们认为白帢戴着太不吉利，傅玄说："白乃军容，非国容也。"战乱行军时戴戴还行，天下承平时还是算了吧。东晋干宝《晋纪》也说"缟素，凶丧之象也""名之为帢，毁辱之言也，盖革代之后，劫杀之妖也"。所以后来人们就把它当作丧礼帽，和素服配成了一套。

33. 宝剑名：钝钩、湛卢、豪曹、鱼肠、巨阙，五剑皆欧冶子所作。龙泉、太阿、工市，三剑皆楚王令风胡子因吴王请干将、欧冶子作。干将阳龟文，莫邪阴漫理，此二剑吴王使干将作。莫邪，干将妻也。【夫妻甚喜作剑也。】

<解说> 这是一份名剑图谱。

第一组：钝钩、湛卢、豪曹、鱼肠、巨阙

铸剑师：欧冶子

相剑师：薛烛

据《吴越春秋》记载，越王元常命欧冶子铸了几把宝剑，铸成后拿去给相剑师薛烛看。

薛烛先拿起小剑鱼肠，说："逆理不顺，不可服也，臣以杀君，子以杀父。"这剑身的纹理逆行，看来是把以下弑上的凶剑。他又拿起豪曹，说："不法之物，无益于人。"这把不是什么正经剑，阴气太重，看来不属于活人啊。随后去看湛卢的时候，薛烛赞叹道："五金之英，太阳之精，寄气托灵，出之有神，服之有威，可以折冲拒敌。然人君有逆理之谋，其剑即出，故去无道以就有道。"这是把正义之剑，如果落在明君手里，它就能大放神威；如果落在昏君手里嘛，它就会长腿跑掉。

后来吴国王子阖庐得到了这三把剑，便把鱼肠剑交给刺客专诸，让他去暗杀吴王僚，果然成功篡位；成为吴王的阖庐，又把豪曹剑当作女儿的陪葬品，还坑骗了一大批民众随之殉葬；湛卢剑觉得阖庐很不人道，于是趁一个夜里悄悄逃走，跑到了楚昭王的枕边。薛烛的预言一一实现。

《越绝书》里记载了薛烛对另外两把剑的评价：他说巨阙"非宝剑也"，因为巨阙锻造工艺不到位，金锡和铜没有完全融合。但越王勾践并不赞同，说："然巨阙初成之时，吾坐于露坛之上，宫人有四驾白鹿而过者，车奔鹿惊，吾引剑而指之，四驾上飞扬，不知其绝也。穿铜釜，绝铁砺，胥（皆）中决如粢米，故曰巨阙。"这剑刚铸成之时，剑气锐利无比，我随便一指，就把四驾白鹿车掀上了天，现在还找不见踪影呢；我再拿巨阙去砍铜铁，一下就能砍出米粒大的缺口，这还不是宝剑？薛烛不反驳，只是接过纯钩剑来看，这下是真说不出话了，他挥挥宝剑，只见它的纹理“捽如芙蓉始出”，像出水芙蓉一样美；它的剑铮“烂如列星之行”，比星光还要闪耀；它的光华“浑浑如水之溢于塘”，如满溢的池水；它的锋刃能使“岩岩如琐石”，可瞬间把岩石变成碎屑；它的质地“焕焕如冰释”，像冰晶一样精致。不用说，这就是五剑之首了。

第二组：龙渊、太阿、工布

铸剑师：干将

相剑师：风胡子

据《吴越春秋》记载，楚王命风胡子请干将铸了三把剑，铸成后风胡子献给楚王，楚王觉得这几把剑看着精神，于是问风胡子：这三把剑有什么说法？为何这么命名？

风胡子先挥挥龙渊剑，说：“欲知龙渊，观其状，如登高山，临深渊。”这剑形如飞龙，挥剑之时，就像龙登高山穿云雾，潜入深渊跃海波，所以叫龙渊。他又舞舞太阿剑，说：“欲知泰阿，观其釽（剑铮：光亮耀眼），巍巍翼翼，如流水之波。”这剑姿态厚重，剑铮如泰山般巍峨，光亮粼粼耀眼，所以叫太阿。他最后拂拭了工布剑，说：“欲知工布，釽从文起，至脊而止，如珠不可衽（谓裳幅所交裂也），文若流水不绝。”这剑纹理流丽，花纹从剑铮延续到剑脊，像一颗润滑的珍珠，又像一匹精致的绣布，完全没有断裂之迹，所以叫工布。

第三组：干将、莫邪

铸剑师：干将、莫邪

据《吴越春秋》记载，越国原本有五把宝剑，吴王阖庐得其三，他觉得有缺憾，于是命干将再铸两把更好的宝剑。于是干将找来“五山之铁精，六合之金英”，等来“阴阳同光，百神临观，天气下降”的绝佳时辰，却发现怎么也炼不化炉中金铁。他给妻子莫邪讲了师父师母二人以身投炉的故事，莫邪听了很感慨：行了你别说了，我懂，艺术需要献身。于是“断发剪爪，投于炉中，使童女童男三百人鼓橐装炭”，金铁终于熔化，两把宝剑出炉。于是有龟纹的那把就叫干将，纹理散乱的那把就叫莫邪。

34. 赤刀，周之宝器也。

<解说> 赤刀是周朝国宝。

《尚书·顾命》里说："越玉五重，陈宝，赤刀，大训，弘璧，琬琰，在西序。"赤刀和一些名贵的玉器放在一起，陈列在周王室宝物架的西侧。据郑玄的解释："赤刀者，武王诛纣时刀，赤为饰，周正色也。"赤刀就是当年武王杀死纣王用的武器，之所以染成赤色，是因为周尚火德，它象征的就是王权。

35. 古骏马有飞兔、腰袅。周穆王八骏：赤骥、飞黄、白蚁①、华骝、騄駬、騧騟②、渠黄、盗骊。唐公有骕骦。项羽有骓。

＝注释＝ ①白蚁：马名，又作白义。②騧騟：（guā yú）：又作踰轮、逾轮。黑嘴的黄紫杂色马。騧：黑嘴的黄马；騟：紫色马。

＜解说＞ 这是一份名马图鉴：

飞兔和腰袅。关于它们的记载不多，《吕氏春秋·离俗览》中说：“飞兔、要袅，古之骏马也，材犹有短。”这两匹是古代难得的骏马，但仍有各自的缺陷，算不上十全十美。

周穆王八骏。传说是周穆王出游时从各地搜集来的。关于八骏的名字，有两种说法：一种是赤骥、盗骊、白义、騧騟、山子、渠黄、华骝、騄駬，都以颜色命名，郭璞、王贻樑、小川琢治等人在注《穆天子传》时有考证：赤骥就是火红色的马，盗骊是黑色，白义是白色，山子或为黄色，渠黄是黄白间色，騧騟是黑嘴的黄紫杂色，华骝黑鬃黑尾，騄駬则是耳朵毛色为绿。一种是绝地、翻羽、奔宵、超影、逾辉、超光、腾雾、扶翼，都以速度命名，源自《拾遗记》，显然是后人想象的成分居多。

骕骦。这是春秋时唐成公的坐骑。据《国语》韦昭注：“蔡昭侯朝于楚，子常欲其佩。唐成公亦朝焉，子常欲其骕骦马。二君不与，而留之三年。后与之，乃得归。”骕骦马曾经被楚大夫子常看中，唐成公不给，子常就把人家软禁了三年，直到成公交马才放人。后来唐成公为报夺马之仇，跑去联合吴国伐楚，又把子常打了个落花流水，成功把骕骦变成了一匹祸水马。

骓马。这匹马最出名，也最幸运。项羽在穷途末路时唱道：“力拔山兮气盖世，时不利兮骓不逝。”在我如此危难之时，骓马居然停下来不跑了，真是误事啊。然而项羽转头就把骓马交给了乌江亭长，说：“此马五岁，所当无敌，尝一日行千里，不忍杀之，以赐公。”骓是匹好马，如今我就要死了，却不忍心杀它，劳烦你替我好好照看吧。随后从容赴死。（见《史记·项羽世家》）可以说十分感人了。

36. 周穆王有犬名耗，毛曲。晋灵公有周狗名獒。韩国有黑犬，名卢。宋有骏犬，曰䧿。犬四尺为獒。

<解说> 这是一份名犬图鉴。

耗。周穆王爱犬。《穆天子传》中说：“周天子有犬走百里，执虎豹”，看来是条凶猛的卷毛狗。

獒。晋灵公爱犬。品种可能就是藏獒，《尔雅·释畜》说：“狗四尺曰獒”，是一种四肢粗短的大型猎犬。《尚书·旅獒》中说：“唯克商，遂通道九夷八蛮，西族氏贡獒。”可见在周代，藏獒就已作为贡品传入中原了。据《春秋公羊传》记载，晋灵公的这只獒很听话，只要灵公指着人喊它的名字，獒就马上“躇阶而从之”，追上去扑着咬，所以人们把这獒叫周狗，周指如意，就是很听话的意思。

韩卢。战国时期韩国名犬。《汉书·酷吏传》里曾说“昔韩卢之取菟也，上观下获”，意思是这狗也很听话，懂得看主人的眼色行事。应劭补充说：“韩卢，六国时韩氏之黑犬也。”卢是黑色之意，所以这是条听话的大黑狗了。

䧿。战国时期宋国名犬。《孔丛子》里记有孔子的说法：“䧿，白色。”可知宋国的这条名犬是白色的。

37. 徐州人谓尘土为蓬块，吴人谓跋跌。

<解说> 这条是方言差异：徐州人管尘土叫蓬块，而吴地人叫跋跌。

荀悦在《汉纪·文帝纪》里就用过“蓬块”一词：“为葬埋之奢乃至于此，使其后世曾不得蓬块而托葬焉。”他本身是颍川颍阴（今河南许昌）人，可见要么是蓬块不仅仅是徐州方言，要么是徐州的叫法在汉末已扩散到其他区域了。

38. 张骞使西域还，乃得胡桃[1]种。

注释 ①胡桃：核桃。

<解说> 《西京杂记》里说：“上林苑有胡桃，出西域。”大概西汉时，胡桃已从西域传入了中原。那它是不是张骞带回来的呢？

翻翻《史记》《汉书》等史料，只能看到张骞带回苜蓿、葡萄和天马的记载，没有胡桃。比如《史记·张骞传》：“汉使取其实来，于是天子始种苜蓿、蒲陶肥饶地。及天马多，外国使来众，则离宫别观旁尽种蒲萄、苜蓿极望。”《汉书·张骞传》说难兜国“有蒲陶诸果”，大宛国“以蒲陶为酒”。所以张骞从西域带回胡桃的说法，大概和前文说张骞到过古罗马一样，只是后人的附会罢了。

卷柒

异闻

1. 昔夏禹观河，见长人鱼身出曰：『吾河精。』岂河伯耶？

<解说> 传说，当年大禹在黄河边上考察水文情况，正头疼如何治水之时，黄河里突然蹦出来一条长人鱼，说："嗨，大禹，我是河精。"人鱼在《山海经》里叫"陵鱼"，就是卷二提到的娃娃鱼。这条河精娃娃鱼是来干吗的呢？

《竹书纪年》记载了故事的后半段："呼禹曰：'文命治水'。言讫授禹《河图》，言治水之事，乃退于渊。禹治水既毕，天锡元圭以告成功。"（《宋书·符瑞志》）河精是带着任务来的，它来授予大禹《河图》与治水之术。

《河图》是什么？有人说，它是一种描绘天地规律的图案，伏羲正是借此悟出了八卦。孔安国说："伏羲氏王天下，龙马出河，遂则其文以画八卦。"它在后世演化为一幅黑白点数图，代表一套精密的易学数理。有人认为，河图代表天命，是历代帝王的信物。郑玄《六艺论》说："河图、洛书，皆天神之言语，所以教告王者也。"东汉时，亦有传说河图绘画于丝帛上，上面是天体星宿、河海山川、历代圣王以及历朝盛衰。总而言之，《河图》被视作神圣又神秘的存在，是早期文明的代表之一。

于是作者疑惑道：这河精手里既有《河图》，还会说话，一定不是条普通的娃娃鱼，难道它就是黄河之神河伯？

2. 冯夷，华阴潼乡人也，得仙道，化为河伯，岂道同哉？仙人乘龙虎，水神乘鱼龙，其行恍惚①，万里如室。

= 注释 =

① 恍惚：迷离，难以捉摸。指神仙行踪不定。

<解说> 河精到底是河伯吗？来看历史上流传的河伯档案：

姓名：冯夷。又称冰夷、无夷、冯迟。

样貌：人面鱼身。

《山海经·海内北经》中说："冰夷人面，乘两龙。"可知冯夷是人的面孔。《尸子》《竹书纪年》里又说，授大禹《河图》的河精是条"白面长人鱼"，在水里长着人面的鱼精，十有八九是河伯吧？而《韩非子·内储说》里又记了一则故事：有个齐人曾为齐王做法，说能请来大神河伯，他在河上建好一座大法坛，叽里呱啦一通祷祝，却始终没看见"人面"的生物浮出海面，只好指着一条翻滚的大鱼说："大王快看，那就是河伯啊。"因此后人眼中，河伯就是"人面鱼身"的形象了。

居所：从极之渊；阳纡大泽。

《山海经·海内北经》中说："从极之渊，深三百仞，维冰夷恒都焉。"从极之渊在昆仑墟以南，又叫从极之川，是一个深约七百米的潜渊。渊下有座豪华宫殿，用上好鱼鳞、紫贝、珍珠等宝物打造而成，《九歌》所说："鱼鳞屋兮龙堂，紫贝阙兮珠宫。"冯夷平时就住在这里。从极之渊在哪里呢？有人说在阳纡之山上。《穆天子传》说："天子西征，至于阳纡之山，河伯无夷之所都居。"阳纡山在今陕西境内，据说是黄河的发源地，《海内北经》指出："阳污之山，河出其中。"这个阳污之山就是阳纡山。阳纡山有片大泽，叫阳纡泽，《淮南子》说大禹曾在阳纡泽之中祈祷，想必这祈祷对象就是河伯，这又跟河伯授大禹《河图》的传说串联起来了。

坐骑：龙，螭，鼋；云车，水车。

《淮南子·原道训》里说冯夷"乘云车，入云蜺"，没事爱驾着云车上天遨游。《九歌》里说："乘水车兮荷盖。”冯夷更多时候还是驾水车在水里晃荡，水车顶还是荷叶边的，很时髦。“驾两龙兮骖螭”“乘白鼋兮逐文鱼”。螭，传说为龙九子之一，无角龙类；骖，指三匹马并驾，这里意思是三条螭并游；鼋，则是一种大型龟鳖。如果冯夷坐车坐烦了，还可以乘龙骑龟，在水底抓鱼玩，无比逍遥。

成仙原因：得水道；溺亡。

道家认为，冯夷是得道成仙者。比如《庄子·大宗师》里说：“冯夷得之，以游大川。”冯夷修炼之后悟通水之道，因此能在河中畅游不死，称为黄河之神。后世神仙家又添上两笔服食元素，《列仙传》说冯夷“入华阴服八石，得凌波水之道，北居阳纡陵门之山，为河伯”。八石，指的是朱砂、雄黄、云母、空青、硫黄、戎盐、硝石、雌黄这八种矿物，也就是说，冯夷常拿八石来炼外丹服食，外服内修，这才得道。而《抱朴子》则说：“冯夷以八月上庚日渡河溺死，天帝署为河伯。”说冯夷是个淹死鬼，天帝看他可怜，就让他当了河伯。

性情：风流好色。

《九歌·河伯》里说：“与女游兮九河，冲风起兮横波。”“与女游兮河之渚，流澌纷兮将来下。”如果将“女”理解为美人，那冯夷这家伙就是爱和姑娘们约会，约会地点不在河里就在河边，约会内容就是舞波戏水、弄潮冲浪，是个彻头彻尾的浪子。这个浪子还很体贴：“子交手兮东行，送美人兮南浦。”约会完了还会把美人送回家去。

河伯的风流之性，一度成为奸人敛财的借口。据《史记·滑稽列传》记载，战国时期，魏国邺城有一群巫婆长老，爱读《九歌》，非说河伯爱漂亮姑娘，想要黄河不泛滥，就得帮河伯娶媳妇——将美貌少女送去沉河。河伯娶媳妇不是小事啊，得大操大办，下聘礼要钱，建场地要钱，置嫁妆要钱，办酒席还得要钱，这些钱从哪儿来呢？祭神这个事福泽大众，那就大众来出嘛，所以“常岁赋敛百姓，收取其钱得数百万，用其二三十万为河伯娶妇”。剩下的钱怎么办？我们巫师、长老作为发起人和组织者，劳苦功高，不得好好犒赏？于是“共分其余钱持归”，将余钱全部收入私囊。因此百姓困苦欲死，纷纷出逃。

后来西门豹出任邺城令，听闻此事，将这群巫婆、长老全部送去见了河伯：我看河伯老婆是娶够了，现在缺的是会计和账房，不如你们去应聘一下？

3. 夏桀之时，为长夜宫于深谷之中，男女杂处，十旬不出听政。天乃大风扬沙，一夕填此宫谷。又曰石室瑶台，关龙逄谏，桀言曰：『吾之有民，如天之有日，日亡我则亡。』以为龙逄妖言而杀之。其后复于山谷下作宫在上，耆老相与谏，桀又以为妖言而杀之。

<解说> 亡国君标配：兴宫室，爱美人，杀谏臣。

夏朝末年，夏桀在深谷之中修建了一所长夜宫，和美人们在此彻夜狂欢，接连百日都不上朝。据《韩诗外传》记载，夏桀还修了一座数十里长的酒池，池子大到“可以运舟”，还可供三千人同时“牛饮”。酒是粮食酿的，造如此大的酒池，要耗费多少人力和粮食？老天实在看不下去，刮了场大风沙，将长夜宫连宫带谷埋了。结果夏桀扭头又造了一座宫殿，起名叫石室瑶台，继续当他的快乐神仙。

关龙逄上谏说：“古之人君，身行礼义，爱民节财，故国安而身寿。今君用财若无穷，杀人若恐弗胜。君若弗革，天殃必降，而诛必至矣。君其革之。”（《韩诗外传》）意思就是，老大你别作了，再这样肆意花钱、随便杀人，老天还得来收拾你。

夏桀很愤怒：“胡说八道！我可是天上的太阳，人间的希望。太阳一天不死，我就一天不会灭亡，老天会消灭太阳吗？！”于是杀掉关龙逄泄愤。

后来，夏桀要在山谷重建一个长夜宫，有威望的老臣都来劝诫，夏桀更愤怒：“妖言惑众！我都说了我是不死的太阳，怎么又来啰唆？”于是再次杀掉老臣们泄愤。

结局我们都知道，骄傲的夏太阳很快被成汤所杀，夏也由此亡国了。

4. 夏桀之时，费昌之㊀河上，见二日：在东者烂烂将起，在西者沉沉将灭，若疾雷之声。昌问于冯夷曰：『何者为殷？何者为夏？』冯夷曰：『西夏东殷。』于是费昌徙，疾归殷。

＝注释＝ ㊀之：去往，到。

<解说> 前文提到，孟戏是伯益长子大廉的后代，这里的费昌则是伯益次子若木的后代。

费昌很倒霉，生活在昏君夏桀之时；费昌又很幸运，生活在成汤崛起的年代。他知道夏商之间必有一战，但还没想好站队哪边，于是去请教河伯冯夷：“河伯大神，您看这天上有俩太阳，东边的那个灿烂光明，似旭日初升（势头正猛）；西边的那个昏沉黑暗，还伴着电闪雷鸣（命不久矣），敢问哪个是夏？哪个是商？”

河伯说：“这多明显，西夏东商。”

这东西二日的比喻十分精妙。一方面，夏桀的残暴昏庸导致夏朝国力渐衰，而成汤则精明强干使殷商逐渐壮大，二者的国运起伏符合太阳东升西落的情态。另一方面，据傅斯年考证：夷与商属于东方系民族，殷商的活动范围在济水之东、淮水之北一带（今山东、江苏）；夏与周属于西方系民族，活动范围在汾水、伊洛流域一带（今山西南部、河南中西部与陕西西部），东西二日正好与夏商两个民族的方位相吻合。

费昌投奔成汤之后，果然得到成汤重用，协助成汤赢得了鸣条之战的胜利。《史记·秦本纪》说：“费昌当夏桀之时，去夏归商，为汤御，以败桀于鸣条。”上古战争以战车为主，御是战车司机，王者之御掌握着王的生死，主导正常战役的节奏，是很关键的位置了。

5. 武王伐纣至盟津①，渡河，大风波。武王操戉秉旄麾②之，风波立霁③。

注释 ①盟津：古地名。今河南洛阳孟津县西北。②戉（yuè）：同“钺”。古兵器，形似巨型板斧。秉：拿着。旄：用牦牛尾装饰旗杆顶的旗子。麾：古代供指挥用的旌旗。③霁：停止雨雪，天空放晴。

＜解说＞ 三十年河东，三十年河西。东方殷商在统治500多年后，国力渐衰；与此同时，西方的周民族迎来了崛起。殷商末年，商纣王因改革旧制，得罪了大批贵族；又因残暴好杀，失了许多民心。于是老仇人周武王便召集各路诸侯，打算推翻殷商的统治。

这条讲的就是武王伐纣路上的故事。

据《史记·殷本纪》记载，武王第一次在盟津会师时，到场的支持诸侯有八百之多，大家群情激昂，纷纷撺掇武王起义：“打倒纣王！推翻殷商！”武王却留了个心眼：殷商是百足之虫死而不僵，我自家的兵力并不算雄厚，这帮家伙现在喊得响亮，万一到时候都躲着不往前上，那我不当了冤大头了？于是叹了口气说：“尔未知天命。”咱们还不知道天意如何呢，还是等等吧。

两年之后，殷商的太师、少师抱着祭器、乐器逃到了周地，武王一看，时机来了。商人笃信鬼神，现在纣王连祭祀鬼神的人都赶跑了，可见荒唐到了何种程度，此时不上更待何时？于是武王发起了第二次盟津会师。

这次来的诸侯有增无减，武王信心满满，正欲渡河，却没想到遇上了“大风波”。《淮南子·览冥训》中的描写更细致：“阳侯之波，逆流而击，疾风晦冥，人马不相见。”到处都是逆流的大浪，狂风乱作，天地之间一片晦暗，大军根本无法前行。

武王很生气，于是“左操黄钺，右秉白旄”，站在河边大喊一声：“余任天下，谁敢害吾意者！”喂喂，我可是天选之子啊，如今奉天命讨伐殷商，你们拦着我干吗？喊完之后，风波果然停止了。

6. 鲁阳公与韩战酣[1]而日暮，援戈麾之，日反三舍。

—注释— ①酣：浓，痛快。

<解说> 鲁阳公不是鲁国人，而是楚国人。鲁阳是楚的一个县名，大概在今河南南阳鲁山一带，鲁阳公就是此地的守县大夫，原名文子，是楚平王的孙子。

传说鲁阳公在楚韩之战中，表现非常神勇，神勇到什么地步呢？眼看两军酣战，到天黑还没分出胜负，鲁阳公朝天一指，太阳马上倒退了三个星区的位置，也就是时间倒流近三个小时。这么一来，天色大亮，两军又能再战三百回合了。

这则传说与上则“武王止风波”一样，其实并非史实，不过神话寓言而已，二者皆出自《淮南子·览冥训》。他们要传达的是一种道学理念：“夫全性保真，不亏其身，遭急迫难，精通于天。”

翻译一下就是：如果怀有一颗精诚之心，连上天都可以感动，还有什么事情做不成呢？

7. 太公为灌坛令，风不鸣条①。武王梦妇人当道夜哭，问之，曰：『吾是泰山神女，嫁于东海神童。今灌坛令当道，废我行。我行必有大风雨，而太公有德，吾不敢以暴风雨过，是毁君德。』武王明日召太公，三日三夜，果有疾风暴雨从太公邑外过。

注释

①风不鸣条：没有风吹动树枝的声音。形容风调雨顺。

＜解说＞　灌坛这个地方在哪儿，如今很难考证。但我们从这则故事推测，大概在泰山之东、东海之西，是往返两地的必经之处。

武王有一天做梦，梦见有个少妇坐在路边大哭。周武王很奇怪，赶紧跑上去问：“怎么了，这大半夜的，你怎么一个人在这哭呢？”少妇一看是武王来了，哭得更伤心了：“我是泰山神女，和东海神童订了婚，但是你把姜太公封到灌坛去当官，我就嫁不过去了呀。”武王：“为什么？东海神童变心了？”泰山神女：“才不是。我一出门必有狂风暴雨，你们这些人类，总觉得狂风暴雨是灾祸的象征，我要是毫无顾忌地路过灌坛，百姓会认为是姜太公德行有亏，这位太公是位有大德行的人，我不能坏了他的名声。”

武王很欣慰：原来太公这么厉害，有他在，连神灵都不敢造次了。于是他找了个理由，将太公从灌坛召回镐京议事。三天三夜之后，泰山神女果然卷着一阵狂风暴雨，开心地跑到东海嫁人去了。

因此，在后世传说之中，姜太公便成了一位“太公在此，百无禁忌”的神灵。在明代神魔小说《封神演义》中，姜太公成为元始天尊的徒弟，在助武王平定天下后，手持封神榜分封众神，已然是众神之主的形象了。

8. 齐景公伐宋，过泰山，梦二人怒。公谓太公之神，晏子谓宋祖汤与伊尹也。为言其状，汤皙容[1]多发，伊尹黑而短，即所梦也。景公进军不听，军鼓毁，公恐，散军[2]不果伐宋。

注释 ①皙容：脸色白净。②散军：解散军队。

<解说> 齐景公，姜姓，吕氏，名杵臼，是春秋时期齐国君主。他在攻打宋国之时途经泰山，这时做了个梦，梦里有两个人朝他使劲吹胡子瞪眼。

齐景公心想：我大概是梦见祖宗姜太公了。奇怪，太公怎么一脸生气的样子？

晏婴并不赞成这次伐宋之举，赶紧说：这俩人不是姜太公，分明是人家宋国的祖宗——成汤和伊尹。你要来揍人家子孙，人家当然生气了。不信的话，你告诉我，他俩长什么样？

齐景公：唔，一个五官明朗，毛发很多。

晏婴：没错，成汤就长这样。

齐景公：另一个皮肤很黑，个子很矮。

晏婴：这位是伊尹没错了。

齐景公想了想，不对啊，我们又不知先人容貌，那我还说这俩人是太公和武王呢。于是执意进军。没想到在两军对垒之际，齐军的军鼓莫名其妙地坏掉了。所谓“擂鼓进军，鸣金收兵”，军鼓在战场上是进军的信号，军鼓被毁，意味着无法指挥军队，这仗根本没法打了。

此时齐景公才害怕起来：这宋国祖宗不会真显灵了吧？算了，我还是回去吧。你等着，下次等我祖上太公显灵，我再来收拾你。

9. 晋文公出，大蛇当道如拱①。文公反修德，使吏守蛇。吏梦天使杀蛇曰：『何故当圣君道？』觉而视蛇，则自死也。

注释

①拱：这里指弯曲的弧形。

<解说> 晋文公，姬姓，名重耳，是晋国第二十二任君主，春秋五霸之一。他的为人如何、功绩怎样，看谥号就知道了。《谥法》里说：“经纬天地曰文”“道德博闻曰文”“学勤好问曰文”“慈惠爱民曰文”“愍民惠礼曰文”“赐民爵位曰文”，全是好词。可见这是位很有德行的君主。

有一天，晋文公要出门，碰见一条粗长的大蛇横在路中央挡道。文公这人厚道仁义，心想：这蛇估计睡着了吧？罢了罢了，反正我也不着急。他派人守着大蛇，打算等它挪开了再走。没想到老天不乐意了，守蛇人梦见上天派使者来杀蛇，天使很生气：“你这蛇好没眼色，怎么能挡圣君的道路呢，人家万一去扶贫赈灾，你给耽误了算谁的？”

大蛇因不遵守交通规则，卒。

10.《徐偃王志》云：徐君宫人娠而生卵，以为不祥，弃之水滨①。独孤母有犬名鹄苍，猎于水滨，得所弃卵，衔以东归。独孤母以为异，覆暖之，遂烀②成儿。生时正偃③，故以为名。徐君宫中闻之，乃更录取。长而仁智，袭君徐国。后鹄苍临死生角而九尾，实黄龙也。偃王乃葬之徐界中，今见有狗垄。偃王既袭其国，仁义著闻。欲舟行上国，乃通沟陈蔡之间，得朱弓矢，以己得天瑞，遂因名为号，自称徐偃王。江淮诸侯皆伏从，伏从者三十六国。周王闻，遣使乘驷，一日至楚，使伐之。偃王仁，不忍斗害其民，为楚所败，逃走彭城武原县④东山下，百姓随之者以万数，后遂名其山为徐山。山上立石室，有神灵，民人祈祷。今皆见存。

注释 ①滨：水边。②烀：通"孵"，孵育。③偃：仰卧。④彭城武原县：古地名。今江苏徐州邳州。

<解说> 这是一份传奇简历。

姓名：嬴诞　**称号：**徐偃王　**职务：**东夷徐国之君

出生：据《徐偃王志》记载，嬴诞是西周末年徐国君主与宫女的私生子，出生时是个肉球，所以被母亲扔到了河边。肉球被一只叫鹄苍的狗捡回了家，狗主人是个姓独孤的老妪，见这肉球可爱，就每天把他放在窝里孵，没多久就孵出了嬴诞。徐君便把儿子接回宫中抚养成人，并让他继承了王位。

样貌：《尸子》里说他“有筋而无骨”，不仅生下来是个肉团，长大了也没有长骨头，身体很柔软。《荀子·非相篇》里还说：“徐偃王之状，目可瞻马。”眼睛看不清近处的东西，只有远望才能分辨出牛马，是个高度远视眼。

性情：聪明又仁义。《韩非子·五蠹》里说，嬴诞继承王位之后，效仿周天子“行仁义”，制定了一系列仁政措施，不仅使百姓安居乐业，周边的东夷小国也纷纷前来朝拜，一时“割地而朝者三十有六国”，非常得人心。

生平经历：成也仁义，败也仁义。

诸国来朝之后，徐国成了东方实力最强的霸主。《今本竹书纪年》中说：“六年春，徐子诞来朝，锡命为伯。”当时在位的周穆王迫于徐国的实力，给了嬴诞“伯”的称号，但是嬴诞并不满意。他曾经在蔡国、陈国一带得到一把朱红色的弓，觉得这是天降祥瑞，于是自号为王，生出了问鼎中原的念头。《后汉书·东夷列传》里说：“后徐夷僭号，乃率九夷以伐宗周，西至河上。穆王畏其方炽，乃分东方诸侯，命徐偃王主之。”嬴诞带着一群东夷小弟，把周穆王的军队打得落花流水，逼迫穆王承认了他的霸主地位。穆王很恼怒：你这人怎么得寸进尺？真当我大周朝没人了？于是联合了江淮一带虎视眈眈的楚文王，一齐剿灭了徐国。

王逸在《楚辞章句》里说，徐偃王的“偃”是他的谥号，这号不是源自他出生的姿势，也不是因为什么祥瑞朱弓，就是偃旗息鼓的意思。“言徐偃王修行仁义，诸侯朝之三十余国，而无武备。”徐偃王称霸之后，前有周穆王伺机报仇，后有楚文王心生忌惮，这时正是加强兵力、巩固国防的时候，他却选择了进一步施行“仁义”，让士兵都回家休息，把武器都锁进库房；等到周楚联军打上门时，他又不想让百姓再遭战火之苦，干脆直接投降了。

因此法家的《韩非子·五蠹》评价说：“故文王行仁义而王天下，偃王行仁义而丧其国，是仁义用于古不用于今也。”这毕竟是战国乱世啊，你这仁义用得也太不是时候了。后世的儒者反而对他很钦佩，比如韩愈在《衢州徐偃王庙碑》中说：“偃王之后，自秦至今，名公巨人，继迹史书；而秦后，兹无闻家。非偏有厚，施仁与暴之报，自然异也。”徐偃王这人仁义，所以他的后代大多很有出息；再看看残暴的秦，虽然风光一时，但嬴家也再没出什么人物。意思是：不管治理天下还是为人处世，厚道点儿总没错。

11. 博父[1]西，夸父与日相逐走，渴，饮水河渭，不足。北饮大泽，未至，渴而死。弃其策杖[2]，化为邓林[3]。

═注释═ ①博父：古族名。见《山海经·海内西经》。②策杖：手杖。③邓林：即桃林。

<解说> 这则夸父逐日的神话，原文出自《山海经》。

有人说，这是一条战争记录，反映的就是上古炎黄之战。夸父也不是一个人，而是一个种族名。《大荒东经》说："后土生信，信生夸父。"后土是炎帝的后人，因此夸父族也是炎帝后裔。《大荒北经》又说："应龙已杀蚩尤，又杀夸父。"属于黄帝部落的应龙斩杀蚩尤与夸父，可见夸父族参与了炎黄之战，那么夸父的"逐日"可能也是战争的一种神话表达。

有人说，夸父可能是古代的巨人。夸就是大的意思，夸父就是古代的长人种，和前面说的龙伯国、汪罔氏类似。说不定，古代真有一些无聊的巨人，拿着一根大手杖追太阳玩儿呢？

12. 澹台子羽渡河，赍①千金之璧于河，河伯欲之，至阳侯②波起，两鲛③挟船，子羽左掺④璧，右操剑，击鲛皆死。既渡，三投璧于河伯，河伯跃而归之，子羽毁而去。

注释

①赍（jī）：带着。②阳侯：神话传说中的波神。③鲛：通“蛟”，蛟龙。④掺：用胳膊夹住。

＜解说＞ 杀蛟记第一集：吾可以义求，不可以力劫

澹台子羽是孔子的弟子，位列孔门七十二贤，是位秉公无私、德行高洁的贤才。

传说有一天，澹台子羽坐船渡河，因为带着一块价值千金的美玉，被河伯盯上了。小弟阳侯立刻扬起了大风浪，两条蛟龙一左一右上前恐吓：“喂，小子，你要钱还是要命？交出美玉不杀！”

澹台子羽二话不说，左手夹着美玉，右手出剑“唰唰唰”几下，将两条蛟龙斩于船下。河伯与阳侯一看，这人这么凶？算了算了，惹不起。便放澹台子羽渡过了黄河。

没想到澹台子羽上了岸，转手就把美玉丢进了黄河：给你，我不稀罕这点钱。

河伯跃出河面，把美玉扔了回来：你凶，我惹不起还不行吗？

澹台子羽再丢过去：想要美玉你好好说啊，干吗非要动手？

河伯又扔回来：你也杀了我的蛟龙宝宝啊，咱们扯平了。

澹台子羽再丢过去：喜欢你就拿去呗，在我眼里，这就是块破石头。

河伯又扔回来：当我是乞丐？我河伯什么宝物没有，差这一块石头？

澹台子羽厌倦了抛沙包的游戏，啪一声把美玉摔了：行，你不要是吧，我看着也闹心，咱俩谁也别要了。

这个故事想展现澹台子羽的气节。《括地志》中概括了澹台子羽的心声：“吾可以义求，不可以力劫。”意思是说，我这人不重名利重仁义，学的是正统的儒家道理，你若好言相求，宝物我可以双手奉上；你若动用暴力，那不好意思，我就是血溅当场，也决不让你得逞。

13. 荆轲字次非，渡，鲛夹船，次非下剑尽断其头，而风波静除。

<解说> **杀蛟记第二集：弃剑者必死**

荆轲的字是否次非，已不可考证。但这里的杀蛟之人不是荆轲，而是楚国勇士佽非。《淮南子·道应训》记载：

楚国有位勇士叫佽非，曾经带着一把宝剑渡江。河伯临时起意，又使出了老招数：小弟阳侯弄波，两条宠物蛟龙夹船。佽非对船上同行者说："此江中之腐肉朽骨，弃剑而已。"你知道为何前人碰到这种情况，没有任何人生还吗？那是因为他们一碰上风浪蛟龙，马上惊慌失措，乖乖奉上宝剑投降，祈求河伯给予一条活路。如此懦弱无能，只有成为他人盘中餐的下场！

于是佽非"瞑目教然，攘臂拔剑"，上前砍断蛟龙的头颅，风浪立即停了下来，一船人得以生还。佽非回到楚国，因此加官晋爵。

佽非寄言：遇到困难时，不要先想到退缩。请拿出勇气，拼力一搏，等待奇迹降临。

14. 东阿王勇士有菑丘欣，过神渊，使饮马，马沉，欣朝服拔剑，二日一夜，杀二蛟一龙而出，雷随击之，七日七夜，眇[一]其左目。

＝注释＝ [一] 眇：瞎眼，这里指刺瞎。

<解说> **杀蛟记第三集：来场华山论剑吧，蛟龙！**

曹植手下有位勇士，叫菑丘欣。他路过神渊时，停下来让马在渊边饮水，不料马被水中的蛟龙卷走吃掉了。菑丘欣很恼怒：吃了我的马，我怎么去上朝？

菑丘欣身上穿的是朝服，朝服是礼服，形制为上衣下裳，行动非常不便，但他可不管这个，当即拔剑而起，挥舞着两只大广袖就和蛟龙大战起来。这一战持续了两天一夜，可谓是昏天黑地，最后菑丘欣成功将两条蛟、一条龙斩于神渊之中。

龙为神物，屠龙之后，天谴随之而至，惊雷连连朝菑丘欣身上劈来，菑丘欣左避右闪，开始了新的一场拉锯战。神奇的是，这天雷整整劈了七天七夜，却只劈瞎了菑丘欣的一只左眼，可见这人有多神勇了。

第十天清晨，这位神勇的独眼菑丘欣，掸了掸焦黑的衣袍，终于想起了上朝这回事。

15. 汉滕公薨①，求葬东都门②外。公卿送丧，驷马不行，跼③地悲鸣，以足跑④地。掘马蹄下地，得石椁，有铭曰：『佳城郁郁，三千年见白日，吁嗟滕公居此室。』遂葬焉。

【注释】①薨：指王公贵族去世。②东都门：汉代长安城东门之一，即宣平门。③跼：蜷曲。这里指马不肯行进的样子。④跑：同『刨』，刨地。

<解说> 汉滕公就是夏侯婴，汝阴侯，西汉开国功臣之一。

夏侯婴为人仁义、心胸宽广。当年刘邦还未发迹时，在打闹中误伤夏侯婴，他不但不计较，还尽力为刘邦脱罪。刘邦战败逃难，为了不拖后腿，数次将一双儿女推下马车，每次都是夏侯婴下去将孩子捡回来。

夏侯婴机智威勇。助刘邦攻项羽、平韩信，一举夺得天下；建国后也数次征讨臧荼、代地、匈奴等地，军功赫赫。

夏侯婴还爱惜人才。韩信是受他推荐才得启用，而项羽身边的侠士季布，也是靠他说情解救，才得到刘邦的宽赦。

因此夏侯婴去世之时，大家都很悲伤，有头有脸的大人物都跑来送葬。人们本打算将夏侯婴葬在长安城东都门外，没想到马走到半路，突然在原地悲鸣不止，不停地刨地，还刨出一具棺椁，椁石上有一段铭文："佳城郁郁，三千年见白日，吁嗟滕公居此室。"大意是说，这可是块风水宝地，终年见不到日光，阴气很重，是个鬼魂栖息的好归处，汉滕公的陵墓就是这里了。这铭文不仅是墓志铭，还是一段谶纬之言。

大家一瞧，原来上天对滕公如此厚爱，连墓地都给滕公选好了，这就是"生死有命"啊。于是就地落棺建陵，将滕公安葬于此。

16. 卫灵公葬，得石椁，铭曰：『不逢箕子，灵公夺我里。』

<解说> 这是一则寓言故事，出自《庄子·则阳》。

故事讲，孔子去找大弢、伯常骞、狶韦这三个人探讨学术问题：卫灵公为什么谥号“灵”？

大弢说，《谥法》曰：“乱而不损曰灵。”卫灵公这个人无道，很荒唐，但是又不至于损害国家利益，所以谥“灵”字。

伯常骞说，《谥法》曰：“德之精明曰灵。”虽然卫灵公很荒淫，但是礼贤下士、重用能臣，综合来看也算有德之君，所以谥“灵”字。

狶韦说，这俩人根本不懂。卫灵公死之后，国人为他占卜下葬之地，占卜结果说沙丘这个地方好，结果掘墓之时，在土下发现一副石椁，上面有一段铭文：“不冯其子，灵公夺而里之。” 意思是，我的子孙可真不靠谱啊，选在这个地方埋葬我，卫灵公死后也将埋在此处，到时候就得侵占我的墓地啦。你看，在卫灵公死之前，人们就知道他要以“灵”为谥号了，可见大弢、伯常骞就是胡乱解释。

狶韦传达的正是道教的理念：人要保持自然本真之心。就像卫灵公的谥号一样，人家叫灵公，我们就把灵当作他原始的名号，何必非要去阐释它、增饰它呢？

17. 汉西都时，南宫寝殿内有醇儒①王史威长死，葬铭曰：『明明哲士，知存知亡。崇陇②原亹③，非宁非康。不封不树④，作灵乘光。厥铭何依，王史威长。』

注释 ①醇儒：学识精粹纯正的儒者。②崇陇：高大的山脉。③亹（wěi）：美好。④不封不树：墓前不堆坟也不种树。指薄葬。

<解说> 王史是个古老的姓氏。

东汉应劭《风俗通》记载："周先王太史号王史氏。"也就是在西周时期，王史氏是皇室的史官。东晋贾执《英贤传》中说："周共王生圉，圉曾孙满生简，简生业，业生宰，世传史职，因氏。"周共王的儿子做了太史，便以职业为姓，代代相传，可见这王史氏也是贵族之后。

西汉有位大儒就姓王史，叫王史威长。他死于长安城南宫的寝殿之中，人们为了纪念他，为他写了一段墓志铭，大意是：

这位智慧通透的老学者，知晓天下的兴亡。

他的德行像高山，心胸旷达如平原，终日用功，孜孜不倦。

安宁和康乐不是他的追求，厚葬和风光亦非他所寄愿。

他的灵魂宏伟、光大，永存于极乐天堂。

纪念一代伟儒，王史威长。

18. 元始元年，中谒者沛郡㊀史岑上书，讼王宏夺董贤玺绶之功。

注释

㊀沛郡：古郡名。在今安徽淮北。

<解说> 董贤是西汉哀帝的宠臣。汉哀帝有多宠爱他呢？不仅赏赐他万贯财富，强行让他坐上大司马的高位，还许他手掌兵权、参与朝廷枢要决策，甚至在他死后，连天子印玺都交给董贤，想让他继位称帝。是真爱无疑了。

王闳是王莽叔父的儿子。作为一位有风骨、有节操的名士，他当然看不惯哀帝对董贤的无脑宠爱，几次直言上谏都被无视，他很生气。听说哀帝死后将玺绶留给了董贤，他更生气：你生前偏爱他也就罢了，死后还想让他这个外姓人做皇帝？我们王家作为最大的外戚族、最有权势的旧贵族还没说话呢，怎么轮得到你姓董的？董贤性子温软，也没什么野心，更没什么势力，只好将玺绶交给了王闳。王闳便将玺绶上呈当时的太皇太后王政君，天子玺绶相当于落入以王莽为首的王氏家族手中。

元始元年（1），汉平帝刘衎继位。中谒者史岑赶紧上述表功：如果不是王闳从董贤处夺回玺绶，陛下也不能如此顺利地继位，王氏有功，王闳真棒，应该重重地赐，厚厚地赏啊。

19. 灵帝和光①元年，辽西太守黄翻上言：海边有流尸，露冠绛衣②，体貌完全。使翻感梦云：『我伯夷之弟孤竹君也，海水坏吾棺椁，求见掩藏。』民有襁褓③，视皆无疾而卒。

注释 ①和光：应写为『光和』，东汉灵帝的第三个年号。②露冠：镶嵌珠玉的冠帽。绛衣：紫红色的衣服。③襁褓：襁指背负婴儿用的宽带，褓指包裹婴儿的被子。这里代指婴儿。

<解说> 孤竹国又叫觚竹，是商时分封的古国，子姓，国君墨胎氏，又叫墨夷氏、目夷氏。

孤竹的辖境很广阔：西南以河北迁安、卢龙为界，北到辽宁北票，包括内蒙古汉旗南部，东到辽宁兴城一带。孤竹国延续了近千年，大概在公元前 660 年被齐桓公所灭。

国中最有名的是伯夷叔齐。据《史记》记载，这俩人也跟太伯、仲雍一个脾气，推来让去不愿继承王位，于是先后离开孤竹。俩人听说周文王尊老爱幼，就打算跑到周国去安心养老，没想到去了之后，发现文武父子正谋划着伐商篡位呢。二人毕竟是子姓贵族，认为这是叛乱谋逆的不义之举，所以在武王夺取天下之后，“耻食周粟”，压根儿不愿吃周的俸禄，于是跑到山里隐居，每天挖野菜吃，最后饿死在首阳山上。

伯夷叔齐都不愿继位，国君只好由他们的弟弟来当，这就是孤竹君。孤竹君很邪门。灵帝光和元年（178），辽西太守黄翻在海边发现一具浮尸，尸体衣帽完好，身上一点腐烂的痕迹都没有。黄翻还以为这是哪家神仙，没想到当晚就被尸体托了梦：我呢，就是孤竹君。孤竹不知道？伯夷叔齐总知道吧，我是他俩的弟弟。我的棺椁被海水泡坏了，尸身漂流无依，拜托你把我好好安葬了吧。黄翻早上醒来，就听说昨天见过尸体的婴儿们，全都莫名其妙地死了。

黄翻觉得很诡异，就把这事儿详细写下来，给灵帝上了道奏章。估计灵帝看完很欣喜：尸体你埋了没呢？已经埋了？快挖出来。等他再给你托梦的时候，你就帮我仔细问问，这尸体不腐是怎么做到的？

20. 汉末关中大乱，有发前汉时冢者，宫人犹活。既出，平复如旧。魏郭后爱念之，录着宫内，常置左右，问汉时宫中事，说之了了，皆有次序。后崩，哭泣过乱，遂死焉。

<解说> 传说东汉末年关中大乱，有盗墓贼去盗西汉陵墓，结果在殉葬坑里发现一个活人。这人一副西汉宫女的打扮，不知道为何在这墓中活了数百年。

这事被当时的郭后知道了。郭后是魏文帝曹丕之妻，名叫郭昱，字女王。据《说郛》记载，这位郭姑娘小时候聪明过人，老爸郭永对她寄予厚望，曾说：“吾此女，女中王。”就给她起了“郭女王”这么个霸气名字。

郭女王心地很好，她觉得小宫女在地下被埋了这么多年，实在太可怜了，便将她接进了宫中。见面之后，发现这宫女口齿伶俐，思路清楚，简直是本行走的故事书，便常把她带在身边，开始了津津有味听故事的生活。

宫人原本是个低等的殉葬妃嫔，又在墓穴中暗无天日地过了数百年，如今被接进皇宫与皇后做伴，好吃好喝还能唠嗑，也很幸福地开启了新生活。

后来郭女王薨逝，宫人再没了庇护者和知音人，便伤心痛哭而死了。

21. 汉末发范明友冢，奴犹活。明友，霍光女婿。说光家事废立之际，多与《汉书》相似。此奴常游走于民间，无止住处，今不知所在。或云尚在，余闻之于人，可信而目不可见也。

<解说> 时间还是东汉末年，人物还是盗墓贼，地点还是西汉陵墓，这座陵墓的主人是范明友。范明友是霍光的女婿，西汉昭帝、宣帝时期的重要将领之一，曾多次讨伐匈奴、乌桓，被封为度辽将军，加平陵侯，最终因参与霍家谋反而自杀。

事件也还是在殉葬坑发现活人。不过这位是范明友的家奴，他所了解的多是霍氏、范氏等家族的史事，人们把他讲的故事与《汉书》对照，发现重合率很高，可见这人确实是西汉时人。可惜家奴没有遇见自己的郭后，只好开始了流浪生活，人们也再不知他的去向。

22. 大司马曹休所统中郎谢璋部曲义兵奚侬息女，年四岁，病没故，埋葬五日复生。太和三年，诏令休使父母同时送女来视。其年四月三日病死，四日埋葬，至八日同墟人[1]采桑，闻儿生活，即语侬妻，往发视[2]，儿生活。今能饮食如常。

=注释= ①同墟人：同村人。②发视：开棺检视。

<解说> 这是一个死而复生的故事。

故事的主角是个四岁的小姑娘，她于太和三年（227）的四月三日病死，四月四日下葬。不料五天之后，有人在林间采桑，突然听见小姑娘的坟墓里传来动静，打开一看，发现小姑娘还活着，带回家之后观察几天，发现小姑娘吃饭喝水如常、影子也在，确实是活人没错了。大家纷纷称奇。此事惊动了魏明帝曹睿，他还专门让曹休领着小姑娘一家进宫，亲自验看了一番。

有趣的是，据《魏书》记载，曹休在太和二年还在寻阳（今湖北一带）伐吴，兵败之后痈疮发作，很快便去世了。太和三年，曹休即使没有去世，大概也在为兵败而羞耻、因痈疮而遭罪，恐怕没心思管小姑娘到底是人是鬼了。

23. 京兆都[1]张潜客居辽东，还后为驸马都尉、关内侯，表言故为诸生。太学时，闻故太尉常山张颢为梁相，天新雨后，有鸟如山鹊，飞翔近地，市人掷之，稍下堕，民争取之，即为一员[2]石。言县府，颢令捶破之，得一金印，文曰『忠孝侯印』。颢表上之，藏于官库。后议郎汝南樊行夷校书东观[3]，表上言尧舜之时，旧有此官，今天降印，宜可复置。

注释 ①京兆都：京城的长官。②员：同『圆』。③东观：东汉宫廷中贮藏档案、典籍和从事校书、著述的处所。位于洛阳南宫。

<解说> 张潜原来是京都的长官，他曾在辽东待过一段时间，回京之后被封为驸马都尉，加关内侯。张潜给皇帝上表，讲了一段大学里的传说：

东汉末年，太尉张灏那时还在梁国当宰相，一天雨后，有只像山鹊一样的鸟在低空飞来飞去，市民们纷纷流下口水：打下来回去烤鸟吃？于是争相猎鸟，没想到鸟儿砸下来了，变成了一块陨石。张灏命人砸开陨石，发现里面是颗金印，刻着“忠孝侯印”四个大字，张灏上报给皇帝，这颗印就被收入了国库。

后来国家图书馆有个叫樊行夷的校对员，大概是翻到了某些古籍，于是上书给皇帝：陛下，原来尧舜时代有“忠孝侯”这么个官职，不如咱们重新设置“忠孝侯”一职吧，正好天降金印，咱们连刻印的钱都省了。

24. 孝武建元四年，天雨粟①。孝元竟宁元年，南阳阳郡雨谷，小者如黍粟而青黑，味苦；大者如大豆赤黄，味如麦。下三日生根叶，状如大豆初生时也。

＝注释＝ ①雨粟：下粟米雨。

<解说> 天上下粮食雨，是祥瑞还是灾祸？

《淮南子·本经训》说："昔者苍颉作书而天雨粟，鬼夜哭。"显然将仓颉造字当作不吉利的事，反映了道家的态度。老子认为，这世上正是因为有太多聪明人，他们总想着炫耀才能，谋取私利，这世道才越来越乱，人民离天道才越来越远。语言文字的出现，使巧智者获取了谋私利的最佳工具，它能够"饰智以惊愚，设诈以巧上"，这与天雨粟一样，都是违背天道的。

《春秋潜潭巴》说："天雨粟，无德者兴，有德者不禄。"谶纬之书也讲，天雨粟不是什么好事，它代表无德之人风头正盛，有德之人却不受重用。

因此，孝武建元四年（前 137）、孝元竟宁元年（前 33）时天雨粟，反映了这两年大家很倒霉。

据《汉书·武帝纪》记载，汉武帝建元四年，夏天"有风赤如血"，刮了好大一阵血风；六月，又发生了大旱；九月，在东北方看见有彗星划过，古人把彗星叫"扫把星"，表示看见它准没好事。

汉元帝竟宁元年更倒霉，这年五月元帝"上崩于未央宫"，因病去世，太子刘骜继位，这位就是宠爱赵飞燕姐妹、沉湎酒色的那位汉成帝。这也预示着离王莽篡汉、西汉灭亡已经不远了。

25.代城始筑，立板干，一旦亡，西南四五十板于泽中自立，结草为外门，因就营筑焉。故其城直周三十七里，为九门，故城处为东城。

<解说> 代是古国名，是商王成汤分封的同姓国，战国时改为代郡，在今天的山西大同、河北蔚县一带。传说代国建城墙时，出现过灵异事件。

我们先交代背景：

古代修建城墙时，多采用版筑法：先用木板造出空心的城墙模型，再用夯土填实空心之处，随后拆除木板，结实的城墙就建好了。这些最初使用的模型木板有讲究，两侧的木板叫作干（榦）或栽；前端的木板叫桢，在汉代又叫牏。木板外还要立一些木桩，缠一些缩绳来固定，防止木板突然塌掉。

代城在施工时，工人们头天晚上把两侧的干板立好、桩绳缠好，第二天发现它们全不见了，只剩下西南边的一些干板，光秃秃地在沼泽里站着，木桩和缩绳也不见了。

代王：难道上天嫌我们选址选得不好，专门指定了个地方？好，那就在这建。

包工头：谁知道是大风吹走的还是陷落到地底了？看来西南这块地皮土质稳定，还是在这建吧。

工人：辛辛苦苦大半年，一朝回到开工前。能给加点劳务费不……

于是众人就将西南立干板处当作正门，开始营筑城墙，原来的旧址就称为“东城”。

卷捌

史补

1. 黄帝登仙，其臣左彻者削木象[1]黄帝，帅诸侯以朝[2]之。七年不还，左彻乃立颛顼。左彻亦仙去也。

【注释】①象：立像。②朝：朝拜。

<解说> 黄帝成仙而去，留下大臣左彻原地头疼。

《抱朴子》中有句引自《古本竹书纪年》的记载：“黄帝仙去，其臣有左彻者，削木作黄帝之像，帅诸侯奉之。”作为华夏部落的统一者，华夏文明的发明者，黄帝的威望无人可比。如今他潇潇洒洒做神仙去了，留下偌大的人间王国没人管理。如果诸侯听说黄帝离去，难免生出异心；百姓听说了，难免灰心丧气；境外蛮夷听说了，也得筹备力量蓄势出击了。怎么办？左彻想了个办法，把木头削成黄帝的样子，披上衣冠，带头朝拜。这样天下人以为黄帝未死，也就生不出什么事端了。再说，万一黄帝当神仙当烦了又跑回来呢？七年之后，黄帝未归，木头人迟早要露馅，帝子颛顼已能独当一面，于是左彻顺势册立新君，自己也跑去成仙了。

《今本竹书纪年》的说法更现实一些：“帝王之崩皆曰陟，《书》称‘新陟王’，谓新崩也。帝以土德王，应地裂而陟。葬，群臣有左彻者，感思帝德，取衣冠几杖而庙飨之，诸侯大夫岁时朝焉。”黄帝在地裂之日驾崩而去，确实是去世了。葬礼之后，左彻为黄帝造像立庙，每年定时率领大臣朝拜上香，这就接近后世的祭祖了。

2. 尧之二女，舜之二妃，曰湘夫人。舜崩，二妃啼，以涕挥竹，竹尽斑。

<解说> 斑竹是桂竹的变形，也是禾本科刚竹属植物，生长在黄河至长江流域一带的砂质土壤中。古人在湘水边见到这种竹子，看着竹竿上黄褐色、紫褐色的斑点很像泪痕，于是脑补出一场悲情大戏：舜帝心焦的妻子急匆匆地赶往九嶷，却在湘水边听到了天人永隔的消息，姐妹二人抱头悲泣，泪水吧嗒吧嗒砸在竹子上，化作片片斑晕，自此烙下了痕迹。斑竹也就有了泪竹、湘妃竹的别称。

后来呢，人们只要看见竹竿上有个黑点，就说这是斑竹，开始绘声绘色地讲二妃；看见竹叶上有片污渍，又说这是斑竹，一顿哭天抹泪地说屈原。宋人魏泰在《临汉隐居诗话》中辟了谣："竹有黑点，谓之斑竹，非也。湘中斑竹方生时，每点上苔钱封之甚固。土人斫竹浸水中，用草穰（庄稼秸秆）洗去苔钱，则紫晕斓斑可爱，此真斑竹也。"见到竹竿上长着一块块圆形苔点，可以拿草秆蘸水擦洗，如果苔下露出紫褐色的晕斑，那就是真斑竹没错了。至于有黑点的那些，八成只是生了病的普通竹。

3. 处士①东里槐责禹乱天下事，禹退作三城②。强者攻，弱者守，敌者战，城郭盖禹始也。

注释 ①处士：没有做官的读书人。②三城：三仞高的城墙。

<解说> 传说夏代就有了城郭。

城指内城，郭指外城。《管子·度地》中说："内之为城，城外为之郭。"基本的城郭就是有两层城墙的"回"字形建筑，城内君王居住，郭内百姓居住，它是人类文明出现的标志。

夏代有个文人叫东里槐，他跑去指责大禹不称职：前天狼群来叼走十只鸡，昨天东夷又来掳走百只羊，您这治理不太行啊！大禹自我反省一番，于是用土石建起了三仞高的城墙，既能把野兽妖怪全挡在外面，在遇敌打仗时也能攻守自如，这就是城墙的起源。也有人说城墙是鲧发明的，比如先秦牒谱《世本》说："鲧作城郭。"《吴越春秋》也说："鲧筑城以卫君，造郭以守民，此城郭之始也。"《淮南子》里也有这个说法。

从现今的考古城郭来看，新石器时代晚期，也就是尧舜禹时代，中原已经出现了城墙的雏形，可见这些说法不是空穴来风的。

4. 大姒梦见商之庭产棘①，乃小子发取周庭梓树，树之于阙间，梓化为松柏棫柞②。觉惊以告文王，文王曰：慎勿言。冬日之阳，夏日之阴，不召而万物自来。天道尚左，日月西移；地道尚右，水潦③东流。天不享于殷，自发之未生于今六十年，商羊在牧④，飞蝗满野，日之出地，无移照乎？

═注释═ ①棘：酸枣树，矮小多刺。泛指有刺的苗木。②棫：白桵，丛生灌木，茎上有刺，果实紫红色。柞：柞树。落叶乔木，壳斗科栎属，树皮灰褐色，材色棕红，材质坚实，纹理细密。③潦：积水。④商羊：传说中的鸟名，下雨前会起舞。王充《论衡》：『商羊者，知雨之物也，天且雨，屈其一足起舞矣。』牧：郊外。

<解说> 这段文字出自《逸周书》。

《大聚解》篇说：“水性归下，民性归利，王若欲来天下民，先设其利而民自至，冬日之阳，夏日之阴，不召而民自来，此谓归德。”意思是老百姓向往便利的生活，就像渴望冬天的暖阳、夏天的阴凉一样，大王要想收归民心，就得从这方面入手。《武顺解》中说：“天道尚左，日月西移。地道尚右，水道东流。”商是东方部族，周是西方部族，日月都是从东向西转，这代表天命马上就要归周；水是从西向东流，这代表周的德行即将流布东方。《度邑解》中说：“维天不享于殷，发之未生，至于今六十年，夷羊在牧，飞鸿满野。”这是武王对周公说的话，意思是自从我出生以来，天下就被商王治理得一团糟，看来上天已经抛弃殷商了。

开头大姒做梦这一段出自《程寤》：武王之母大姒在程这个地方做了个梦，梦见儿子姬发跑到商王种满棘树的庭院里，种下了自家庭院里的梓树，梓树渐渐高过棘树，变成了松柏和棫柞。这是很明显的象征：种梓于商庭，代表周要取代商的王位；松柏是栋梁之材，棫柞是取火之木，代表将有大批的贤臣良将来辅佐周王，助周灭商。

把这几句东拼西凑起来，就成了一段精妙的谶纬。

5. 武王伐殷，舍于戚[1]，逢大雨焉。衰舆三百乘，甲三千，一日一夜，行三百里，以战于牧野。

〓注释〓 ①戚：古地名。为春秋时期卫国北部的重要城邑，又名『孔悝城』，遗址位于今河南濮阳。

＜解说＞ 武王的伐商之路非常坎坷。

《荀子·儒效》里说：“武王之诛纣也，行之日以兵忌，东面而迎太岁，至汜而泛，至怀而坏，至共头而山隧。霍叔惧曰：‘出三日而五灾至，无乃不可乎？’周公曰：‘刳比干而囚箕子，飞廉、恶来知政，夫又恶有不可焉！’遂选马而进，朝食于戚，暮宿于百泉，旦厌于牧之野。”武王大军出发那天是兵忌日，不利行军；一出门往东走，又撞了当年的太岁；到了汜水附近，不幸遭遇大浪拦路；好不容易走到怀地，武王的兵车又坏了；修好车子往前走到共头，结果撞上了滑坡泥石流。霍叔觉得这也太倒霉了，肯定是上天不赞成伐殷之举。周公却不这么想：纣王杀比干，囚比干，还让飞廉和恶来这种人当政，这种倒行逆施的做法，我就不信上天会赞成！这点小磨难，只是上天在考验我们的决心罢了。于是周师士气大振，加速行军，第二天早上就到了决战地牧野。戚就是周师中途停下来吃早餐的地方。

至于兵力问题，《史记·周本纪》里说是“戎车三百乘，虎贲三千人，甲士四万五千人”，这似乎靠谱一些。如果武王只带着三百架战车、三千名甲兵去和纣王拼命，那牧野之战恐怕就是史上最惨烈的败仗之一了。

6. 成王冠，周公使祝雍祝王①，曰：『辞达而勿多也。』祝雍曰：『近于民，远于佞，近于义，啬②于时，惠于财，任贤使能。』孝昭帝冠词曰：『陛下摛③显先帝之光耀，以奉皇天之嘉禄，钦④顺仲春之吉日，普遵大道之郊域，康阜⑤万国之休灵⑥，始加昭明之元服⑦。推远童稚之幼志，弘积文武之宠德，肃勤高祖之清庙，六合之内，靡不蒙德，岁岁与天无极。』右孝昭、周成王冠辞。

【注释】①祝：古代官职，掌管祭祀。雍，人名。②啬：收获粮食。③摛：散布。④钦：敬顺。⑤康阜：安康富庶。⑥休灵：生灵。⑦元服：指冠。《汉书》颜师古注：『元，首也。冠者，首之所著，故曰元服。』

<解说> 这就是两段冠礼祝词。

冠礼是六礼之一。《礼记·冠义》："冠者礼之始也。"加冠象征着古代男子长大成人，正式开始承担社会责任，因此备受古人重视。在冠礼上，受冠者将在祝词的赞颂中三次加冠，完成由身到心的蜕变。

周成王加冠的时候，祝词是这样的：大王今天就成年了，今后要亲近百姓，远离小人，秉持正义，珍惜农事，广施钱财，任用能人贤人才是啊。

汉昭帝加冠的时候，祝词就变成了这样：陛下继承先帝的荣耀，奉受上天嘉美的赐福，在此仲春吉日大行冠礼：为使圣王之道普行天下，为使生灵百姓富庶安康，陛下今日换上光明的礼服，愿您发扬幼时的宏远大志，学习文武二帝的优良品质，勤勉地祭祀祖先，肃敬地洒扫宗祠，使您的德行流布天地四方，使我大汉王朝万寿无疆。这词的灵感来自周成王的"冠颂"，冠颂就是对冠礼这个仪式本身的赞颂词。《孔子家语》里有记载："令月吉日，王始加元服，去王幼志，服衮职。钦若昊天，六合是式，率尔祖考，永永无极。"汉昭帝的这段词，反映了汉代赋颂流丽华贵的特点。但估计周公读完不会喜欢："辞达而勿多也。"冠词嘛，把话说明白就行了，加那么多修饰词，太浮夸了吧？

7.《止雨祝》曰：天生五谷，以养人民，今天雨不止，用伤五谷，如何如何！灵而不幸，杀牲以赛神灵①；雨则不止，鸣鼓攻②之，朱丝绳萦而胁③之。

‖注释‖①「灵而不幸」二句：《春秋繁露·止雨》作「敬进肥牲清酒，以请社灵，幸为止雨。」社灵：土地神。赛：酬神。②攻：攻击，驳斥。③胁：逼迫恐吓；收敛。

<解说> 这是一条止雨咒。

《春秋繁露》里有更详细的版本："嗟！天生五谷以养人，今淫雨太多，五谷不和，敬进肥牲清酒，以请社灵，幸为止雨，除民所苦，无使阴灭阳，阴灭阳，不顺于天，天之常意在于利人，人愿止雨，敢告于社。"大意是说：土地神啊显显灵，顺遂天意行不行？让这连绵的大雨停下，救救百姓的庄稼，我愿奉上良牲清酒，请您高抬贵手，满足百姓的祈愿吧。

为什么止雨不求天神求土神？大概在阴阳五行家看来，土克水，大雨泛滥还得泥土来填；另一方面，土神掌管五谷农事，雨灾弄得五谷歉收，他也责无旁贷。

当然，要想止雨成功，光念咒不行，还得配上其他方法。比如"鸣鼓攻之"，咚咚咚地敲鼓；比如"朱丝萦社十周"，用红线在社外多绕几圈；再如男子"欲其和而乐""衣赤衣赤帻"，男人都得穿一身红，开开心心地上街晃荡。因为鼓声、男子、红色都属阳，可以浇灭淫雨阴气，阴气一退，止雨自然成功了。

8.《请雨》曰：皇皇上天，照临下土。集地之灵，神降甘雨。庶物群生，咸得其所。

＜解说＞ 这是一条请雨咒。

《春秋繁露》说这是周宣王时的咒语：“周宣王时……郊祝曰：‘皇皇上天，照临下土，集地之灵，降甘风雨，庶物群生，各得其所，靡今靡古，维予一人某敬拜皇天之祜。’”从文字风格来看，这说法应该可信。而《春秋繁露》里还有一个版本：“昊天生五谷以养人，今五谷病旱，恐不成实，敬进清酒膊脯，再拜请雨。雨幸大澍，即奉牲祷。”这和上条止雨咒相似，应该出现于秦汉之后。

请雨和止雨相反，这次不能助阳，得扶阴。比如“服苍衣”，穿黑色的衣服；“取五虾蟆”，把一水池的蛤蟆放进社里；“取死人骨埋之”，听见鼓声了就赶紧埋一块死人骨头，助长阴气。那么相应地，这次上街晃荡的必得是女子，男子就老老实实在家待着吧。

9.《礼记》①曰：孔子少孤，不知其父墓。母亡，问于邹曼父②之母，乃合葬于防。防墓又崩，门人后至。孔子问：『来何迟？』门人实对，孔子不应。如是者三，乃潸然③流涕而止曰：『古不修墓。』蒋济、何晏、夏侯玄、王肃皆云无此事，注记者谬，时贤咸从之。

＝注释＝①《礼记》：这段记载出自《礼记·檀弓》。②邹曼父：邹，通『郰』，又通作鄹。《论语·八佾》作：『孰谓鄹人之子知礼乎？』又通作陬。据《史记·孔子世家》，孔子生鲁昌平陬邑。『郰』即孔子出生地，今在山东曲阜东南。曼父：人名，孔子同乡。③潸然：流泪的样子。

<解说> 这段出自《礼记·檀弓》，大意是说孔子在母亲死后，曾回老家陬邑寻找父亲墓穴，经过热心老乡的指路，终于在防这个地方找到了，于是他将父母合葬于此，并在墓上修了座四尺高的斧形坟。郑玄解释说："土之高者曰坟。"坟就是高高的土堆。没想到几天之后，坟堆崩塌了，孔子听到弟子带回的这个消息，沉默了好久，然后潸然泪下："古人只修墓，不堆坟，看来是我做错了。"

大概在周代以前，古人修墓是不堆坟的。《周易·系辞》里说："葬之中野，不封不树。"封就是堆坟，不仅不堆坟，连种棵树做标记的行为都没有。堆坟是春秋以后兴起的风气。

孔子选坟堆的时候就说："吾见封之若堂者矣，又见若坊者矣，又见覆夏屋者矣，又见若斧形者矣。"可见当时坟堆不仅数量多，形状也是五花八门。汉人《盐铁论》里也说："古者不封不树……及其后，则封之，庶人之坟半仞，其高可隐。"普通人的坟堆就有半仞那么高，有钱人的墓头更是"积土成山""列树成林"了。因此《礼记·檀弓》里批驳道："葬也者，藏也；藏也者，欲人之弗得见也。是故衣足以饰身，棺周于衣，椁周于棺，土周于椁，反壤树之哉？"葬礼规定，下葬的逝者要先穿一层寿衣，然后躺进密封的棺材里，棺材外面要封一层椁，棺椁还得深深地埋进土里。这么层层掩藏，就是为了让逝者入土为安，结果后人在墓上又是堆坟，又是种树，逝者的灵魂还能安详吗？孔子的沉默和眼泪，大概就是对自己失礼的惭愧。当然在儒学家看来，孔子是不会失礼的，所以蒋济、何晏、王肃、夏侯玄等人纷纷说，肯定是写《礼记》的人弄错了。

10. 孔子东游，见二小儿辩斗①。问其故，一小儿曰：『我以日始出时，去人近，而日中时远也。』一小儿曰：『以日出时远，而日中时近。』一小儿曰：『日初出时大如车盖，及日中时如盘盂②，此不为远者小而大者近乎？』一小儿曰：『日初出沧沧凉凉，及其中而探汤，此不为近者热而远者凉乎？』孔子不能决，两小儿曰：『孰谓汝多知乎！』亦出《列子》。【周日用曰：日当中向热者，炎气直下也，譬犹火气直上而与旁暑，其炎凉可悉耳。是明初出近而当中远矣，岂圣人肯对乎？】

═注释═ ①辩斗：辩论。②盂：盛液体的圆口器皿。

＜解说＞ 这是经典的“两小儿辩日”。

太阳到底在中午时离地面近，还是早晚离地面近？古人主要有三种观点：

第一种是日中离地远。代表人物是东汉关子阳。他认为离得近就看得清，日出时太阳明显大，“如车盖”，而正午时太阳看着小，“如盘盂”，所以肯定太阳中午离地远。大小问题好解释，关键得解释冷热问题。他打了个比方：“日为天阳，火为地阳，地气上升，天气下降。今置火于地，从旁为上诊其热，远近殊不同，乃差半焉。日中正在上覆盖人，人当天阳之冲，故热于始出时。又新从太阴中来，故复凉于其西在桑榆间。”（见《论衡·说日》）如果生起一堆火，用手去感受火堆的温度，会发现火焰正上方特别热，火焰周围则温度稍凉；再从五行角度来看，火是地上之阳，太阳是天上之阳，地气是上升的，而天气是下降的，所以太阳相当于一个倒着的大火堆，应该是正下方最热才对。早晚的阴凉就是阴气未退，阳气没到顶点造成的。周日用赞同这说法。

第二种是日中离地近。代表人物是唐人卢重玄。他认为离得近就温度高，所以冷热问题不必多说，主要解释太阳的大小问题：“日之初升，光未远，人居光外，见其大焉。日之既中，光备万物，人居光内，见其质焉。亦如远望烛光，更见其大；近窥，则焰乃更以小焉。”（《列子解》）他也打了个比方，比如人在黑暗里看蜡烛，烛光远看是西瓜大小的光团，近看却只是枣子大小的火焰。太阳也是同理，早晚能看到的是太阳加光晕的大小，日中时太阳光照强烈，人已被包裹在光晕内，所以看到的是太阳的真实大小，这才造成了日初出“大如车盖”的错觉。东汉王充也这么认为。

第三种是日出和日中离地一样近。代表人物是唐人丘光庭。他认为：“天形如弹丸。阳城土圭得地之中，则日之初与日之中远近均也。”（《日远近》）天是一个球体，太阳绕着球体的圆弧运动，所以离地的距离从始至终都一样。视觉大小误差是平视和仰视导致的，“凡物平视之则大，仰视之则小”。至于冷热问题，他和关子阳的看法差不多。

这些观点虽然不太科学，但反映了古人积极探索的精神，值得我们学习。当然，像周日用这样“岂圣人肯对乎”（圣人都知道就是不告诉你）的看法，还是不要学了，毕竟孔子也说“知之为知之，不知为不知，是知也”，不知道的虚心承认就好。

11. 子路与子贡过郑神社，社树有鸟，子路捕鸟，神牵挛[1]子路，子贡说之，乃止。

注释 [1] 牵挛：拘系、拉住。

<解说> 子路这人勇敢，但过于勇敢就成了鲁莽。

《史记·仲尼弟子列传》里说：“子路性鄙，好勇力，志伉直（**刚直**），冠雄鸡，佩豭豚（**小公猪**），陵暴孔子。” 孔子第一次见到子路的时候，发现这人头上顶着公鸡毛，身上挂着小公猪，冲上来就要欺负他，非常粗鄙。后来孔子以儒家礼仪教化子路，虽然见到了效果，但子路仍保持着“行行如”的性子，总是风风火火的。

这故事就是从这铺演来的：子贡和子路路过郑国的神社，见社中大树上卧了一只鸟，子路“嗖”的一下就冲过去了，撸起袖子要逮鸟。土地神赶紧拽住他的袖子，子贡又在旁边好一通劝，子路这才作罢。经此一事，子路的鲁莽人设是牢牢立住了。

12.《春秋》哀公十四年：春，西狩获麟。《公羊传》曰：『有以告者，孔子曰：「孰为来哉！孰为来哉！」』【卢曰：以其时非应，故孔子泣而感之。麟口吐三策，盖天使报圣人。】《左传》曰：『叔孙氏之车子鉏商①获麟，以为不祥。』

注释 ① 鉏（chú）商：人名。叔孙氏的车夫。

<解说> 这是《春秋》的最后一条。

据《左传》《史记》《孔子家语》等书记载，鲁哀公十四年（前481），鲁国叔孙氏大夫出行打猎，车夫猎到一只奇怪的野兽，就把它拿回去献给叔孙氏，叔孙氏一看：这是什么鬼？长得鹿不鹿，牛不牛，马不马，肯定是不祥之兽。于是把它随手丢给了掌管猎场的虞人。孔子路过，认出这是瑞兽麒麟，可见它左腿也断了，还被绳子蔫蔫地拴着，于是很伤心："麟之至，为明王也，出非其时而见害，吾是以伤焉。"麒麟现世代表圣王降临，可如今礼崩乐坏，诸侯相互倾轧，圣王在哪呢？"胡为来哉！胡为来哉！"麒麟你为谁而来？为谁而来呢！"吾道穷矣。"看来我一直坚持的道义，已成了明日黄花啊。

这事的历史背景如下：

哀公十四年，也正是田成子杀掉齐简公的那一年，眼看大夫田氏就要篡位成功，周朝礼制陷入前所未有的崩坏，孔子便"沐浴而朝"，严肃地请求鲁哀公讨伐田氏，学习前代齐桓公、晋文公等诸侯，匡扶天下正义。但当时齐君昏庸，田氏大夫精干；鲁哀公没有实权，三桓大夫又忙着争权夺利，所以根本没人搭理孔子。于是孔子在看到麒麟后，新愁旧忧一起翻了上来，就放下了手中正在编定的《春秋》，自此绝笔。

《春秋公羊传》中说："君子曷为为春秋？拨乱世，反诸正。"为什么要记《春秋》呢？可不仅仅是为了写本史书，而是为了讲明礼义。既然现在拨乱没戏，反正也无望了，也就没必要再写下去了。

"西狩获麟"就成了《春秋》的绝笔之言。

13. 燕太子丹质于秦，秦王遇之无礼，不得意，思欲归。请于秦王，王不听，谬言曰：『令乌头白，马生角，乃可。』丹仰而叹，乌即头白；俯而嗟，马生角。秦王不得已而遣之，为机发之桥①，欲陷丹。丹驱驰过之，而桥不发。遁到关，关门不开，丹为鸡鸣，于是众鸡悉鸣，遂归。

‖注释‖ ①机发之桥：有机关陷阱的桥。

＜解说＞ 这段出自《燕丹子》。

燕太子丹是燕喜王的儿子，姓姬，名丹。太子丹在秦国做人质的时候，遭受了嬴政的冷遇和羞辱。要说强国欺弱国本在情理之中，但太子丹和嬴政曾是好友，《史记·刺客列传》里说："燕太子丹者，故尝质于赵，而秦王政生于赵，其少时与丹驩。"俩人在赵国结下了纯洁的少年情谊，驩就是欢，俩人还不是一般的投缘。可惜好哥们儿当了大王之后，翻脸就不认人了，这让太子丹很生气。他向嬴政提出要回国，嬴政当然不答应，于是糊弄他：什么时候乌鸦白了头，骏马生了角，你再回去吧。结果太子丹仰头一叹气，乌鸦变了白鸦；低头一唉声，骏马成了角马。嬴政很尴尬，只好放他回国。太子丹避过陷阱桥，遁走夜城关，终于回到燕国，决心报仇。

这就是荆轲刺秦王的缘起了。

14. 詹何以独茧丝为纶①，芒针②为钩，荆篠③为竿，割粒④为饵，引盈车之鱼于百仞之渊，汩流⑤之中，纶不绝，钩不申⑥，竿不挠⑦。

=注释= ①纶：丝线。②芒针：形状细长如麦芒的针。③荆：荆条。篠：细小的竹条。④割粒：剖开饭粒。⑤汩流：激流。⑥申：通『伸』，伸展。这里指鱼钩被拉直。⑦挠：弯曲。

<解说> 这条讲钓鱼家詹何。故事出自《列子·汤问》。

詹何的钓具很奇葩：鱼线是蚕丝做的，钓钩是芒针做的，鱼竿是细竹条做的，鱼饵是半大的米饭粒。他用这样的钓具，在百丈深渊、湍急河水中下竿，竟能钓回满满一车鱼，钓具还完好无损。

楚王觉得很奇怪，就去问詹何原因。詹何讲出了秘诀："当臣之临河持竿，心无杂虑，唯鱼之念，投纶沉钩，手无轻重，物莫能乱。鱼见臣之钩饵，犹沉埃聚沫，吞之不疑。所以能以弱制强，以轻致重也。"我钓鱼的时候心思纯一，手中的钓竿纹丝不动，鱼儿看到钓饵，以为只是水中的浮沫，毫不犹豫就吃了，因此我一钓一个准。虽然詹何完全无视物理定律，但不要紧，反正人家只是要传达道家理念：安弱守雌，聚精会神，一旦做到不为外物所乱，自然就能以弱胜强，无往不利了。

<解说> 这条讲歌唱家秦青。故事也出自《列子》。

徒弟薛谭跟师父秦青学唱歌，觉得自己学得差不多了，于是辞别师父准备回家。秦青没说什么，只是在饯行宴上拍着牙板，唱了一曲悲歌。那歌声震撼了郊外的整片森林，一时万鸟哀啼，百兽悲鸣，连云彩里都回荡着哀郁的乐音。薛谭惊呆了，仿佛一道新世界的大门在眼前打开。

师父还在门口招了招手："古时候有个女歌唱家叫韩娥，最擅长歌哭，就是在丧礼上哭丧。她有多厉害呢？她在齐国城门下演唱一曲，余音可以绕梁三日不绝；她在旅店里曼声哀哭，整整一里内的男女老幼都随声起舞，根本无法自控。我刚才那一曲，就是借鉴了韩娥的唱法。"

薛谭立刻跪下谢罪：师父，我决心留下深造，再也不提离开的事儿了。

秦青心里舒坦了：你小子，连皮毛都没学到就说要走，不给你露一手，真以为自己出师了？

15. 薛谭学讴于秦青，未穷青之旨，于一日遂辞归。秦青乃饯①于郊衢②，抚节悲歌，声震林木，响遏③行云。薛谭乃谢求返，终身不敢言归。秦青顾谓其友曰：『昔韩娥东之齐，遗粮，过雍门，鬻歌假食④而去，余响绕梁，三日不绝，左右以其神弗去。过逆旅⑤，凡人辱之，韩娥因曼声哀哭，一里老幼喜欢抃舞⑥，弗能自禁，乃厚赂⑦而遣之。故雍门人至今善歌哭，效娥之遗声也。』

═ 注释 ═ ①饯：饯别。②郊衢：城外的大路边。③遏：阻止，断绝。④鬻歌：卖唱。假食：乞讨食物。⑤逆旅：客舍，驿站。⑥抃舞：拍手而舞。⑦厚赂：丰厚的财产。

16. 赵襄子①率徒十万狩于中山，藉芿燔②林，燀赫③百里。有人从石壁中出，随烟上下，若无所之经涉者。襄子以为物，徐察之，乃人也。问其奚道而处石，奚道而入火，其人曰：『奚物为火？』襄子曰：『而向之所出者为火也，而向之所涉者为石也。』其人曰：『不知也。』魏文侯闻之，问于子夏曰：『彼何人哉？』子夏曰：『以商所闻于夫子，和者同于物，物无得而伤阂④者，游金石之间及蹈于水火皆可也。』文侯曰：『吾子奚不为之？』子夏曰：『刳心去智，商未能也。虽试语之，而即暇矣⑤。』文侯曰：『夫子奚不为之？』子夏曰：『夫子能而不为。』文侯不悦。

‖注释‖ ① 赵襄子：晋国大夫。嬴姓，赵氏，名无恤，赵氏家族首领。② 芿：同『乃』。燔（fán）：焚烧。③ 燀赫（chǎn hè）：显赫。④ 阂：阻隔。⑤ 虽试语之，而即暇矣：《列子》作『虽然，试语之有暇矣』，意思是：虽然做不到，但是谈谈道理还是可以的。

<解说> 赵襄子出门打猎，遇到一个奇怪的人。他能穿石壁，蹈火海，还能随烟雾上下飘游。赵襄子觉得很奇怪，问他：你修的什么道，竟然能穿透石壁？这人答：石壁是什么？赵襄子又问：那你告诉我蹈火海的秘诀也行。这人答：火海是什么？赵襄子耐心解释：你刚才走出来那地方就是石壁，出来踏进去的就是火海。这人道：说人话好吗，实在听不懂。

魏文侯听说了这事，于是问子夏：这个奇怪的人是谁？子夏说：我老师之前讲过，当有人修炼到了天人合一的境界，万物的边界就消失了，这人想在石头里游泳也好，在火海里跳舞也好，都不是什么难事。这说法是很道家的，《列子·黄帝》把原理讲得更详细："至于至人，心与元气玄合，体与阴阳冥谐；方员不当于一象，温凉不值于一器；神定气和，所乘皆顺，则五物不能逆，寒暑不能伤。谓含德之厚，和之至也。"只要凝神静气，顺遂天地规律，就能做到刀枪不入、水火不侵，达到和谐的最高境界。达到这种境界的人叫作至人。

魏文侯开始抬杠：你知道得这么清楚，自己怎么不试试？子夏说：哎呀，绝情弃智这种事儿，我还做不到，只是能说说道理罢了。魏文侯再杠：这不是孔子教给你的吗？他比你厉害，肯定能做到吧？子夏说：老师是能做到，只是他不愿意做而已。魏文侯听了很不高兴，觉得遭到了糊弄。

其实子夏的表达是很厚重的。卢重玄在《列子解》中说："言夫子能而不为者，方以仁义礼节君臣之道以救衰俗耳，不独善其身以群鸟兽焉。"孔子有颗救世之心，如果说全身保命的方法是绝圣弃智，抛弃情感，终身与鸟兽为伴，那他更愿意深入俗世，做个卫道之人，为了理想抱负而奉献终身。这就是典型的儒家情怀了。

17. 更嬴①谓魏王曰：『臣能射，为虚发②而下鸟。』王曰：『然可试于此乎？』曰：『可。』间有鸟从东方来，嬴虚发而下之也。

＝注释＝ ①更嬴：有学者认为，更嬴即前文讲过的甘蝇。『更』『甘』，『嬴』『蝇』皆是一声之传。见何建章《战国策注释》。②虚发：只引弓拉弦，不发射矢。

<解说> 这条讲神射手更嬴。故事出自《战国策》。

更嬴见天上有飞鸟飞过，就对魏王说：大王，我只引弓不射箭，就能把那只鸟射下来。见魏王不太相信，他自顾自地弹弓拉弦，弦声一响，鸟果然应声坠地。魏王很吃惊。更嬴解释说："其飞徐而鸣悲。飞徐者，故疮痛也；鸣悲者，久失群也，故疮未息，而惊心未至也。闻弦音，引而高飞，故疮陨也。"看这鸟飞得慢，肯定是身上有伤；它又悲鸣不断，肯定和鸟群失散了。一个受伤又失群的病鸟，听到弦响，肯定会惊慌失措地往高处飞，这么一用力，伤口撕裂，肯定就坠下来了。

原来更嬴不仅是神射手，还是个推理家。

18. 澹台子羽子溺水死，弟子欲收而葬之，灭明曰：『此命也，与蝼蚁何亲？与鱼鳖何仇？』遂不使葬。

<解说> 澹台子羽的儿子溺水而死，弟子们打算把尸体打捞上来安葬。澹台子羽阻止了他们：生死有命，你们把他埋在土里，他就是蝼蚁的食物；让他继续沉在水里，他就是鱼虾的食物，不管捞不捞，都将化作尘土，又有什么差别呢？虽然澹台子羽是儒门弟子，但这里的表达更接近墨家的节葬观，还有道家的齐一论，是很洒脱的态度。

当然，如果翻回卷七回顾一下，我们就得到一个新的视角：

澹台子羽：河伯那老不死的，溺不死我，就溺死我儿子，还想骗我的弟子们下河喂鱼？你做梦！

19.《列传》[1]云：聂政刺韩相，白虹为之贯日；要离刺庆忌，彗星袭月；专诸刺吴王僚，鹰击殿上。

＜解说＞　这段话在《史记》没见到，《战国策·魏策》里倒有类似的文字。

秦王灭魏国之后，开始向魏国的附属小国下手，安陵国首当其冲。于是安陵君派老臣唐雎去跟秦王谈判。

秦王：我用五百里的土地，换你们安陵五十里的国土，怎么样？

唐雎：金窝银窝不如自家狗窝，我们不换。

秦王：这么划算的买卖你都拒绝，是看不起我？

唐雎：哪能啊，是因为安陵君有宗族情怀，您就是拿一千里的土地，我们也不换。

秦王 ：“公亦尝闻天子之怒乎？”知道惹我生气的下场吗？

唐雎：不知道。

秦王：“天子之怒，伏尸百万，流血千里。”会死很多很多很多人！

唐雎：“大王尝闻布衣之怒乎？”那您知道惹布衣生气的下场吗？

秦王：“布衣之怒，亦免冠徒跣，以头抢地尔。”老百姓发脾气,不过是脱掉帽子甩掉鞋,用头哐哐哐撞地,发几通脾气而已。

唐雎：您说的那是庸众，不是我说的布衣。“夫专诸之刺王僚也，彗星袭月；聂政之刺韩傀也，白虹贯日；要离之刺庆忌也，仓鹰击于殿上。此三子者，皆布衣之士也，怀怒未发，休祲降于天，与臣而将四矣。若士必怒，伏尸二人，流血五步，天下缟素，今日是也。”您知道专诸吗？还有聂政、要离总听说过吧？这仨人就是我口中的布衣，他们发起火来，上天都会为之变色。告诉您，我就是这第四个布衣，我没他们那么厉害，发起火来不过是杀两个人，流一点血，要天下人都换上丧服而已。说完便拔剑而起。

秦王没想到一白胡子老头有这么大劲头，赶紧跪下来道歉：哎呀，您老人家别生气，我懂了懂了，不换就不换嘛。

“白虹贯日”“彗星袭月”“鹰击殿上”这几个谶纬词，后来也就成了经典表达，用来描述人的勇猛无畏了。

＝注释＝ [1]《列传》：指《史记》中的人物传记。

20. 齐桓公出，因与管仲故道，自燉煌[1]西涉流沙往外国，沙石千余里，中无水，时则有伏流[2]处，人莫能知，皆乘骆驼，骆驼知水脉，过其处辄停不肯行，以足蹋地，人于其蹋处掘之，辄得水。

═注释═ ①燉煌：即『敦煌』。②伏流：地下水。

＜解说＞　齐桓公和管仲到过沙漠吗？

答案应该是肯定的。《国语·齐语》里说齐桓公曾“北伐山戎，刜令支，斩孤竹而南归”，山戎是春秋时北部地区的少数民族，当时的令支、孤竹都算山戎的一部分，他们的活动地区大概在今太行山以东、内外蒙古以及东北和朝鲜一带。《管子·封禅》里也说：“桓公曰：‘寡人北伐山戎，过孤竹，西伐大夏，涉流沙，束马悬车，上卑耳之山。’”这就明确提到了沙漠。

至于迷路沙漠，以骆驼找水脉的情节，《韩非子·说林》中也有。不过地点变成了山中，山中找水的主角变成了蚂蚁：“行山中无水，隰朋曰：‘蚁冬居山之阳，夏居山之阴，蚁壤一寸而仞有水。’乃掘地，遂得水。”这两个故事合编起来，可以做本古代野外求生指南了。

21. 楚熊渠子夜行，射寝石①以为伏虎，矢为没羽。

注释 ①寝石：卧着的石块。

<解说> 楚国国君熊渠眼神不好。有天半夜他走在山里，突然看见前面有一只老虎，于是立即弯弓搭箭，一箭射去，老虎不动了。熊渠上前查看，发现“老虎”原来是块大石头，而自己的箭竟深深地插进了石头里。虽然这依然违反物理定律，但不要紧，这是个寓言。《韩诗外传》里说：“勇士一呼，三军皆避，士之诚也。”熊渠穿石不在于他有多大力量，而在于他有诚心，当一个人诚心想做什么事，天底下就没什么能拦住他。这就是成语“精诚所至，金石为开”的由来。

《吕氏春秋·季秋纪》里也有这个故事：“养由基射先，中石，矢乃饮羽，诚乎先也。”虽然主角换成了百步穿杨的养由基，主旨还是讲精诚的。到了《史记·李将军列传》里，主角又变成了李广：“广为右北平太守，出猎，见草中石，以为虎而射之，中石没镞，视之，石也。”这就纯粹在烘托李广的勇武多力了。

22. 汉武帝好仙道，祭祀名山大泽以求神仙之道。时西王母遣使乘白鹿告帝当来，乃供帐九华殿①以待之。七月七日夜漏②七刻，王母乘紫云车而至于殿西，南面东向，头上戴玉胜，青气郁郁如云。有三青鸟，如乌大，使侍母旁。时设九微灯。帝东面西向，王母索七桃，大如弹丸，以五枚与帝，母食二枚。帝食桃辄以核着膝前，母曰：『取此核将何为？』帝曰：『此桃甘美，欲种之。』母笑曰：『此桃三千年一生实。』唯帝与母对坐，其从者皆不得进。时东方朔窃从殿南厢朱鸟牖③中窥母，母顾之，谓帝曰：『此窥牖小儿，尝三来盗吾此桃。』帝乃大怪之。由此世人谓方朔神仙也。

注释 ①九华殿：汉掖庭中的殿名。②夜漏：夜间的时刻。漏：指古代滴水记时的器具。刻：古代一昼夜分为一百刻。③牖：窗户。

<解说> 这段大意是讲：西王母与汉武帝相会，俩人对坐吃仙桃，中途东方朔跑来偷看，王母对武帝说：就是这家伙，三次上天来偷我的桃子。整个故事显得温情脉脉又有趣，是经过美化的文字。

原文出自《汉武故事》，里面有很多讽刺性情节。比如武帝一坐下，就问西王母要不死药，王母吧啦吧啦说了一大串药名，然后说"帝滞情不遣，欲心尚多，不死之药未可致也"，你现在七情不断，六欲太多，吃了不死药也没用。再比如西王母请武帝吃仙桃，武帝把桃核留下，打算在自家花园种，王母又笑言"非下土所植也"，这桃三千年才结果，就是真种出来了，也轮不到你吃。而且王母直到离开，也"不肯言鬼神"。后来听说武帝杀了很多假道士，王母又派使者来传话："欲见神人而先杀戮，吾与帝绝矣。"为了见到神仙，竟造了这么多杀孽，什么也不说了，咱俩今后绝交。满篇文字都是对武帝求仙的讽刺之言。

而东方朔在《汉武故事》里不是个偷桃小子，而是个下凡星子。西王母的使者告诉武帝："朔是木帝精，为岁星，下游人中，以观天下，非陛下臣也。"讲明东方朔是木星化身。而《风俗通》里还说："俗言东方朔为太白星精，黄帝时为风后，尧时为务成子，周时为老聃，在越为范蠡，在齐为鸱夷子皮。言其神圣，能兴王霸之业，变化无常。"后世的百姓不仅认为东方朔是太白金星变的，还把风后、老子、范蠡等能人贤士全看作东方朔的化身了。

23. 君山有道，与吴包山潜通，上有美酒数斗，得饮者不死。汉武帝斋①七日，遣男女数十人至君山，得酒，欲饮之，东方朔曰：『臣识此酒，请视之。』因一饮致尽。帝欲杀之，朔乃曰：『杀朔若死，此为不验。以其有验，杀亦不死。』乃赦之。

=注释= ①斋：斋戒。

<解说> 东方朔很机智。

武帝痴迷神仙，到处求不死之药。他听说君山上有一种天然形成的发酵酒，是真正的不死之药，不禁大喜过望。在诚心斋戒七日之后，武帝派人从君山迎回了不死酒，兴冲冲地正准备喝，没想到被东方朔打断了。东方朔：陛下，不死酒我认识，不如让我先检查一下？万一有奸人在其中下毒，想害你呢？

武帝一听有道理，就把酒递给了他，没想到东方朔接过酒，马上一饮而尽，一滴都没给他剩下。武帝气炸了，正盘算是把他杀头呢还是车裂呢，东方朔开始了辩解：陛下，您可不能杀我，如果我被杀死了，就证明这不死酒是假的；如果我没死，证明您也杀不死我。他其实心里清楚，世上根本没有不死酒。如果武帝喝了酒发现没用，他一定大发雷霆，不知道又要杀多少人才能消气。

武帝虽不想承认，但还是觉得有道理：东方朔死了，就证明自己这大半月来都是瞎折腾，天下人都会看自己的笑话；如果这酒真的有效，那确实不用费这个劲。于是只好作罢。

当然，这在神仙家眼里，就是东方朔神仙说的又一条铁证了。

卷玖

杂说上

1. 老子云：『万民皆付①西王母，唯王、圣人、真人、仙人、道人之命上属九天君耳。』

=注释= ①付：托付。

＜解说＞　人的生死由谁来决定？老子认为，普通百姓的生死由西王母掌控，而九天君则掌控皇帝、圣人以及修仙者的生死。这句话的口吻显然不属于哲学家老子，而属于被道教视为始祖的那位老君，宣扬的是道教修仙理念。

西王母为什么掌管万民生死？《山海经·西山经》里就说了：“西王母，其状如人，豹尾虎齿而善啸，蓬发戴胜，是司天之厉及五残。”厉和五残都是天上的星名，据清代学者郝懿行的解释，厉是西方昴宿，带有大陵积尸之气，是厉鬼出没的象征；五残是正东方的星宿，象征着五方毁败，都是很丧的星宿。所以西王母就被赋予了掌刑杀、主生死的神格，前来求“不死药”的人络绎不绝：有著名弓箭手后羿，可惜他失败了；有殷帝大戊，可惜派出去的人没成功返航（见《山海经》郭璞注；《玄中记》）；唯有嫦娥成功了，于是诞生了著名神话“嫦娥奔月”，这大大刺激了后世人民对“长生不死”的狂热。

汉代西王母信仰一度兴盛。汉武帝曾七次跑到回中去沾西王母的仙气，还修了一座王母宫，因为回中是传说中西王母降临的圣地；汉代砖石画像中印有大量的西王母主题 logo，代表统治者死后升仙的愿望；最具说服力的要数《汉书·五行志》的记载：汉哀帝建平四年春，不知道从何时开始，关东民众手上多了一份“行诏筹”，他们奔走相告，见一个人发一张，传单一路发到京城长安，引发了一场盛大的西王母祭祀活动。所谓“行诏筹”就是西王母的死亡预告书，书上写着：“母告百姓，佩此书者不死，不信我言，视门枢下，当有白发。”大概是说，你们这些渺小的凡人，乖乖戴上我的护身符，成为我的信徒，不然就让你一夜白头，立即老死。在今天看来，这显然是有心人的宣教手段，但这场狂热的宗教运动直到秋天才完全消歇下去。

九天君又是谁呢？“九天”是古代的宇宙观之一，《淮南子·天文训》中记载：中央为钧天，东方为苍天，东北方为变天，北方为玄天，西北方为幽天，西方为昊天，西南方为朱天，南方为炎天，东南方为阳天。扬雄《太玄经》有不同的说法，但都是将天按方位划分成一个九宫格，九天君就是掌管九天的至上天帝。这样看来，圣王真人和普通百姓不仅生前地位悬殊，死后也是异路殊途，由此劝导百姓投身修仙大业、改变命数，可以说是很高明的宣教手段了。

2. 黄帝治天下百年而死。民畏其神百年，以其数百年，故曰黄帝三百年。

<解说> 这是孔子“黄帝神话答疑”第一讲。据《大戴礼记》记载，宰我曾经问过孔老师一个历史谜题：听有个叫荣伊的老爷子说，黄帝活了三百年才死，真的假的？这不是非人类吗？孔老师一向不赞成把历史讲成“怪力乱神”的神话，于是很唯物地回答：“生而民得其利百年，死而民畏其神百年，亡而民用其教百年，故曰三百年也。”当然不是啦，黄帝只活了百年左右，在这百年之内，民众享受着黄帝一统天下带来的安定与繁荣，享受着黄帝时代的种种发明与文化；黄帝死了之后呢，余威犹存，教化仍在，民众是真心敬服他，于是天下又和平了数百年，“黄帝三百年”实际指的是轩辕氏族统治持续的时间。

这和历史大致相符，从黄帝称霸到尧禅位舜，历经六代，正是三百年左右。

“黄帝神话答疑”还有第二讲。据《太平御览》卷七九引《尸子》记载，子贡也问过孔老师类似的问题：古人都说黄帝有四张脸，这说法靠谱吗？孔老师的答案当然是否定的：“帝取合己者四人，四方不计而耦，不约而成，此之谓四面也。”意思是说，黄帝派了四个信任的小老弟去治理四方，这四个人跟黄帝同声相应、心灵相通，就像黄帝的影子和替身，所以人们都以为黄帝长了四张脸，能同时出现在天下四方。

这种历史合理化的说法在其他典籍中不难见到，比如《吕氏春秋·孝行览》说“黄帝立四面”，《淮南子·天文训》说黄帝“执绳而制四方”，都表明了黄帝其实是在治理四方，而不是什么长了四张脸的大妖怪。

3. 上古男三十而妻，女二十而嫁。

＜解说＞ 这句话出自《周礼·地官·媒氏》：“令男三十而娶，女二十而嫁。”是周代官方盖戳的婚龄规定。

于是疑问来了：周代就开始提倡晚婚晚育了吗？上古时代人少地多，整个生产系统又属于劳动力密集型，耕织、渔猎都需要人力完成，按理说是要鼓励生育才对啊？

班固从中医角度来解释这个事儿：“男三十筋骨坚强，任为人父，女二十肌肤充盈，任为人母。合为五十，应大衍之数，生万物也。”（《白虎通义》）男女分别到三十和二十岁才算发育成熟，合数五十正好又是《易》中所说的大衍之数，代表万物生生不息，这多符合自然规律啊。古代医学权威《黄帝内经》里确有这样的说法：“男子三十，五脏大定，肌肉坚固，血脉满”；女子到二十三岁时才“肾气平均，肌肉丰满”，是最佳婚育年龄没错了。

可春秋战国之际，实际结婚情况并不是这样。齐桓公就规定，男子20岁要成家，女子15岁要出嫁。越王勾践为了繁衍人口，还出台过法令：如果男子20岁不婚，女子17岁不嫁，不仅本人要获罪，父母也要连坐。这么有违礼法的事，鲁哀公想不明白，于是去问孔老师，孔老师说：“夫礼言其极也，不是过也。”你理解错啦，《周礼》说的“法定婚龄”是最晚结婚的年龄，而不是开始结婚的年龄。《墨子》里也有说，在圣王时代，男子20岁、女子15岁就开始张罗着娶妻嫁人了。

4. 曾子曰：『弟子不学古知之矣，贫者不胜①其忧，富者不胜其乐。』

＝注释＝ ①胜：承受，经得起。

＜解说＞ 这句话有两种理解。

第一种：学生们不学习古人的道德品质，我知道会是什么下场，那就是没钱的整天愁死，很难否极泰来；有钱的整天乐死，早晚乐极生悲。

曾子告诫后学，在穷困潦倒的时候，应该多向我师兄颜回学习，安贫乐道。孔老师曾夸颜师兄：“一箪食，一瓢饮，在陋巷，人不堪其忧，回也不改其乐。”即使是粗茶淡饭、陋室草居，也要开开心心的，别为了功名利禄勉强自己做违心之事，知足才能常乐。一夜暴富之后，也别忙着挥霍显摆，即便是富贵如夏桀、商纣、周幽王，不也因过度骄奢淫逸而灭亡了？子贡曾问孔子：“贫而无谄，富而无骄，何如？”孔子回答说：“可也。未若贫而乐，富而好礼者也。”没钱还能穷乐呵，有钱还能守礼法，这才是有道德的好公民，这样才能得到他人的尊重，自己才能收获真正的快乐。

第二种：我就是不学历史都知道，古代也是穷人连生存都难，富人却每天变着法地找乐子。这种理解八成不是曾子本意，但我们可以做个现实主义的延伸。

在井田制废除之后，土地从公有变为私有，豪强兼并土地现象屡见不鲜。董仲舒上书汉武帝时曾说：“富者田连阡陌，贫者无立锥之地。”贫苦百姓想要活着就很艰难了。两晋是阶级鲜明和极其固化的时代，这一情形更加严重。《晋书·江统传》就说：“秦汉以来，风俗转薄。公侯之尊，莫不殖园圃之田，而收市井之利。”再看《抱朴子》自序中葛洪的一番吐槽，已经富得流油的士族依旧在变着法儿地敛财于民：“或挟使民丁，以防公役；或强取财物，以求贵价；或占锢市肆，夺百姓之利；或割人田宅，劫孤弱之业。”就差没上大街上明抢。因此，这句话也可看作是对阶级垄断、贫富不均的控诉。

5. 昔西夏仁而去兵，城廓不修，武士无位，唐氏伐之，西夏亡。昔者玄都贤鬼神道，废人事天，其谋臣不用，龟策①是从，忠臣无禄②，神巫用国③。榆桐氏之君孤而无使，曲沃进伐之以亡。昔有巢氏有乱臣而贵，任之以国，假之以权，专国主断，已而夺之。臣怒而生变，有巢以亡。昔者清阳强力四征，重遗丘之美女，不治国而亡。昔有洛氏，宫室无常，囿池④广大，人民困匮，商伐之，有洛以亡。

═注释═ ①龟策：龟甲和蓍草。②禄：这里指给予官员俸禄。③用国：掌控国家大权。④囿池：指古代供帝王贵族进行狩猎、游乐的园林。囿：养动物的园子。

<解说> 这些内容出自《逸周书·史记解》。《史记解》有这么个背景故事：一天，周穆王突然从噩梦中惊醒，于是他招来三公重臣和左史戎夫，说："昨晚寡人梦见好多亡国之君，觉得当帝王好难，寡人很惆怅。"左史戎夫说："大王莫慌，我把历代亡国教训写出来给您看，只要不踩坑，国家就不会灭亡。"

亡国坑如下：

重文轻武。夏君崇尚以仁治国，防御建筑也不修，军官也没什么地位。唐尧部族一来攻打，立刻溃不成军，亡国。

迷信鬼神。古玄都君迷信，压根不信周围的谋臣，整天拿着龟壳占卜、拿着竹签摇啊摇，等着天降神谕，于是很快被推翻了，亡国。

孤僻自傲。曲集君呢，觉得全天下就自己最聪明，谁的建议也不听，结果愉州氏一来攻打，曲集君成了光杆司令，亡国。春秋卫懿公也跳了这个坑，痴迷于鹤不可自拔，于是翟人入侵之时，大家都不搭理他，最后死于翟人之手。

任用奸佞。有巢君把治国大权交到小贼人手里，结果小贼人坐大成了大奸臣，他想要再把权力收回来的时候，奸臣当然不乐意，一怒之下把有巢君推翻了，亡国。

美色祸国。绩阳君喜欢美女，重丘君投其所好，送给他一个绝世美女。喜欢美女没有错，喜欢到不理国政就不对了，于是大臣们争权夺利，弄得民不聊生，亡国。后世跳进此坑的君王、将相不可胜数。

大兴土木。有洛君不爱美女爱豪宅，动不动就调动民众来给他修宫室，以致大家都没时间种地，闹得没有粮食吃，饥荒不断。商王成汤君一来攻打，亡国。

爵重禄轻。毕程君这人小气，整天王侯公爵封一大堆，给人发的工资却少得可怜，弄得大家都一副寒酸样子，忍无可忍只好起义，亡国。

坑还有很多，如谄谀日近、好货财珍怪、严兵不仁、好变无常、奉孤专命等等，可移步《逸周书》观赏。周史戎夫已将历代亡国教训写得清清楚楚，可后世皇帝依然排着队往坑里跳，这大概就是知易行难吧。

6.《神仙传》曰：『说上据辰尾为宿，岁星降为东方朔。傅说死后有此宿，东方生无岁星。』

<解说> 傅说是商朝的逆袭代表，他出身奴隶，原本只是个打版筑墙的工头，却得到商君武丁的赏识，协助武丁开创了“中兴”盛世，他的才华、经历都很传奇，因此有人说他是星宿转世。《庄子·大宗师》说：“傅说得之（道），以相武丁，奄有天下，乘东维，骑箕尾，而比于列星。”箕宿和尾宿属于二十八星宿，分别是东方青龙第七宿和第六宿，而“辰”是心宿的别称，又称大火、大辰、鹑火，是东方青龙第五宿，传说傅说死后，灵魂就盘踞在这几颗星宿之间。

其实抛开神话因素，我们不难找到此说的现实根据。

古人发现木星平均十二年运行一周天，于是像切蛋糕一样将天空划分为十二块，分别叫星纪、玄枵、娵訾、降娄、大梁、实沈、鹑首、鹑火、鹑尾、寿星、大火、析木。木星每年要经过一个区域，因此木星被称为岁星，到了本年就说 “岁在星纪”“岁在大火”等，这就是岁星纪年法。古人还认为，天上星宿与地上区域一一对应，某一星区的星象昭示着相应州郡方国的凶吉，《晋书·天文志》已明确将十二区与兖、豫、幽、扬、青、并、徐、冀、益、雍、三河、荆等十二州对应起来。心宿属于大火，箕尾二宿属于析木，对应的地区是豫、幽一带，正是东夷殷商发源与统治的区域。所以傅说“乘东维，骑箕尾”，象征的是他主理殷商的地位，正像东方殷商的守护星一样。

《左传》里能看到不少这样的说法，比如帝喾有俩儿子，叫阏伯和实沈，这兄弟俩成天看对方不顺眼，一见面就要打架，于是帝喾就“迁阏伯于商丘，主辰”“迁实沈于大夏，主参”，把他们分别派去距离很远的俩地方，这里的“主辰”“主参”说的是掌管星宿，实际上是指掌管星区对应的地方分野，也就是商丘和大夏之地。

而傅说死后才有辰尾箕三宿，显然是很神话的说法，起码在《左传》的记载里，五帝时代已有了辰、参等星宿。至于说东方朔生前没有岁星，那就更神话了，岁星纪年法直到东汉才被完全废止，在此之前，人们画日历、定年纪主要是靠岁星运动来完成的。

7.曾子曰：『好我者知吾美矣，恶[1]我者知吾恶[2]矣。』

＝注释＝ ①恶：厌恶。②恶：缺点。

<解说> 曾子是个自省大师。爱好是修身养性，理想是成为一名合格的君子，成名句是：“吾日三省吾身，为人谋而不忠乎？与朋友交而不信乎？传不习乎？”日课是灵魂拷问三连环：今天我认真工作了吗？撒谎骗人了吗？好好学习了吗？

但是自省这个事太主观，想要提升自己，还需找到外界参照才行。于是曾子又提出一条建议：欣赏我们的人，是能看到我们优点的人；讨厌我们的人，是能看到我们缺点的人。意思是说，我们要想正确地认识自己，就别老跟喜欢自己的人一起玩耍，多想想别人为什么讨厌自己，这样才能及时发现自己的不足，从而弥补改进。唐太宗李世民的经典句子“以人为镜，可以明得失”，说的就是这个道理。

8. 思士不妻而感，思女不夫而孕。后稷生乎巨迹，伊尹生乎空桑。

<解说> 据《山海经》记载：“有司幽之国，帝俊生晏龙，晏龙生司幽，司幽生思士，不妻；思女，不夫。”这个司幽国就是男儿国和女儿国的结合体，他们繁衍后代的本事可比喝一口女儿河水高明多了。

《列子·天瑞》里说：“思士不妻而感，思女不夫而孕。”通过感应外物就可以怀孕，压根不用结婚交媾。传说周朝始祖后稷就是这样诞生的：后稷的母亲踩了巨人的脚印，当晚就怀孕了。

商相伊尹更为传奇，据《左传》注记载，孕妇伊母有一晚梦见了神仙，神仙告诉她：这里马上要发大水了，你快向东逃命，记住，跑的时候千万别回头！这句鬼片经典台词成功激起伊母的好奇心，她一回头，变成了一棵空心桑树，伊尹就在这棵桑树里出生了。

这两句话是《列子》的原文，也见于《庄子·至乐》，它传达的是典型道家的理念：万物都由气化成，所谓的生死，不过是气的变形和流转而已，即所谓的“生不常存，死不永灭，一气之变，所适万形”。其中还举了很多这样的例子，比如陵舄（xì）草生在粪土里，就变成乌足草，乌足草根变为蛴螬虫，蛴螬虫散落之后化为蝴蝶，蝴蝶又化为鸲掇鸟，鸲掇鸟经过千日又变为鸟。用“气”这一元素将万物贯连起来。

而从历史角度看，这是典型的母系社会特征：人们只知其母不知其父，女人怀孕了，自己也不知娃他爹是谁。进入父系社会之后，男人们一看：这这这，成何体统嘛！于是历史得以美化，大量的感生之说诞生了。比如殷商始祖契，就是简狄吞燕卵的产物；舜是舜母在观赏大彩虹时怀上的；尧其实是个小龙人；少昊是皇娥和金星的宝宝；黄帝是北斗星的后代。一个神话谱系就这样诞生了。

9. 箕子居朝鲜，其后伐燕，复之朝鲜，亡入海为鲜国。雨师妾黑色，珥两青蛇，盖句芒①也。

=注释= ①句芒：神话传说中的木神，春神、辅佐东方上帝青帝太皞。

<解说> 箕子是商纣王的叔叔，被称为殷“三仁”之一。

据《论语》《史记》等书记载，殷末时商纣王荒淫残暴，自己疯狂享乐也就罢了，还看谁不顺眼就杀谁。当时微子、箕子、比干是国内声望最高的三个贤人，他们的反映各不相同。微子叔叔圆滑，一看大侄子已经走火入魔了，就跑出国避风头去了；比干叔叔刚烈，苦口婆心一通劝谏，结果被挖心而死；箕子叔叔机敏，上谏不成反被扔下大狱，只好装疯卖傻，最后逃亡朝鲜。

朝鲜在哪儿？有人考证说，箕子最初去的朝鲜是“嵎夷之地”，大概在今天辽西一带，辽西喀左就发现了殷晚期的箕侯器。后来辽西朝鲜被燕国侵伐，箕子只好又往东跑，这才到了今天的朝鲜半岛，建立了海中的“鲜国”，汉时称为乐浪郡。

雨师妾是《山海经》中东北方的一个国家，《海外东经》：“雨师妾在其北，其为人黑，两手各操一蛇，左耳有青蛇，右耳有赤蛇。一日在十日北，为人黑身人面，各操一龟。”国人都黑黑的，喜欢玩蛇。而句芒，传说是伏羲之臣，死后化为掌管东方的神灵，有着司木、治春、造物等职能。《淮南子·天文训》便说：“东方木也，其帝太皞，其佐句芒，执规而治春。”

箕子朝鲜、雨师妾、句芒三者看起来没什么关系，为什么要放在一起说呢？我们来看《淮南子·时则训》的一段记载：“东方之极，自碣石山，过朝鲜，贯大人之国，东至日出之次，扶樽木之地，青土树木之野，太皞、句芒之所司者万二千里。”描述的是东方之神太皞、句芒掌管的领土大小，要从碣石山一直到东方日出之地，其间包括了朝鲜和雨师妾国，《尚书》中有类似的记载。因此，末句“盖句芒也”可以看作是地理位置的概括，认为这俩国家都属于东方辖区，该归句芒神管。

10. 汉兴多瑞应[1]，至武帝之世特甚，麟凤数见。王莽时，郡国多称瑞应，岁岁相寻，皆由顺时之欲，承旨求媚，多无实应，乃使人猜疑。

═ 注释 ═ ① 瑞应：古人认为帝王修德，时世清平，上天就会降下祥瑞。

＜解说＞ 所谓的祥瑞，是古人信奉的一种吉兆。孔子感慨道：“凤鸟不至，河不出图。”传说舜和周文王时有凤鸟降临；黄河中曾出现一匹龙马，伏羲根据它身上的图案推演出八卦之象。《易传》也说：“天生神物，圣人则之。”于是圣人自此和祥瑞绑定，一看天降祥瑞，哎呀，有圣人要出现了。董仲舒在《春秋繁露》中将祥瑞和帝王行为关联起来，升级为“天人感应”说：如果这个皇帝当得好呢，天下就风调雨顺，凤凰、麒麟、彩云、甘露、嘉禾等祥瑞将层出不穷；如果皇帝当得不好，天下就多灾多祸，到处都是毒虫、猛兽。董仲舒本想用天象来约束帝王，没想到后人把它变成了溜须拍马的利器。

汉武帝崇信鬼神，又有好大喜功的毛病，特别喜欢听人夸。据《史记》记载，公元 122 年，汉武帝在狩猎时打到一只白麒麟，群臣非常有眼色，纷纷说：这是祥瑞啊！武帝很开心，于是把年号改为“元狩”。又过了六年，有人在山西汾阳挖出一只宝鼎，群臣故技重施：这也是祥瑞啊！武帝很欣喜，于是又把年号改为“元鼎”。汉宣帝时更夸张，曾因祥瑞在十二年内换了四个年号，分别为：神爵、五凤、甘露、黄龙。

西汉末年，王莽掌权之后，也想用祥瑞来获取舆论支持，但是失败了。一方面，武帝、宣帝时正值天下安定、国富力强，王莽的新政却没有解决当时的社会问题，反而激化了贫富矛盾；另一方面，王莽时期的祥瑞实在太多了，《汉书·王莽传》上说，仅五年之间：“麟凤龟龙，众祥之瑞，七百有余。”祥瑞弄得跟批发大白菜一样，看见一穗肥胖点儿的稻子，马上说是嘉禾；看见路上一匹杂毛的马，马上说是龙马，造假成本太低，民众自然不买账了。

11. 子胥伐楚，燔①其府库，破其九龙之钟。

注释 ①燔：焚烧。

< 解说 > 这是“伍子胥复仇记”的节选片段。伍子胥本出身楚国贵族，老爸伍奢是太子建的老师，楚平王因听信费无极的谗言，杀掉了伍奢和伍子胥之兄伍尚，甚至连伍子胥也要杀掉。伍子胥连夜逃到吴国，忍辱负重，后来终于带着吴军杀回了楚国，一路打进了王宫。

普通人到这里感慨一声“大仇得报”也就完了，伍子胥却不。据《淮南子·泰族训》记载，“柏举之战”后，他干了四件事：“烧高府之粟，破九龙之钟，鞭荆平王之墓，舍昭王之宫。”

烧高府之粟。把王室的粮仓宝库一把火烧了，切断楚师供粮，摧毁楚国国力。

破九龙之钟。钟指编钟，是楚国人最喜欢的大型乐器；九龙指钟上的花纹，九是天子之数、龙是天子之象，九龙之钟就象征着楚王的权位。可以说，伍子胥这次复仇非常成功，彻底把楚王权威踩在了脚下。

鞭荆平王之墓。伍子胥破楚之时，楚平王已经死了十几年了，在位的是他儿子楚昭王。那怎么办？伍子胥没搞“父债子偿”那一套，而是直接掘墓鞭尸。《史记》说他鞭尸三百下，《吴越春秋》里说他不只鞭尸三百，还“左足践腹，右手抉其目”，嘴里嘲讽着：你别觉得委屈，谁让你当年听信谗言，杀我老爸老哥，他俩才是冤得没处说呢。

舍昭王之宫。攻破郢都后，楚昭王连夜跑到了弃都，伍子胥便带着吴军大摇大摆地住进了楚昭王的宫殿，据《春秋榖梁传》记载：“君居其君之寝，而妻其君之妻。大夫居其大夫之寝，而妻其大夫之妻。盖有欲妻楚王之母者。”也就是说，吴人睡了楚人的王宫，抢了楚人的老婆，还是按着级别来的。

12. 蓍一千岁而三百茎，其本以老，故知吉凶。蓍末大于本为上吉，筮必沐浴斋洁食香，每日望浴蓍，必五浴之。浴龟亦然。蓍末大于本为卜吉，次蒿，次荆，皆如是。龟蓍皆朔望[1]浴之。

=注释= ①朔：每月农历初一。望：每月农历十五。

<解说> 古代的占卜主要有两种形式：一是卜，用火烧龟壳，以龟壳的裂痕来断凶吉；二是筮，用蓍草来起卦，以得出的卦象断凶吉。

孔子曾说过：“蓍之为言耆也，龟之为言旧也。”耆就是老头子，那么蓍草就是草中的老头子，龟就是动物中的老头子，在传递知识不便的古代，年岁长、经历多的老头子通常懂得最多的道理，所以古人认为蓍龟两个老物能够通灵。

“蓍末大于本为上吉”不是说在所有蓍草里，尖梢比根茎大的蓍草最好，而是将蓍草和其他草类对比得出的结论。据《归藏》记载：“蓍末大于本，为上吉；蒿末大于本，次吉；荆末大于本，次吉；箭末大于本，次吉；竹末大于本，次吉。”这也是在肯定蓍草的通灵性，意思是起卦用蓍草要比用蒿、荆、箭、竹之类的好得多。

当然了，古代占筮跟地摊算命可不一样，非常讲究，比如要选月圆之日，要沐浴、斋戒、食香，还要把蓍草和龟壳洗干净，一次不行要洗五次，这叫“五浴”。这类仪式的具体步骤在《史记·龟策列传》中有详细记载。其实，这些外在仪式的设立，是为了唤起卜筮人内心的诚敬之情。司马光在《潜虚》中就说：“不信不筮，不疑不筮，不正不筮，不顺不筮，不蠲不筮，不诚不筮。必蠲必诚，神灵是听。”意思就是心诚则灵，要是心里没有敬意，整天想些歪门邪道的，神灵才不会告诉你正确答案呢。

13. 明夷曰：『昔夏后筮乘飞龙而登于天。而牧占四华陶，陶曰：「吉。」昔夏启筮徙九鼎，启果徙之。昔舜筮登天为神，牧占有黄龙神曰：「不吉。」武王伐殷而枚占蓍老，蓍老曰：「吉。」桀筮伐唐，而牧占荧惑曰：「不吉。」昔鲧筮注洪水，而牧占大明曰：「不吉，有初无后。」』

<解说> 以上反映的是上古第三种占卜法——枚占。又称“枚卜”“枚筮”。

古代《易》有三种：《连山》《归藏》与《周易》，前两者早已失传，我们没法知道三者的差别是什么，只能根据现有材料推断出三者的卦序、卦辞是不同的。《周易》是周代使用的易经，蓍筮法对应的是《周易》六十四卦；传说《归藏》是殷代使用的易经，枚占法对应的就是《归藏》六十四卦，它应该比蓍筮法简单很多，没那么多变化。可惜，枚占法随着《归藏》一同失传了，现在我们能看到的只是零星几条佚文而已。

1993年王家台出土了一份秦简，上面有不少关于《归藏》的记录，基本能与上述几条相照应。根据这些记录，有学者总结出枚占的格式（参见庞朴《“枚占”新证》《历史研究》1980年第1期）：卦画，卦名曰：昔者某人（求占人）贞卜某事而攴（枚）占某人（占卜者），某人（筮占者）占之，曰吉（或不吉），爻辞，占卜的具体结果（利做某事，不利做某事，何时何方吉，何时何方不吉等）。

拿历史记载来比对，上述枚占无疑很准确：

夏启请皋陶枚占，问：我能不能乘龙登天？皋陶说：我看行。《山海经·海外西经》记载：“夏后启乘两龙，云盖三层，左手操翳，右手操环，佩玉璜。”确实飞龙在天了。

夏启请某人枚占，问：我能否夺得天下？某人说：能。传说九鼎是夏禹收九牧之金铸造而成的，象征王权。禹死后将王位禅让给伯益，儿子夏启很不满意，最终用武力夺得政权，彻底用“家天下”代替了“公天下”。王位改易，九鼎得徙，枚占结果再次应验。

舜请黄龙枚占，问：我能否成神？黄龙说：唔……据《史记·五帝本纪》：“舜南巡狩，崩于苍梧之野，葬于江南九疑，是为零陵。”说舜死在苍梧之野；据《淮南子》，舜死于征伐三苗氏族的途中；据民间传说，舜是因斩杀九嶷山恶龙而死。总而言之，舜就是死了，并没有成神。

周武王请蓍老枚占，问：我能一举干掉殷商吗？蓍老说：我看行。结果我们都知道，周朝取代了殷商，开启了近八百年的统治。

夏桀请荧惑枚占，问：唐氏那小子来打我，我能把他揍回家吗？荧惑说：呃……此处的“唐”应该是古国名，这场战役结果未知。《太平御览》中还有补充记载：“不利出征，惟利安处；彼为狸，我为鼠，勿用作事，恐伤其父。”就是说对方狡猾着呢，你去攻打他就像老鼠挑衅狐狸，还是歇着吧。

鲧请大明枚占，问：我治水能成功吗？大明说：哎呀……据《山海经》《楚辞》《左传》等记载，鲧因治水失败被帝舜所杀，这才有了后来的大禹治水。

14. 水石之怪为龙罔象，木之怪为躨罔两，土之怪为羵羊，火之怪为宋无忌。

<解说> 前三句出自孔子之口。据《说苑》《孔子家语》记载，鲁国大夫季恒子打井时挖出一个罐子，打开一看，里面躺着个小怪物。大家面面相觑，谁也不认识，于是季恒子派人去问孔子：“我打井打出来一条狗欸！这是啥玩意儿？”孔子说：“我听说挖出来的不是狗，是头羊啊。据我所知，木石精叫躨罔两，水之精叫龙罔象，土精就是头羊，叫羵羊。这是头土精没错了。”

《庄子·达生》也有类似说法：“水有罔象，丘有宰，山有夔，野有彷徨，泽有委蛇。”也指明水精叫罔象，川泽精叫委蛇，山野之精则叫宰、夔和彷徨。看来，博学的孔子只是“不语”怪力乱神而已，其实心里知道得非常清楚。

那么火之怪宋无忌是谁呢？据《史记》记载，宋无忌原名宋毋忌，燕国祖传方士，尔后得道成仙，传说他变成了月中仙人，又传说他化为火之精怪，于是妖怪手册《白泽图》便写道：“火之精曰宋无忌。”

15. 斗战死亡之处，其人马血积年化为磷。磷着地及草木如露，略不可见。行人或有触者，着人体便有光，拂拭便分散无数，愈甚有细咤声如炒豆，唯静住良久乃灭。后其人忽忽如失魂，经日乃差。今人梳头脱着衣时，有随梳解结有光者，亦有咤声。

＜解说＞ 古人很早就观察到磷火现象。《列子·天瑞》里说："人血之为野火也。"野火就是磷火，又称鬼火。陆游在《老学庵笔记》描述自己的经历，他在十几岁那年"见郊野间鬼火至多"，可是一转头就不见了，后来专门去找也没再见过，这才知道《列子》之说不是拿来骗小孩的。但是古人不知道鬼火是怎么回事，只知道腐物能够发出磷光。《宋书·志·卷三十》就记过这么一个故事，宋明帝泰始二年五月丙午，临沂一个道士在家里待得好好的，一角的堂柱突然自燃了，有人就说是"木腐自光"，是家里的木头腐朽的缘故。

这么理解其实没错，人骨之类的腐物里常含有磷元素，磷元素和空气发生反应生成磷化氢，磷化氢易燃，就形成了磷火；而等到磷反应完了，磷火很快消失，在人们眼里就成为飘忽不定的鬼火。

古人也很早就发现了静电现象。《春秋纬》中有"瑁吸芥"的记载，是说玳瑁摩擦之后能吸起芥草，这就是典型的电荷相吸。物理学告诉我们，不同性质的物体上带的正负电荷不同，比如胶棒带负电荷，毛皮带正电荷，它俩一摩擦就会噼里啪啦放静电，上文提到的"拂拭""梳头""脱衣"等动作就是在制造静电，所以会出现光和炒豆一样的"细咤声"。

有趣的是，王充在《论衡》解释这一现象时，说"气性异殊，不能相感动也。"已经很接近物理电子说了。

16. 风山之首方高三百里，风穴如电突①，深三十里，春风自此而出也。何以知还风也？假令东风，云反从西来，诜诜②而疾，此不旋踵，立西风矣。所以然者，诸风皆从上而下，或薄于云，云行疾，下虽有微风，不能胜上，上风来则反矣。

注释 ①突：洞穴。②诜诜：众多云集的样子。

＜解说＞ 风是从哪儿来的？古代有种说法认为，风是从风穴中吹出来的。因为刮大风时，气流会在洞穴里鼓荡回旋，人们听到嘶吼声，自然会认为风就是从洞穴中吹出来的。

哈尼族神话《风姑娘》（参见熊兴祥搜集整理，《山茶》1983 年第 4 期）形象诠释了人们对“风穴”的理解。传说天神在造物时，在地上留下了巴掌大的风洞，可是人们等了九千九百九十九年，却连一丝风都没见着，不仅人类热得不行，草木庄稼也不发芽了。后来才发现，原来是一位美丽的风姑娘躺在洞上睡觉，把洞堵死了。

盛弘之《荆州记》里探究过风穴的秘密：“宜都佷山县有山，山有风穴，口大数尺，名为风井，夏则风出，冬则风入。樵人有冬过者，置笠穴口，风吸之，经月还，涉长阳溪而得其笠，则知溪穴潜通。”其实这个风穴就是山中溶洞，两头都跟外界相通，当季风变换方向时，就造成了“风从洞穴中生出”的假象。

后半段是“旋风”的原理探究。如果吹东风，云反而从西边过来，云朵越积越多，很快就变成了西风。为什么会这样呢？作者提出如下假设：大概是因为风都是从上往下吹的，或者说风就是云带来的，云如果飘得快，就会造成很大的风势，下面的风力微薄，没法跟云团带来的大风抗衡，所以便成了旋风。

17.《春秋》书鼷鼠食郊牛，牛死。鼠之类最小者，食物当时不觉痛。世传云：亦食人项肥厚皮处，亦不觉。或名甘鼠。俗人讳此所啮，衰病之征。

＜解说＞ 鼷鼠是一种很小的老鼠，《埤雅·释虫》中说：“鼷鼠有螫毒者，甘口啮人及鸟兽皆不痛。”这种老鼠可能会释放一种麻痹性毒素，所以咬人不疼，人被啃去一块儿肉也不知道。

《春秋》中一共出现过三次“鼷鼠食郊牛”的记载。

第一次在鲁成公七年（前 584）。《左传》：“春，王正月。鼷鼠食郊牛角。改卜牛。鼷鼠又食其角。乃免牛。”正月时，发现郊祀用的牛被鼷鼠啃伤了角。郊祀礼是祭天的大礼，祭天要用的牛羊等祭物叫作牲，祭日和祭牲都由占卜得出，如果要改换牲的毛色、种类、数量，那必须重新占卜。占卜过程非常麻烦，要从正月开始，每个月占卜一次，连着占卜三次才能确定最终答案，而当龟人重新占选出一头牛时，发现牛又被啃伤了角，没办法，只好放弃了这次祭牲。据《公羊传》解读，郊祀如果不进行祭牲，叫“免牲”。如果龟人一看占卜结果，说，哎呀最近老天不想吃牛，那好办，只要派专人穿着礼服，恭敬地将牛带到南郊放生就行了，这是合礼的，鲁襄公、鲁僖公时都有过免牲之举。但“免牛”不一样，完好的牛才能被称作“牲”，伤残的牛只能叫“牛”，牛为什么受伤？第一次牛伤可说是饲养员的疏漏，第二次牛又伤在同一个地方，这就是君主没做好本分，引得上天不满了。因此，“免牛”就是不谨敬的象征。

第二次在鲁定公十五年（前 495）。《左传》：“春正月，鼷鼠食郊牛，牛死。改卜牛。”这次没有免牛，《穀梁传》却说是“不敬莫大焉”，因为牲牛直接死亡了。如果牛被鼷鼠啃了个小伤口，这叫疏忽，起码很快被注意到了；如果牛被鼷鼠啃死了才发现，这叫懈怠，证明上至国君，下至饲人都不再重视郊祀之礼，实在不像话。

第三次在鲁哀公元年（前 494）。《左传》：“春正月，鼷鼠食郊牛，改卜牛。夏。四月。辛巳。郊。”《穀梁传》中记为“鼷鼠食郊牛角”，这次只是牛角被啃，但性质其实更加恶劣。《穀梁传》进一步解释说，郊祀礼要在正月到三月间举行，卜牛也只是三次就够，拖到夏四月才举行郊祀，这叫“不时”；卜牛三次以上，这叫“非礼”。郊祀礼作为最隆重的祭天之礼，它的核心就是顺应天时，称为“享道”，如果不能按时行礼，还不如直接取消呢。

《春秋》的三次记录，与鲁国衰亡的轨迹是吻合的。因此，后人觉得被鼷鼠咬是件晦气事，它象征着衰病和麻烦要找上门了。

18. 鼠食巴豆三年，重三十斤。

<解说> 巴豆，又叫巴椒。《本草纲目》说它能“开通闭塞，利水谷道，去恶肉，除鬼毒蛊注邪物，杀虫鱼”，因此江湖人士常拿它来使坏，比如开战前悄悄喂敌军吃巴豆，保准第二天还没开打，对方已人仰马翻了。

这一套对老鼠却不管用。《淮南子·说林训》早有记载：“鱼食巴菽而死，鼠食之而肥。”巴菽就是巴豆，老鼠吃巴豆不但不拉肚子，反而越吃越胖，因此巴豆又叫“肥鼠子”。陶弘景就曾感慨：“道方亦有练饵法服之，乃言神仙人吞一枚便欲死，而鼠食之，三年，重三十斤，物性乃有相耐如此尔。”（《政和本草》）修为高深的道士以巴豆练饵服食，吃一颗就难受得要死，老鼠却把它当珍馐美味，喂上三年，家鼠就变成了硕鼠，可见生物之间的差异性有多大。

老鼠爱吃巴豆，是很多老中医口耳相传的道理，在现代也不乏亲身验证者，原理有待考证。不过至少我们知道了：与巴豆有关的人体药效实验，拿小白鼠测试一定不科学。

卷拾

杂说下

1. 妇人妊娠①未满三月，着婿衣冠，平旦②左绕井三匝③，映祥影而去，勿反顾，勿令人知见，必生男。【周日用曰：知女则可依法，或先是男如何？余闻有定法，定母年月日与受胎时日，算之，遇奇则为男，遇偶则为女，知为女胎，即可依法。】

注释 ①妊娠：指女性受孕至分娩的生理时期。②平旦：即寅时，太阳刚出地平线，天蒙蒙亮的时候。③匝：周、圈。

<解说> 这是一条“胎儿变性秘法”。妇人如果想生男孩儿，就在怀有身孕三个月之内的日出之时，穿着夫婿的衣冠绕着井逆时针走三圈，等影子映到井口再离去，只要不回头看，不被人发现，就一定能愿望成真。乍一看很荒唐，仔细一看是有巫术道理的：“平旦”是一天阴气渐衰、阳气渐长的时刻，因此要选在这个时候祈祷，意为送女接男；“左旋”是逆时针，代表逆天改命、反转性别。褚人获《坚瓠集》里还记录了这一巫术的祷词：“陈成初生十女，使妻绕井三匝，祝曰：‘女为阴，男为阳，女多灾，男多祥。’绕井三日，果生一男。”

如果妇人怀的本是男孩，结果逆转巫术一施展，最后生出来个女儿，那该找谁哭去？周日用说不怕，我们还有妙招儿：找出母亲的生日月份和受胎的日期时辰，用特定的方法计算，如果和是奇数，那就是男孩，回家安心养胎别折腾了；如果是偶数，那就是女孩，赶紧去井边绕一绕。

重男轻女之风自古就有，男孩生下来可以出仕做官、继承香火，女子却要倒贴嫁妆，因此民间常有弃杀女婴的行为，魏晋时期尤为严重。《晋书·五行志下》说：“义熙中，东阳人莫氏生女不养，埋之数日，于土中啼，取养遂活。”一看生下来是女儿，直接给埋土里了。这个东阳莫家可不是特立独行，颜之推在《颜氏家训》里说“世人多不举女”，当时的社会风气就是这样，他还讲了个自己亲戚的故事：“吾有疏亲，家饶妓媵，诞育将及，便遣阍竖守之。体有不安，窥窗倚户，若生女者，辄持将去；母随号泣，使人不忍闻也。”说亲戚家里女眷有要生孩子的，他就马上派下人去守门，一看生下来是女儿，二话不说立刻抱走，母亲就在后面追着跑，边跑边哭。当然这是关系很远的亲戚，虽然自己管不了，也要义正言辞地谴责一顿：“贼行骨肉，岂当如此，而望福于天乎？”连自己的骨肉至亲都不要了，还指望上天降什么福泽给你？傅玄写过一首《豫章行》，诉尽了当时女子的凄惨：“苦相身为女，卑陋难再陈。男儿当门户，堕地自生神。雄心志四海，万里望风尘。女育无欣爱，不为家所珍。长大逃深室，藏头羞见人。”

为了祈子，魏晋妇女还有很多花样。好文雅的就佩戴萱草，萱草别名宜男，曹植写过《宜男花颂》：“草号宜男，既晔且贞……福齐太拟，永世克昌。”戴上宜男花，包你福泽如太姒，一生就是儿子。好花哨的可以佩戴宜男蝉，《荆楚岁时记》：“都人上元夜作宜男蝉，似蛾而大。”宜男蝉就是纸做的花蛾子。上述两招都不行的话，还可以去祭拜神灵。《荆楚岁时记》记荆楚一带民间祈子的风俗：“四月八日，长沙阁有九子母神。是日，市肆之人无子者，供养薄饼以祈子，往往有验。”九子母神就是佛经里的九子鬼母，传说生过五百多个子女，显然和送子观音、送子娘娘是一个部门的。

2. 妇人妊娠，不欲令见丑恶物、异类鸟兽。食当避其异常味，不欲令见熊罴[1]虎豹。并及射鸟射雉[2]，食牛心、白犬肉、鲤鱼头。席不正不坐，割不正[3]不食，听诵诗书讽咏之音，不听淫声，不视邪色。以此产子，必贤明端正寿考。所谓父母胎教之法。【卢氏曰：子之得清纯滋液，则生仁圣；谓错乱之气，则生贪淫，子因母气也。】故古者妇人妊娠，必慎所感，感于善则善，感于恶则恶矣。妊娠者不可啖[4]兔肉。又不可见兔，令儿唇缺。又不可啖生姜，令儿多指。

〖注释〗①罴：熊类的一种，又称马熊、人熊。《尔雅·释兽》：“罴如熊，黄白文。”②并及射鸟射雉：范本作“御及鸟射射雉”，文意难通，据《四库》本改。雉：野鸡。③割不正：（肉）切得不规整。④啖：吃。

<解说> 这是一条“孕妇胎教指南”。

古代非常流行“外象内感”之说，人们相信环境的清浊和人性的正邪是相呼应的，谚语“人杰地灵”“穷山恶水出刁民”就是这个道理。古人还认为，胎儿在母体中尚未发育成型，环境的优劣将直接决定胎儿的禀赋，所以教育不应该从娃娃抓起，应该从胚胎抓起。这则材料是前代胎教理论的大杂烩，呼吁孕妇拥抱真善美、远离假恶丑。

《列女传·周室三母》写了西周早期的皇太后们：太姜、太妊、太姒。这三位的儿子就是大名鼎鼎的周王季、周文王和周武王。她们怎么能生出这么厉害的儿子？原来是怀孕后能够“目不视恶色，耳不听淫声，口不出敖言”，严格实施胎教。大教育家孟母，除了著名的搬家经历之外，还介绍过自己的胎教之法：“席不正不坐，割不正不食”，席子摆歪了不坐，肉割得不方正不吃，这才造就了孟子的一身正气。由此，刘向总结出妇女胎教条目的 2.0 版本：“寝不侧，坐不边，立不跸，不食邪味，割不正不食，席不正不坐，目不视于邪色，耳不听于淫声。夜则令瞽诵诗，道正事。”这条目还有更详细的 3.0 版本，可以移步《大戴礼记·保傅》《新书·胎教》观赏。一言以概之，吃穿用度站立坐行都必须“正”，这样生下来的孩子才能“形容端正，才德过人”。

年代更早的《淮南子》示范了错误胎教的后果：“孕妇见兔而子缺唇，见麋而子四目。”孕妇一旦见到兔子，孩子出生就是兔唇；见到麋鹿，孩子会长四只眼。唐代名医孙思邈在《千金方》中也提到：“妊妇食姜，令子余指。”因此民间又把多指叫作“生姜手”。这些说法在今天看来挺可笑，我们姑且不去讨论它的科学性，只需知道古人大多深信此理就对了。明代大才子祝枝山就是天生六指，所以自号“枝指生”。按照这样看来，祝母大概经常抚胸垂泪：都怪我当时没忍住，多吃了块姜。

3.《异说》云：瞽[1]叟夫妇凶顽而生舜。叔梁纥，淫夫也，征在，失行也，加又野合而生仲尼焉。其在有胎教也？【卢氏曰：夫甲及寅申生者[2]圣，以年在岁德，在甲寅之年生者则然矣。亦由先天也，亦由父母气也。古者元气清，故多圣。今者俗淫阴浊，故无圣人也。】

注释 ①瞽：眼睛瞎，盲人。②甲及寅申生者：古代采用六十甲子纪年法，以十天干配十二地支命名年份，如丁酉年，甲申年。

<解说> 这是一则“胎教怀疑论”。古人择妻尤其强调品德，《新书·胎教》说“故凤凰生而有仁义之意，虎狼生而有贪戾之心，两者不等，各以其母”。认为父母的品行直接决定儿女的品行，尤其是母亲。所以一看文王和孟子，我们觉得胎教实在太重要了。但再看舜和孔子，又难免觉得胎教之说不那么靠谱。

舜的爸妈是什么样呢？据《史记·五帝本纪》记载，舜爸叫瞽叟，翻译一下就是瞎老头。舜妈去世之后，瞽叟给舜娶了个小后妈，生了个弟弟叫象。后妈嚣张、弟弟狂傲，为了争夺财产和美人，二人常撺掇着瞽叟把舜杀掉。虎毒尚且不食子，瞽叟却真干过几次谋杀未遂的事儿，所以说瞽叟夫妇“凶顽”。在这样恶劣的家庭生态中长大，舜却恭孝仁义、才能出众，终为一代圣王，可见胎教之说很不靠谱。

孔子的爸妈又是什么样呢？据《史记·孔子世家》记载，孔爸叫叔梁纥，孔妈叫颜征在，二人“野合而生孔子”。这里的“野合”可能不指野外，也不是偷情，《孔子家语》里面说叔梁纥“乃求婚为颜氏”，二人可是正儿八经办过手续的。司马贞在《史记索隐》里解释说，“野合”是指不符合当时的嫁娶礼仪。孔子出生之时，父亲已经是个七十多岁的老翁，而母亲还只是个十几岁的少女，老夫配少妻，如此阴阳不调的组合却生出孔子这样的圣人，可见胎教之说不靠谱。

卢氏赶快跟在后面解释：不是胎教之说不靠谱，是孩子的品行不只跟父母气质有关，还跟天地之气有关。孔子、舜之类的圣人就是天地清气的产物，跟人家爸妈没太大关系。他进一步用阴阳五行进行说解：生在带甲、寅、申这些年份的人，叫作“年在岁德”，因为甲是十天干之首，是阳木，又是少阳，对应着阳气初生的时候；而在十二地支中，寅属木，木代表德，寅中藏有甲木、丙火、戊土，都是属阳的五行；申属金，金代表义，申中藏有庚金、壬水、戊土，也都是属阳的五行。三者与德义对应，象征着阳气勃发、正直清明，所以在这些年份出生的人，道德品行天生就比其他人好，这就是所谓的“先天命数”。

据《后汉书·皇甫嵩传》记载，张角起义时就以“苍天已死，黄天当立，岁在甲子，天下大吉”为口号，宣扬新一代的圣人即将在甲子年出世。

4. 豫章郡衣冠人有数妇，暴面①于道，寻道争分铢②以给其夫舆马衣资。及举孝廉，更取富者，一切皆给先者，虽有数年之勤，妇子满堂室，犹放黜以避后人。

注释

①暴面：暴，通“曝”，曝光。指抛头露面。②寻道争分铢：指在街上做生意赚钱。铢，古代重量单位。

<解说> 这是一则“渣男弃妇史”。从前豫章郡有个读书人，一连娶了好几个老婆，老婆们在外做生意挣钱，供读书人吃穿花销，没想到这个读书人做了官之后，马上娶了更有钱的白富美，糟糠之妻们虽然当牛做马好多年，还为他生了很多儿子，却依然因为曾“抛头露面”的污点而惨遭抛弃。读完这个忧伤的故事，除了谴责负心汉，我们也可以看到风俗、制度对人的影响。

豫章郡是楚汉之际划分的行政区，在今天的江西南昌一带。妇人赚钱养家是这里的风俗。据《隋书·地理志》记载，隋时江西、福建以及浙江、安徽的部分地区常见“男读女商”“男耕女商”的家庭模式，妇女上街经商、男人下田耕地都不足为奇。这在当时北方士大夫眼里却是很丢人的行为，他们认为男主内、女主外，妇女理应“惟务贞顺，避嫌远别”“深闺小院，不苟言笑”，在家操持内务就好，不能随便抛头露面。陈藻的《田家妇》就嘲讽豫章习俗：“笑说福唐风俗恶，一田夫妇两身泥”“种麻卖布皆贫妇，伐蔗炊糖无末游。”

再说说“举孝廉”。这是汉代的察举选官制的标准之一，“孝”指孝敬父母，“廉”指清廉勤政，如果郡国长官认为你是位孝顺清廉、品德高尚的贤人，就可以推荐你到中央去做官。东汉时，人口满20万的郡国每年才能推举一人，可谓是“万里挑一”的人才。但“举孝廉”只是第一步，被推举的人还需要经过中央的多方面考察，最终根据能力高下、品行优劣来分配官职，这就有了很大的人为操控空间。

所以读书人新娶有钱有势的夫人、下堂“不检点”的糟糠之妻，不只是喜新厌旧，也是为了攀附权贵、保护名声，以便自己能在考察之中占据优势，谁让男女关系不在“孝廉”考察范围之内呢。实际上，西汉晚期以后，察举选官制已成为贵族玩弄政治的工具，没什么含金量可言。东汉末年有谚语云“举秀才，不知书；察孝廉，父别居”，讽刺的就是这种社会乱象。

5. 诸远方山郡幽僻处出蜜蜡，人往往以桶聚蜂，每年一取。远方诸山出蜜蜡处，其处人家有养蜂者，其法以木为器，中开小孔，以蜜蜡涂器，内外令遍。春月蜂将生育时，捕取三两头着器中，蜂飞去，寻将伴来，经日渐益，遂持器归。

＜解说＞　这是一条“木桶养蜂术”。早在商周之时，古人就吃上了蜂蜜。甲骨文、《诗经》《山海经》和《礼记》中都有关于蜂和蜂蜜的记载。这时的蜜蜂大多是野外采集回来的。采蜜在古代是个高危行业，唐朝顾况的《采蜡一章》就写道：“荒岩之间，有以纩蒙其身，腰藤造险。及有群蜂肆毒，哀呼不应，则上舍藤而下沉壑。”野生蜜蜂喜欢在荒岩险壁之间筑巢，采蜜人需要在腰间绑上藤条去高险之地掏蜂巢，即使用纱裹住全身，如果一不小心被蜜蜂群起而攻，就很容易掉下山崖，蜜没采到，小命先没了。

因此人们想办法驯养蜜蜂。东汉有个养蜂专家叫姜岐，他就常常把有蜜蜂的中空树段带回家，挂在屋檐下驯养，并传授百姓养蜂技术，学徒遍布天下，皇甫谧在《高士传》中称他是“牧豕调蜂笑傲天涯”，是东汉的“蜜蜂侠”。

大约在魏晋之际，人们开始用木桶养蜂。《博物志》此条讲述了山区人诱捕养蜂的方法：先在木桶上开几个眼供蜜蜂进出，再在木桶壁上涂满蜂蜜，等到春天蜜蜂繁殖的时候，诱捕两三只到木桶里，整个蜂群就会跟随而至，快乐地在桶里吃蜜、筑巢、繁衍；只用一点蜂蜜，就换来一整个蜂群，这买卖可太划算了。养蜂人可以每年割取一次巢蜜，只要方法得当，就有了取之不尽用之不竭的蜜源。南朝宋郑缉之《永嘉地记》也有类似记载：“七八月中，常有蜜蜂群过，有一蜂先飞，觅止泊处。人知，辄内木桶中，以蜜涂桶中，飞者闻蜜气，或停不过，三四来，便举群悉至。”西晋郭璞写过一首《蜜蜂赋》，其中不仅赞誉了蜂蜜的食用、药用价值，还详细描写了蜜蜂的特性，这显然是长期养蜂观察之下的结果。如果不是资深蜂农，或经过资深蜂农的传授，很难这么细致、准确地描绘。

6. 人藉[1]带眠者，则梦蛇。鸟衔人之发，梦飞。

注释

①藉：枕着。

<解说> 这是一则“解梦录”。

人枕着带子睡觉会梦见蛇；被鸟叼了头发就会梦见自己在飞。这一说法出自《列子·周穆王》：“藉带而寝则梦蛇，飞鸟衔发则梦飞。”《列子》认为人与自然万物的气息是相通的，如果身体和神志受到外在刺激，那么梦中就会有所感应。这也是“外感内应”的观点。《列子》中还举了其他的例子，比如“阴气壮，则梦涉大水而恐惧；阳气壮，则梦涉大火而燔焫；阴阳俱壮，则梦生杀”。如果一个人体内阴气太盛，就会梦见自己在穿越大江大河，吓得不轻；如果体内阳气太旺，就会梦见自己在大火中穿梭，热得不行。那要是体内阴阳二气都旺呢？可怕的来了，你将斩获“梦中杀人魔”的称号。《黄帝内经·素问》里也有类似的记载，代表它有一定的中医学理据。

当然，这一说法还能从西方的心理学实验中找到认同。西方心理学家也研究过这个问题。亚里士多德曾经说过“滑入食道的小滴痰”，会使一个人梦见“正在享受蜂蜜或其他甜食”。弗洛伊德《梦的解析》里列举了很多造梦实验，比如用羽毛挠一个人的嘴巴，他会梦见正在受酷刑；轻轻按着一个人的脖子，他会梦见正在被医生贴膏药，这证明了环境和身体内部的刺激的确是梦的来源之一。

7. 王尔、张衡、马均昔冒重雾行，一人无恙，一人病，一人死。问其故，无恙人曰：『我饮酒，病者食，死者空腹。』

<解说> 这是一则“雾天出行警告”。王尔、张衡、马均三人组了一个古代驴友团，本想开心出游，结果不幸遇见了大雾。雾是空气中凝结的水汽，它的形成离不开冷却和加湿，所以“重雾”天一定极其阴冷湿寒，人在其中待久了容易生病。酒性大热，有活气行血、暖身驱寒的功效，所以饮酒者“无恙”，什么事也没有。吃饭者体内有食物供应热量，只是生了病；而空腹者身虚体弱，自然难以抵挡湿寒侵袭，最终伤寒而死。

有趣之处还在于，开头已经说明这三人的姓名，却不提这三人到底谁死谁活，留下了一个无聊的千古悬念。

8. 人以冷水自渍至膝，可顿啖数十枚瓜。渍至腰，啖转多。至颈可啖百余枚。所渍水皆作瓜气味。此事未试。人中酒醉不解，治之，以汤自渍即愈，汤亦作酒气味也。

<解说> 这是一条“大胃王秘籍”。传说人把自己泡在冷水里，水没过脖子，就能一口气吃下数百颗瓜！这一说法还得到名医陶弘景的认可，他在《本草经集注》中“白瓜子”一条下写道：“熟瓜有数种，除瓤食之，不害人。若觉食多，入水自渍即便消。”这“白瓜子”又名水芝，有人说是甜瓜，有人说是冬瓜，总之是一种汁水丰富的瓜类，而且个头绝对不小。

一顿吃百瓜到底是什么原理？一种说法是“同气相求”。瓜类大多性质寒凉，此种瓜又汁水丰富，人泡在冷水中吃瓜，瓜的汁水就从体表散入冷水之中，因此不会撑着胃。日本医学家森立之在《本草经考证》中就持这一观点：“是亦内水外水相得而自消化之理也。”解酒也是同样的道理。中医认为酒为水谷之气，性大热，喜上升，有活瘀血、散药性、止冷痛的效用，所以人喝多了酒，可以泡在热水里，酒气就着热气散入水中，人马上就能醒酒。瓜味冷水和酒味热汤就是证据。

这种说法的可信度实在不高，酒后冲泡热水澡也是件很危险的事，容易诱发心脑血管等疾病，所以我们姑且一听，权当一乐。毕竟作者也精明地写了“此事未试”，意思就是：请勿轻易模仿，出了事我可不负责。

9. 昔刘玄石于中山酒家酤酒，酒家与千日酒，忘言其节度。归至家当醉，而家人不知，以为死也，权葬之。酒家计千日满，乃忆玄石前来酤酒，醉向醒耳。往视之，云玄石亡来三年，已葬。于是开棺，醉始醒，俗云：『玄石饮酒，一醉千日。』

< 解说 > 这是一则“奇酒奇闻”。传说刘玄石到中山酒家买酒，酒家给他喝了能一醉千日的酒，却忘了告诉他这酒的效果。满千日之后，酒家一拍脑门想起来：坏了坏了，我得去看看那个刘玄石酒醒了没有。没想到刘家人说，玄石已经死了三年啦，酒家连忙掘土开棺，这时候刘玄石才刚刚打着哈欠醒过来。

《搜神记》将这个故事加工美化，卖酒人变成了叫“狄希”的中山人，千日酒的效果也被渲染得更加夸张，玄石的坟墓之地酒气冲天，开棺之后，所有站在墓旁闻到棺中酒气的人，全都回家醉倒了三个月，沾了更多魏晋风流的味道。杜文澜《古谣谚》评道：“读之真可绝倒。”

魏晋时造酒业兴盛，饮酒被视作名士纵情畅意，乃至避祸保身的一种途径。民间自酿自饮的现象很多。当时有一种名酒，酿造者叫刘白堕，传说酒味鲜美异常，能令人醉上一整个月，权贵与名士们常常拿来当作礼物，千里相赠。因此这酒得了个雅号“鹤觞”，又叫骑驴酒。据《洛阳伽蓝记》记载，一次青州刺史毛鸿宾在带着骑驴酒回藩地的路上，碰见了强盗，强盗一看有美酒，想说尝一口吧，不好喝我就不抢了，结果一尝之下醉得不省人事，轻松被官兵擒获。自此江湖上就多了骑驴酒的传说，大侠们纷纷奔走相告：“不畏张弓拔刀，惟畏白堕春醪。”骑驴酒又多了“擒奸酒”“白堕春醪”的雅号。

“千日酒”最早指的是酿满千日的发酵酒，郑玄注《周礼·天官》时说：“清酒，今中山冬酿，接夏而成。”清酒是祭祀之酒，也就是由冬天起酿，来年夏天才酿成的千日酒。酿酒之地也是“中山”，在今天的河北定州一带。这则传说大概就是由此而来。

10. 旧说云天河与海通。近世有人居海渚者，年年八月有浮槎①去来，不失期，人有奇志，立飞阁于槎上，多赍粮，乘槎而去。十余日中，犹观星月日辰，自后茫茫忽忽，亦不觉昼夜。去十余日，奄②至一处，有城郭③状，屋舍甚严。遥望宫中多织妇，见天丈夫牵牛渚④次⑤饮之。牵牛人乃惊问曰：『何由至此？』此人具说来意，并问此是何处，答曰：『君还至蜀郡访严君平则知之。』竟不上岸，因还如期。后至蜀，问君平，曰：『某年月日有客星犯⑥牵牛宿。』计年月，正是此人到天河时也。

注释 ①槎（chá）：同『楂』，木筏。②奄（yǎn）：忽然，突然。③城郭：泛指城或城市。城，内城的墙，郭，外城的墙。④渚：水中小洲。⑤次：停留。⑥犯：侵入，遭遇。

<解说> 这是一则“银河漫游记”。牛郎和织女最初只是两颗星宿——牵牛星与织女星。它们没有可歌可泣的虐恋，只是默默地躺在天河两端，岁月静好。《诗经·小雅·大东》说的就是这样：“维天有汉，监亦有光。跂彼织女，终日七襄。虽则七襄，不成报章。睆彼牵牛，不以服箱。”大概到西汉时期，两颗星星才谈起了凄美的爱情，成了一对相悦而不得见的爱侣。《古诗十九首》其中一首写道：“迢迢牵牛星，皎皎河汉女。纤纤擢素手，札札弄机杼。终日不成章，泣涕零如雨。河汉清且浅，相去复几许！盈盈一水间，脉脉不得语。”汉武帝修建昆明池的时候，专门在池畔两端筑牵牛、织女像各一，好像在故意显摆昆明池有多大，你看，朕的池水跟天上银河一样无边无涯嘛。

曹丕《燕歌行》感慨道：“牵牛织女遥相望，尔独何辜限河梁。”一对小情人看着可怜，竟被一条河生生拆散，于是人们就为牛郎织女搭了个桥。《岁时广记》卷二十六引《淮南子》说：“乌鹊填河成桥而渡织女。”东汉应劭《风俗通义》也说：“织女七夕渡河，使鹊为桥。”喜鹊换毛通常从头部开始，时间又正好在七月前后，人们以为这是被牛郎织女踩秃的，所以才有“鹊桥”之说。到了南朝梁宗懔的《荆楚岁时记》，织女变为天帝之子，嫁给牵牛君之后不好好干活，惹来天帝责罚，这才有了一年一度的七夕相会。至于牵牛星从星宿变为凡人牛郎，那是隋唐之后的事了。

天河为什么与大海相通？有一种说法是，天河的原型是汉水，又称“天汉”“云汉”，中国的大江大河多是东西方向，而汉水是南北方向，它与牵牛织女星的分布相吻合，也有一层楚河汉界、天各一方的寓意在。汉水南流入海，肯定与海是连通的。

浮槎为什么偏偏挑八月往来，而不是七月七日七夕节？八月浮槎其实是个潮汐现象。天体之间存在着万有引力，月亮、太阳对地球表面海水都有一定的吸引力，地表海水离这俩星球越近，海水就涨得越高。地球在八月中秋前后离太阳最近，此时将出现全年最旺的一次涨潮，水量够大，浮槎才能一口气漂到银河上去。

蜀人严君平又是谁呢？他名遵，字君平，是西汉时著名的隐士。据《汉书》记载，此人不仅精通《老子》《庄子》，写过一本著名的书叫《老子指归》；更精通《周易》，擅长占卜，是个职业半仙。提问他算得准不准的人可以坐下了，人家这本事，可是经过神仙盖章认证的。

从现代天文学的视角来看，神话是要幻灭的。牵牛织女分属不同星系，两星之间的距离是 16.4 光年，牛郎就是想打个电话，织女接到也是 30 年后的事儿了，相会什么的，还是留在美好的想象里吧。

11. 人有山行堕深涧者，无出路，饥饿欲死。左右见龟蛇甚多，朝暮引颈向东方，人因伏地学之，遂不饥，体殊①轻便，能登岩岸。经数年后，竦②身举臂，遂超出涧上，即得还家。颜色悦怿③，颇更黠慧胜故。还食谷，啖滋味，百余日中复本质。

═ 注释 ═ ① 殊：指身体形态发生变化。② 竦：伸长脖子，提起脚跟站立。③ 悦怿（yì）：心情愉悦。

<解说> 这是一条“野外求生指南”。

有人掉下深渊，发现周围盘的全是龟和蛇，正吓得半死之际，发现龟蛇没有扑上来吃他的冲动，只是抻着脖子向东方眺望。这人很好奇，那边有啥好吃的吗？他赶紧趴下来学着向东眺望，结果发现腰不酸了，腿不痛了，肚子不饿了，还学会徒手爬岩壁了。几年过去，这人把自己修炼成了一条长蛇的形状，将身子直立起来，竟然比深涧的崖壁还高，于是他轻松上岸，开心回家去了。为了方便称呼，我们叫这人阿堕。

西方学者举手说，我知道！这是典型的图腾崇拜——在图腾时代，人们常常模仿鸟、狼、龟等动物的形态，以求获得相应的神能，比如多子、勇猛或长寿，阿堕就是在拜图腾。东方学者站起来反驳，我看这分明是“外感内应”——对龟、蛇外形的感应与模仿影响并改变了阿堕的形貌和特性。

二者说的其实都有道理，问题的关键就在阿堕的模仿对象——龟蛇身上。龟负蛇，蛇盘龟，是神兽玄武的形象。在中国的神话体系里，玄武是镇守北方的神兽，与青龙、白虎、朱雀、黄龙合称天官五兽，又叫玄冥。它享有多重神格——掌管冥间的神、司土的地神、孟冬之神与北方之神。俗云“青龙白虎掌四方，朱雀玄武顺阴阳”，阴阳指人的寿命，玄武不仅象征长寿不老，也主司人间生死寿数、凶吉福祸。

“引颈东方”这个动作也大有来头。马王堆一号汉墓出土的帛画上有“鸱龟曳衔”的图案：一只龟背着鸱鸟向东方爬去。《山海经·西山经》记载：“有鸟焉，一首而三身，其状如乐鸟。其名曰鸱。”鸱也被认为是太阳之鸟，传说太阳西落之后的会化身为鸱，在夜间由龟驮着走回东方，鸱鸟准备新的一轮日出。引颈向东方爬行，也就成为龟的一种神话姿态。

太阳永生不灭、玄武司掌阴阳，因此模仿龟蛇的阿堕以此获得了部分神能，比如数年不食，越活越年轻；再比如身轻体软，能无视万有引力攀岩走壁。《淮南子》有个说法：“食谷者智慧而夭，食气者神明而寿，不食者不死而神。”道家的修仙讲究“辟谷食气”，待排净体内浊气，就可以飞升成仙，如果阿堕一直在山谷里待着，长寿肯定不是问题。

这么看来，阿堕其实是个幸运儿，他掉进了玄武谷而不是五毒窝。只可惜，恢复人类正常行走饮食之后，阿堕又变回了原本的样子。这恐怕把一众修仙者气得跳脚：我费尽心思、手段百出、求也求不来的长生，你说不要就不要了？阿堕和误入桃花源的刘晨、阮肇，还有围观神仙下棋的烂柯人一样，什么奇遇都颠不破他们归家的念头，可谓是“自由诚可贵，长生价更高。若为回家故，二者皆可抛”了。

12. 天门郡有幽山峻谷，而其上人有从下经过者，忽然踊[1]出林表，状如飞仙，遂绝迹。年中如此甚数，遂名此处为仙谷。有乐道好事者，入此谷中洗沐，以求飞仙，往往得去。有长生意思人[2]，疑必以妖怪。乃以大石自坠，牵一犬入谷中，犬复飞去。其人还告乡里，募数十人执杖揭山草伐木，至山顶观之，遥见一物长数十丈，其高隐人，耳如簸箕。格射刺杀之。所吞人骨积此左右，已成封[3]。蟒开口广丈余，前后失人，皆此蟒气所噏[4]上。于是此地遂安稳无患。

注释 ①踊（yǒng）：向上跳跃。②长生意思人：追求长生的人。范本作"长意思人"指聪明人。③封：聚集而成的土堆。这里指白骨堆得像小山一样。④噏（xī）：同"吸"。

<解说> 这是一则“白日梦破灭记”。天门郡位于武陵郡西北，也就是今天的湖南张家界一带，据说郡内有个仙谷，人只要从那里路过，就能“立地飞升成仙”。飞升可是修道者的终极梦想，它意味着长生不老、位列仙班和永享福禄。但飞升太难了，古往今来，不知有多少人将毕生心血花在上面，却至死不得成功。

什么样的人有飞升资格？第一是帝王。帝王是天子，上天之子，默认死后可以飞升天宫找天帝老爸，这算是回家了，文雅的说法叫登霞。第二是方家术士。这类人则需要通过艰苦的修炼，要么“辟谷”，坚持不吃粮食；要么“食药”，坚持吃草根（菊、术）、矿物（黄金、丹砂、软玉）、少见的天然物（芝菌、石乳）以及由之炼成的各类诡异的化合物；要么就是每日呼吸吐纳，做“熊经鸟伸，凫浴蝯躩，鸱视虎顾”一类的动作，以求排空体内浊气。这些做起来可不那么容易，能坚持者极少，成功者更是寥寥，像前文提到的几位就是修炼不成，反把自己作死的典型。

《列仙传》和《神仙传》就是两本专门讲成仙故事的志怪，可里面的人加起来还不足二百人，其中大多数还是王侯将相，几乎没普通人什么事儿。所以仙谷的传说一出，修道者便前赴后继，赶来飞升的队伍排成了长串，更神奇的是，这些人竟然全部成功了，无一例外。

有个聪明人觉出不对劲儿来，我们叫他小聪。小聪的逻辑推理如下：首先，飞升状态太古怪。正常来说，飞升都要有祥云打底，圣光接引；就算飞升人名分小、地位低、道行浅，没有“凌云飘飘”的仙状，好歹也文雅一点，不能“嗖”一下就飞到林子里，弄得像窜天猴一样吧？其次，飞升条件太宽松。怎么隔壁偷鸡的张三、摸狗的李四，还有没事儿喜欢在村口绊人的王二麻子都飞升成仙了？再来，一天飞升那么多人，天庭大门肯定要被挤爆了。

事出反常必有妖，小聪决定自己去探一探。他机智地在自己身上绑上大石，保证自己不变窜天猴；又机智地牵了一条狗，看是不是连“鸡犬”都能升天。结果不出所料，狗飞了，人没事，原来飞升唯一的限制条件是地心引力。于是小聪立即纠结一帮村民杀上山顶，朝狗“飞升”的方向一路摸索，果然找到一只巨大的蛇怪，它身边的人骨堆得像小山一样高，原来之前那些人全“飞升”进了这只巨蛇怪的肚子里。

这只大蛇怪有多可怕？我们来形象地换算一下。蛇“长数十丈，其高隐人”，按汉制，1 丈约长 2.31 米，30 丈即 60 多米，立起来至少有 20 层楼那么高；蛇耳朵像簸箕一样大，嘴张开有一丈宽，身体至少是四五个人合抱的粗度，能一口气把人从谷底吸到山顶。这和神话中的巴蛇很像，《山海经・海内南经》记载：“巴蛇食象，三岁而出其骨。”巴蛇可以一口吞下一只大象，消化三年才会把象骨头吐出来。当然，“双拳难敌四手”，何况蛇连一只手都没有，巨蛇怪最终被村民合力剿杀，自此，仙谷也再没出过飞升的怪事了。